통일에 대한 기독교적 성찰

통일에 대한 기독교적 성찰

증오와 배제의 논리를 넘어 포용과 화합의 마당으로

고재길·김지철·심혜영·오준근·윤덕룡
이문식·이해완·임성빈·전우택·조동준 지음

차례

발간사 | 전우택 7

서문 | 김지철 9

1장 통일과 통일비용에 대한 기독교적 성찰 | 윤덕룡 17

2장 통일의 목적·방법·준비에 대한 기독교적 성찰 | 이해완 39

3장 하나님 나라와 한반도 평화 | 이문식 73

4장 평화협정 논의의 역사적 전개와 분열된 한국사회 | 조동준 95

5장 반공 이데올로기의 문제와 화해의 신학 | 고재길 131

6장 북한을 이해하는 여섯 가지 키워드와 기독교적 성찰 | 전우택 157

7장 '하나 됨'에 대한 기독 신앙적 성찰 | 심혜영 187

8장 세대 갈등과 통일에 대한 기독교적 성찰 | 임성빈 215

9장 지방분권과 통일에 대한 기독교적 성찰 | 오준근 257

| 발간사 |

"기독교인으로서 하나님의 의가 이루어지도록 김정일을 죽여달라고 하나님께 기도해야 하나요? 아니면 원수를 사랑하라는 예수님의 말씀을 따라 김정일을 용서해달라고 기도해야 하나요?"

5년 전 어느 날 밤, 한 교회에서 북한에 대한 강의를 하고 난 후 받은 질문이다. 이 질문을 던진 분의 목소리는 너무도 진지하고 차분했다. 나는 잠시 숨을 가다듬어야 했다. 북한, 그리고 통일이라는 주제가 한국의 기독 신앙인들에게 이리도 중대하면서 혼란스러운 것이구나 하는 생각을 선명하게 하게 된 순간이었다.

그날 밤 내가 무엇이라고 대답했는지는 지금 정확히 기억나지 않는다. 그러나 분명한 것은 통일과 북한에 대해 깊이 있게 기독교적으로 성찰하는 책이 정말 필요하구나 하는 생각을 했었다는 사실이다. 그리고 5년이 흐른 지금, 비로소 이 책이 출간하게 되었다.

이 책은 2013년 1년간 한반도평화연구원이 "통일에 대한 기독교적 성찰"이라는 주제로 세 차례의 공개 포럼을 하면서 발표하고 함께 토의했던 내용을 정리한 것이다. 바쁜 중에도 기독 신앙인으로서 통일과 북한을 바라보는 시선과 생각이 어떠해야 할지에 대해 훌륭한 강의를 해주시고 원고를 내어주신 저자분들께 깊이 감사드린다.

앞으로도 한반도평화연구원은 기독교 싱크탱크로서 통일과 북한, 그리고 평화에 대한 기독교적 성찰과 활동을 지속적으로 해나갈 것이다. 통일을 위해 기도하고 노력하는 이 땅의 모든 기독인들에게 한반도평화연구원의 활동이 소중한 신앙적 의미가 있기를 간절히 소망한다. 그리고 앞으로 이 책이 한국교회의 청소년, 대학생, 청장년, 그리고 모든 성도들이 깊이 읽고 함께 토론하며 통일에 대한 생각을 가다듬는 도구로 사용되기를 간절히 소망한다.

2014년 10월
한반도평화연구원 원장
전우택

| 서문 |

나는 매일 새벽마다 북한을 위해, 그리고 통일을 위해 기도한다. 북한을 위해 긍휼한 마음으로 간절히 기도하고 있지만, 북한 정권이 자꾸만 허튼짓을 하거나 도무지 이해할 수 없는 일을 벌일 때마다 한숨이 나오곤 한다. 왜 저들은 변하지 않는가? 말도 안 되는 상황에 놓여 있는 북한 주민들을 어떻게 도울 수 있을까? 통일은 가능할까? 도대체 어떻게 기도해야 하는가? 나로서는 할 수만 있다면 어떻게든 돕고 싶지만 어디서부터 어떻게 해야 할지 몰라 답답하기도 하다. 북한을 이탈한 탈북자들의 이야기를 들을 때면 하나님께서 통일을 위해 우리 대한민국을 준비시키시는구나 하는 생각이 든다. 그렇지만 도대체 어디까지 우리가 감당해야 할지 막막할 때가 종종 있다.

　북한의 현실과 통일의 과제를 생각하면서 마음이 무거워지고 힘들어질 때마다 마음에 떠오르는 말씀이 있다. 바로 누가복음 10장 25-37절 말씀이다. 한 율법 교사가 예수께 묻는다. "선생님 내가 무엇을 하여야 영생을 얻으리이까"(25절). 예수께서 되묻는다. "율법에 무엇이라 기록되었으며 네가 어떻게 읽느냐"(26절). 율법 교사가 "하나님 사랑과 이웃 사랑"이라고 대답하자, 예수는 "이를 행하라 그러면 살리라"(28절)라고 답한다. 이런 예수의 대답에 으쓱한 마음을 가지고 율법 교사가 묻는다. "그러면 내 이웃이 누구이니이까"(눅 10:29). 예수는 이 대목에서 어떤 이야기를 들려주신다. 그 이야기가 바로 '한 강도 만난 사람의 이웃 이야기'다. 제목을 '한 강도 만난 사람의 이웃 이야기'라고 붙인 이유는 이 이야기의 주제가 바로 '누가 강도 만난 사람의 이웃인가'이기 때문이다. 강도 만난 사람에게 누가 이웃이었는가? 이 이야기는 율법 교사에게 '이웃 사랑'에 대해 가르쳐줄 뿐 아니라, 오늘 우리 기독교인들에게도 '이웃 사랑'의 태도가 무엇인지, 더 나아가 '사랑'의 모습이 어떤 것인지를 알려준다. 지금 우리는 군사분계선 바로 앞에서 '한 강도 만난 사람' 같은 '북한'을 마주하고 있다. 이런 점에서 이 '한 강도 만난 사람의 이웃 이야기'가 바로 우리 대한민국의 기독교인들에게 주는 메시지가 아니겠는가?

사랑은 '동사'다. 우리는 사랑을 하고 싶어하지만, 사랑에는 엄청난 용기와 에너지가 필요하다는 사실을 잊고서 사랑하려고 할 때가 많다. 북한에 대한 사랑도 마찬가지다. 북한 동포를 사랑하고 싶어하지만, 그것에 따르는 엄청난 용기와 에너지를 생각하지 못하는 때가 많다.

예수님이 말씀하시는 사랑은 무엇보다 '동사'다. '한 강도 만난 사람의 이웃 이야기'는 이 사실을 분명하게 제시한다. "가까이 가서 기름과 포도주를 그 상처에 붓고 싸매고 자기 짐승에 태워 주막으로 데리고 가서 돌보아 주니라"(34절). 여기에 어떤 동사들이 등장하는가? '강도 만나 거의 죽게 된 자'를 향해 '보고 가까이 가서' '붓고 싸매고' '태워 데리고 가서' '돌보아 주니라.' 짧은 한 문장 안에 참으로 여러 동사들이 나오지 않는가? 그리고 이는 제사장과 레위인이 취한 행동인 '보고 피하여 지나갔다'라는 것과 얼마나 대조되는가?

사랑이 동사라는 것은 무슨 의미인가? 사랑에는 '소모'되고 '낭비'되는 것이 있음을 뜻한다. 어머니를 기억하면 왜 가슴이 찡해지면서 눈물이 흐르는 감동을 느낄까? 바로 어머니의 희생적 사랑 때문이다. 이 세상에 어머니의 사람만큼 동사로 가득 찬 삶이 또 어디 있겠는가? 자식을 위해 젖을 빨리고 기저귀를 갈고 안아주고 얼러주고 먹여주고 입혀주고 가르쳐주고 기도해주고…. 그 동사는 다 헤아릴 수 없다.

첫째로 사랑에는 시간이 들어간다. 이것은 어떤 의미에서는 엄청난 시간의 '낭비'다. 제사장과 레위인은 강도 만난 사람을 보고도 아마 시간이 없다고 핑계 대며 걸음을 재촉해 떠났을 것이다. 하지만 사마리아인은 가던 길을 멈추어야 했다. 그를 데리고 주막까지 가서 일부러 하룻밤을 새웠다. 도대체 얼마나 많은 시간이 낭비된 것인가?

마찬가지로 통일을 준비하려면 엄청난 시간이 소모된다. 예전에는 단순히 남과 북 사이의 휴전선이 없어지는 것을 통일이라 여겼다. 그래서 그 휴전선이 없어질 때까지의 시간을 통일을 위한 시간이라고 생각했다. 정전협정 이후 60년이 지났지만, 아직도 많은 사람들이 휴전선이 없어지는 통일은 그리 오래 걸리지 않을 것이라고 생각하고 있다. 그러나 통일은 단지 휴전선이 없어지는 것만을 가리키지 않는다. 오랜 시간 갈라져 반목을 일삼던 남과 북이 서로 화해하고 함께 통일된 민족으로 나아가려면 더 많은 시간이 필요하다. 당장 2만여 명의 탈북자들이 아직도 대한민국 사회에 적응하지 못하고 있고, 우리는 그들을 여전히 '우리'가 아닌 '그들'로 여기고 있다. 이것이 현실이다. 그러므로 진정한 의미의 통일을 이루기 위해서는 엄청난 시간이 소요될 것이다. 이런 시간의 '낭비'를 감내해내는 것이 '강도 만난 사람의 이웃'이 되어주는 것이다.

둘째로 재물이 '낭비'된다. 그것도 '밑 빠진 독에 물 붓듯이' 돈이 들어간다. 사마리아인은 강도 만난 자를 위해 돈을 아낌없이 내놓는다. 당시 사회에서 한 데나리온이란 노동자 하루 품삯이다. 두 데나리온이란 한 달 가까이 머물 수 있는 숙박비다. 그런데도 그는 그것으로 부족하면 나중에 더 주겠다는 약속까지 한다.

실제로 통일에 대해 사람들이 주저하게 되는 가장 큰 이유 중 하나는 통일비용에 대한 부담이다. 막연하게 통일을 생각하던 때와는 달리 통일의 실현 가능성에 대해 구체적으로 연구하다 보면 실제적인 방법과 절차들을 고민하지 않을 수 없는데, 이 과정에서 대두되는 가장 큰 장벽이 통일비용인 것 같다. 독일 통일의 선례를 살피더라도 우리가 가장 관심을 갖는 문제 중 하나가 바로 통일비용이다. 수치상으로 산출되는 통일비용보다 실제로는 훨씬 더 많은 비용이 필요할 수 있다. 통일을 하는 데 드는 비용보다 통일을 통해 얻게 되는 이익이 훨씬 많다는 것을 수치상으로 알리기 시작한 것은 비교적 최근의 일이라 할 수 있다.

그러나 '강도 만난 자의 이웃'이 되기 위해서 사마리아인이 재물을 주저하지 않고 사용했듯이, 우리에게도 '동사'로서의 사랑이 필요하다. 이것은 다른 사람들에게 요구되는 바가 아니다. 바로 '강도 만난 자의 이웃'이 되기를 원하는 한국교회가 감당해야 할 몫이다. 한국교회와 성도들이 '사랑'을 실천하기 위해 재물을 '낭비'하기 시작할 때, '강도 만난 자의 이웃'이었던 사마리아 사람을 통해 '강도 만난 자'가 회복되었던 것 같은 역사가 통일을 통해 이루어질 것이다.

    셋째로 더 중요한 것이 있는데, 그것은 마음을 쏟는 일이다. 33절은 "어떤 사마리아 사람은 여행하는 중 거기 이르러 그를 보고 불쌍히 여겨"라고 말한다. 불쌍히 여겼다는 이 말에 바로 하나님의 마음, 예수님의 마음이 들어 있다. 이 마음이야말로 하나님의 형상을 지닌 한 인간에 대한 지대한 관심이며 사랑이다.

    우리가 통일을 준비하는 근본 이유는 그것이 경제적이거나 정치적인 유익 또는 그 밖의 다른 이익이 있어서가 아니다. 바로 하나님의 마음 때문이다. 북한 동포들을 사랑하지 않고, 돕지 않고, 그냥 지나쳐버릴 수 있는 현실적인 이유들이 있지만, 하나님께서 주신 사랑이 우리 안에 있기 때문에 모른 체할 수 없다. 진정한 통일을 위해서는 먼저 우리가 긍휼한 마음을 쏟아야 한다. 상대방의 입장에서 배려하고, 내 것을 손해 보더라도 아낌없이 마음을 내어주어야 한다. 이런 마음은 하나님의 사랑을 받은 사람만이 가질 수 있다. 그렇기 때문에 통일을 준비하는 것은 이런 하나님의 사랑을 경험하는 것에서부터 시작되어야 한다.

    그렇지만 우리는 구세주 강박증에 걸려서는 안 된다. 모든 문제를 내가 다 해결해야 하는 것은 아니다. 내가 아니면 안 된다고 큰 소리를 칠 필요도 없다. 내가 세상의 모든 문제를 다 해결할 수 없기 때문이다. 통일을 위해 기도하고 준비하다 보면 눈에 보이고 귀에 들리는, 그래서 마음에 부담으로 다가오는 수많은 사람들과 일이 있다. 이 모든 것을 내가 다 해결해야 한다고 강박관념을 가질 필요는 없다. 내가 할 수 있는 만큼 힘껏 하고, 나머지는 다른 이에게도 도움을 요청하면 된다. '사마리아인'은 자신이 가던 길을 떠나야 했기에, 그 '강도 만난 사람'을 주막 주인에게 잠시 부탁했다. 통일을 준비하는 것은 혼자서 할 수 있는 일이 아니다. 한국교회만 감당해야 하는 것이 아니고, 세계 교회가 함께해야 할 일이다. 교회만 책임지는 것이 아니고 모든 대한민국 국민이 함께해야 할 일이다. 다만 기독교인들이 먼저 시작하고 먼저 헌신하는 것이 필요한 일인 것이다.

이런 마음에서 한반도평화연구원(KPI: Korea Peace Institute)은 세 번에 걸쳐 '통일에 대한 기독교적 성찰'이라는 주제로 포럼을 개최했다. 그리고 그 포럼의 주제 발표 원고를 모아 책으로 출판하게 되었다.

부디 이 책을 통해 한국교회와 성도들이 통일에 대해 더 많은 관심과 이해를 갖는 가운데 보다 실제적이고 구체적으로 이 일을 준비할 수 있게 되기를 바란다.

소망교회 담임 목사
김지철

윤덕룡

대외경제정책연구원 선임연구위원
독일 Kiel 대학교 경제학 박사
대표적 저서로『신국제통화체제: 필요성 및 대안 분석』(공저)『금융개방의 확대와 환율의 영향 변화 분석』(공저)『체제전환국 사례를 통해 본 북한의 금융개혁 시나리오』(공저)가 있다.

1장 통일과 통일비용에 대한 기독교적 이해

윤덕룡

1. 들어가며

통일은 남북한 양측에서 거의 국가적인 이념화 대상이 되다시피 할 정도로 우리 민족이라면 누구나 갈망하는 목표다. 남한에서는 국민 대부분이 어려서부터 "우리의 소원은 통일…"이라는 노래를 부르며 자랐다. 지금 이 노래는 북한에서까지 불리고 있다. 북한에는 '통일'이라는 말만 듣고도 눈물을 흘리는 사람이 한둘이 아니다. 그러나 오히려 남한에서는 통일에 대한 사람들의 생각이 이전과 비교하여 많이 달라지고 있다. 여러 설문조사에 따르면, 통일을 반드시 이루어야 한다고 생각하는 국민의 숫자가 급속히 감소하고 있다.

    통일에 대한 남한 주민들의 생각이 급격히 달라진 것은 독일 통일 이후에 나타난 일이다. 동서독 통일 과정에서 서독 주민들이 통일비용을 지불하느라 많은 어려움을 겪는 것을 보았기 때문이다. 독일의 통일 과정을 지켜보면서 한국에서는 통일이 민족 감정의 문제가 아니라 실질적인 생활의 문제로 인식되기 시작했다. 그 후 한국사회에서는 누구나 통일은 비용이 많이 든다는 생각을 가지게 되었다. 우리 사회에서 통일비용에 대한 논의가 지속되면서 통일을 해야 한다는 국민의 수가 계속해서 감소하는 현상을 보이고 있다. 통일비용에 대한 지불 의사도 대다수 국민들이 일 년에 10만 원 이하라고 밝히고 있다.[1] 통일비용이 안 들거나, 이득이 되어야 통일을 수용한다는 생각이 확산되는 추세인 것이다.

통일에 대해 부정적인 견해가 퍼지자 부득이 정부에서는 통일의 편익과 비용을 비교하여 편익이 더 크다는 근거를 제시함으로써 통일에 대한 긍정적 여론을 환기시키려는 노력을 기울였다. 그러나 이런 시도는 크게 호응을 얻지 못하고 있다. 비용은 당장 지불해야 하지만 이득은 장기적으로 나타날 것이라는 인식 때문이다.

통일 문제가 비용-편익의 문제로 단순 치환되면서, '통일'은 우리 사회에서 '돈의 문제'가 되는 현상이 심화되고 있다. 이런 상황에서 북한 주민의 자유와 인권의 회복, 압제와 억압으로부터의 인간성 회복, 민족 공동체의 회복과 같은 '사람의 문제'는 아예 거론조차 되지 않거나 또는 낭만적인 견해로 평가절하되고 있다. 통일이 남한 사람들의 '부자 되기 프로젝트' 정도로 취급되는 사회적 풍조마저 조성되고 있다. 따라서 더 늦기 전에 통일에 대한 우리 사회의 세속적 인식을 전환할 필요가 있다. 그리고 이런 일에는 교회가 먼저 나서야 한다. 세속적 가치관으로부터 상대적으로 거리를 유지할 수 있는 능력이 교회에 있기 때문이다.

2. 통일비용의 개념과 추정 규모

통일비용이란 남북한이 하나의 경제 공동체를 완성하기까지 부담해야 하는 비용을 의미한다. 여기서 남북한 간의 경제 공동체를 완성했다고 판단하는 시점은 북한 주민들이 경제적인 이유 때문에 남한으로 이동할 이유가 없어지는 때를 의미한다. 경제적인 이유 때문에 인구 이동이 발생하는 경우란 일반적으로 두 가지 상황에서 나타난다. 첫째는 현 거주지에서의 소득이 생존을 지탱할 수준이 못 되는 경우이며, 둘째는 지역 간 소득의 격차가 커서 북한 지역 거주로 인한 기회비용이 높아지는 경우다.

북한 주민의 생존이 보장되지 않는 경우에는 인구 이동의 문제가 아니라도, 사회보장 시스템을 이용하여 이 문제를 시급히 해결해야 한다. 통일이 되는 경우 사회적 통합이 당연히 통일의 한 부분이 될 것이므로 남한의 사회제도도 북한에 확대 적용되는 것이 마땅하다. 그러나 지금의 남북한 경제 상황을 볼 때, 양 지역 간 임금격차가 북한 주민들의 인구 이동을 촉발하게 될 가능성이 더 높은 것으로 예상된다. 그런데 북한 주민들의 임금이 높아지기 위해서는 북한 지역과 북한 주민들의 생산성이 높아져야 한다. 이를 위해 북한 지역에 인프라 건설 등 다양한 투자가 이루어져야 하고 북한 주민들에 대한 교육도 병행되어야 한다.

지금까지 인구 이동과 관련된 연구 결과에 따르면, 소득이 낮은 지역의 평균 임금수준이 목적지 임금의 60퍼센트 수준에 도달하면 인구 이동이 멈추는 것으로 알려져 있다. 따라서 통일비용은 북한의 소득수준이 남한 소득수준의 60퍼센트에 도달할 때까지 소요되는 투자비용과, 북한 지역 주민들의 생존을 보장하기 위한 생활지원금(사회보장비용)으로 규정할 수 있다.[2] 그 외에 일회적으로 발생하는 통일비용으로 남북한 간 제도의 통합을 위한 비용이 있다. 통일비용을 간략히 정리하면 내용적으로는 다음과 같다.

■ 통일비용의 내용: 투자비용 + 사회보장비용 + (제도적 통합비용)

- 투자비용: 북한 주민 소득이 남한 주민 소득의 60퍼센트가 될 때까지 필요한 총투자 자본량.
- 사회보장비용: 북한 주민의 생존보장 및 인구 이동을 막기 위해 소요되는 총비용.
- 제도적 통합비용: 남북 간 서로 다른 제도의 통합을 위해 소요되는 일회적 비용.

통일비용 중에서 가장 큰 비중을 차지하면서 통일 초기에 부담을 야기하는 비용은 투자비용이다. 투자비용은 북한 지역의 생산성을 높이기 위해 요구되는 비용이다. 생산성을 측정할 수 있는 대표적인 지표는 임금수준이다.[3] 따라서 목표소득수준을 기준으로 생산성을 가늠하는 지표로 정하여 북한에 투자해야 할 규모를 산정하는 것이 일반적인 방식이다.

목표소득 방식으로 불리는 이 방식은 북한 주민들의 소득을 일정한 수준까지 높이기 위해 필요한 투자 규모를 추정하는 방법이다. 투자 규모를 추정하기 위해 적용할 수 있는 가장 간편한 방식의 핵심 내용을 정리하면 아래와 같다.

■ 통일비용 추정 방법과 주요 가정

- 추정 방법: 목표소득 방식
  (북한 주민들의 소득이 특정 목표에 도달하기까지 드는 비용)

- 추정 기준: 예) 북한 주민 1인당 소득을 3,000달러 혹은 10,000달러 등으로 제시하거나 남한 소득의 60퍼센트 수준과 같이 제시

- 계산 방법: 〔(목표소득 - 통일 시점 북한 주민 1인당 소득)×북한 인구〕×한계자본산출계수

- 주요 가정: 통일 후 북한의 성장 추세가 남한의 과거 성장 경로와 유사하다고 가정하여 자본산출계수를 추정함.
  • 자본산출계수: 예) 3.14(남한의 1970-1980년대 평균치)
  북한의 1인당 국민소득과 북한 인구는 통계청이나 한국은행의 추계를 적용
  예) 북한 일인당 소득수준: 1,000달러, 북한 인구: 2,500만

가장 단순한 계산 방법은 필요한 자본량을 한계자본계수로 곱하여 산출하는 방식이지만 이를 더 자세하게 추정하는 방식을 적용하기도 한다. 예를 들어 산업별로 구분하여 각 산업별로 한계자본계수를 추정하는 방식을 적용할 수 있다. 이를 더 세분하여 적용하는 방식으로는 산업을 세분화하여 투입-산출 모형으로부터 자본산출계수를 계산하는 CGE(computable general equilibrium) 방식을 활용하기도 한다.[4]

통일비용의 추정은 여러 가지 가정을 근거로 한다. 목표소득수준, 통일 시점, 북한 인구, 한계자본계수 등에 대한 가정이 필요하다. 또한 계산 방식은 단일한 한계자본계수를 적용할지, 아니면 산업 분야를 얼마나 자세히 세분하는지에 따라 달라질 수 있다. 그리고 CGE 모형을 적용할 때에도 자본산출계수가 가장 높은 분야에 먼저 투자를 실행하는 방식, 혹은 자본의 우선 투입에 대한 가정을 전제하지 않는 방식을 적용할 수 있다. 그 외에도 필요한 자본의 총량을 단순히 계산하는 방식에서 연간 동원 가능한 자본 규모를 감안하여 자본 투입이 필요한 기간 동안의 추가적인 비용까지 산정하는 방식을 적용할 수도 있다.

이처럼 다양한 가정과 서로 다른 산출 방식들을 활용할 수 있기 때문에 추정을 담당한 연구자에 따라 통일비용의 추정 결과는 달라질 수밖에 없다. 이런 이유로 24-25쪽의 〈표〉에 나타난 결과에 따르면 통일비용은 500억 달러부터 5조 달러까지 매우 큰 편차를 보이고 있다. 따라서 가정에 따라 엄청난 차이를 보이는 통일비용 추정 결과는 그 규모 자체에 큰 의미를 둘 필요가 없다. 오히려 여기서 주목해야 할 부분은 통일비용 추정 시 각 연구자들이 가정한 내용이다. 최대한 현실에 가까운 가정이 무엇인지, 어떤 가정이 통일 과정에서 경제적으로 가장 효율적인 방안을 보여주는지 등을 알아보는 일이다. 그러나 지금까지의 통일비용에 관한 연구들은 그 규모만 관심을 끌었고 가정의 내용은 누구도 자세히 들여다보지 않았다. 그 결과 통일비용에 관한 연구들이 통일 준비에 도움이 되기보다는 도리어 통일비용에 대한 부담 때문에 통일을 회피하고 싶도록 만드는 역기능만 초래했다. 따라서 지금부터라도 추정된 통일비용 때문에 과도하게 놀라거나 걱정하기보다는 통일비용이 발생하는 메커니즘에 주목하는 것이 바람직하다. 그래야 실제로 경제적 부담을 최소화할 수 있는 대안 모색도 가능하고 통일도 전향적으로 준비할 수 있기 때문이다.

많은 연구자들이 통일비용을 추정하고 그 계산 방식도 다양하게 적용해왔지만 실상 대부분은 투자비용만을 산정했다. 그러나 독일이 통일 이후 10년간 지출한 통일비용의 지출 항목을 보면, 동독 지역 경제 건설을 위한 투자비용과 동독 지역 주민들에게 지출한 사회보장비용은 거의 같은 규모를 보였다. 물론 남한의 사회보장제도가 통일 당시 서독의 제도에 비하여 보장 수준이 낮아서 독일처럼 많은 사회보장비용이 발생하지 않을 가능성이 높다. 그러나 사회보장비용의 지출 규모를 예측하기 위해서는 통일 이후 발생하게 될 북한 지역 내 실업률, 인구구조 등을 모두 추정해야 함에도 구체적인 숫자를 제시한 연구는 찾아보기 힘들다.

현재 남북한 간 생산성 격차를 고려할 때, 상당수의 북한 주민들이 통일 이후 사회보장 대상이 될 가능성이 높다. 사회보장비용으로 지출될 통일비용의 비중이 높을수록 생산을 위한 투자비용이 아니라 지출을 위한 소득 지원이 증가하는 것이므로 이를 최소화하는 것이 바람직하다. 그러나 사회보장 지출을 위한 통일비용은 통일 후 북한 주민들의 생활과 복지를 일정 수준 이상으로 보장하기 위한 비용이다. 그리고 남한 주민들과 동일한 민족 공동체 구성원임을 확인하는 통일 유지 비용이기도 하다. 따라서 근로 의욕을 저해하지 않는 수준에서 보장 수준을 최대한 높여주는 것이 바람직한 측면도 있다. 독일의 경우 동독이 서독과의 경제통합 시 사회통합도 함께 시행하여 서독 지역과 동일한 사회보장제도가 적용되었기 때문에, 서독 지역의 기준에 따라 동독 지역 주민들에 대한 사회보장 수준도 결정되었다. 실제로 장기적으로는 통일비용에서 사회보장비용이 투자비용보다 더 높은 비중을 차지했다. 하지만 한국에서는 이 부분에 대한 구체적인 논의가 아직 이루어지지 않고 있다.

〈표〉 기존 통일비용 추정 사례

작성 기관(연도)	통일 시점	통일비용	추정 방법
KDI (1991)	2000	점진적 통일: 2,102억 달러 급진적 통일: 3,121억 달러	-
이상만 (1993)	2000	10년간 2,000억 달러	-
마커스 놀랜드 (1996)	2000	3조1,720억 달러	목표소득 방식
박태규 (1997)	-	통일 후 5년: 남한 GNP 8.7%-11.3% 통일 후 10년: 남한 GNP 7.47%	항목별 추정 방식
신동천, 윤덕룡 (1998)	-	887억 달러-2,808억 달러	목표소득 방식
골드만삭스 (2000)	2000 2005	7천700억-3조5천억 달러	목표소득 방식
이영선 (2003)	-	점진적: 732억 달러 급진적: 1,827억-5,614억 달러	목표소득 방식
삼성경제연구소 (2005)	2015	546조 원	항목별 추정 방식

랜드연구소 (2005)	-	500억-6,670억 달러	목표소득 방식
신창민 (2007)	2015 2030	8,577억-1조3,227억 달러	목표소득 방식
한국은행 (2007)	-	5,000억-9,000억 달러	목표소득 방식
조세연구원 (2008)	2011	통일 후 10년: 남한 GDP 7-12%	-
피터 벡 (2010)	-	2조-5조 달러	목표소득 방식
미래기획위원회 (2010)	2011	점진적: 3,220억 달러 급진적: 2조1,400억 달러	-
전경련 (2010)	-	3,500조 원	전문가 설문 조사

자료: KDI, "통일비용 관련 기존 연구 자료", 「북한경제리뷰」, 2010.
양운철, "통일비용의 추정과 재원 조달 방안", 『세종정책연구』, 2006과 해당 보고서 참고.

3. 통일편익의 개념과 추정 규모

남북한 간 통일 문제가 지나치게 통일비용에 집중되는 경향에 대하여 균형 잡힌 접근이 필요하다는 인식 때문에 통일편익에 대한 논의도 증가하기 시작했다. 통일편익에 대한 분석에서 일반적으로 제시하고 있는 직접적인 통일편익은 북한 지역에 대한 투자로 인해 발생하는 경기 활성화 효과와 분단 비용을 절약함으로써 발생하는 이득이다. 그중에서 분단 비용의 절약 효과로는 국방비 절약과 국제금융시장에서의 국가 신용도 제고 효과를 대표적인 통일편익으로 계산하고 있다. 직접적인 통일편익은 통일 초기부터 발생하게 될 편익이다. 따라서 이 편익은 통일비용으로 인한 부담을 통일 초기부터 상쇄시키는 효과를 가지게 될 것이므로 중요한 의미를 가진다. 이 편익들을 계산하는 구체적인 방식은 다음과 같다.

첫째, 투자 유발효과다. 대북 투자에 따른 부가가치 유발효과는 통일 비용으로 산정된 투자비용으로부터 발생하는 경제적 효과다. 이 경제적 효과를 계산하기 위해서는 투자 유발계수를 알아야 하지만 북한 지역의 실제 투자 유발계수를 산출하기 어렵고, 통일이 되면 어쨌거나 투자 주체는 남한 기업들이 될 것이므로 남한의 투자 유발계수를 고려하는 것이 대안이 될 수 있다. 그러나 아직 북한 지역 인프라가 갖추어지지 않은 상황에서 투자 유발효과가 남한과 같은 수준으로 나타나기는 어려울 것이므로 일정 수준 하향 조정하는 것이 합리적인 방안이 될 것이다.

둘째, 분단 비용의 절감 효과가 가장 분명한 것은 국방비 절감 효과다. 국방비 절감 효과는 현재의 국방비 수준에서 통일 이후 감소하게 될 국방비 수준과의 차이만큼을 모두 더한 값이다. 2012년도 남한의 국방비는 GDP 대비 2.6퍼센트를 차지했다. 한국이 통일 이후 국방비를 어느 수준으로 유지할 것인가는 아직 알기 어렵다. 독일의 경우를 보면 통일 전 서독의 국방비는 GDP의 2.5퍼센트였다가 10년 후 1.5퍼센트까지 감소했다. 한국도 유사한 수준으로 감소한다면 적어도 매년 GDP의 1퍼센트 정도에 달하는 국방비를 절약할 수 있게 된다. 남북이 분단되어 있는 한 국방비의 감축이 이루어지기 어려울 것이므로 장기적으로 보면 그 편익이 무한대가 된다고도 할 수 있다.

셋째, 분단 비용의 절감 효과가 나타날 것으로 예상되는 또 다른 요소는 국제금융시장에서 국가 리스크 감소로 인한 이자율 하락 효과다. 한국은 북한 문제로 인해 국제금융시장에서 자금을 차입할 경우 선진국 평균 수준보다 통상 20bp가 더 높은 이자를 지불해야 한다. 하지만 통일이 되면 한국의 국가 리스크에 반영되는 지정학적 리스크에 따른 추가 이자분을 절약할 수 있게 될 것이다. 추가 이자도 분단이 유지되는 한 계속 지불해야 하는 성질의 비용이므로 통일의 이득은 무한대가 된다고 할 수 있다.

이처럼, 투자 유발효과는 투자 금액에 상응하는 규모에 대해서만 발생하게 되지만 분단 비용의 절감에 따른 편익은 무한대가 될 수 있으므로, 시간을 제한하지 않는 한 통일편익은 통일비용보다 높아질 수밖에 없다.

지금까지 논의한 통일편익의 산출 방법을 간략히 정리하면 다음과 같다.

■ 직접적인 경제적 편익은 통일로 인한 비용 절감 효과와 대북 투자를 통한 경기 활성화 효과에서 발생하는 편익이 중심임.

- 편익의 정의: 통일 후 북한 지역 투자에서 발생하는 경제적 생산 효과와 통일 이후 국방비 절감액, 국가 위험도 감소 효과를 종합한 이득.
  - 통일편익 = 남한 산업의 부가가치 유발효과 + 남한의 국방비 절감액 + 국가 위험도 감소에 따른 이자율 하락 효과

- 계산 방법:
  - 부가가치 유발효과: 통일비용 × 부가가치 유발계수
  - 국방비 절감액: 〔국방비(현재 기준) - 통일 후 국방비〕

> ※ 부가가치 유발계수는 한국은행에서 발표하는 투입 산출 모형으로부터 얻을 수 있으며 2008년의 경우 0.666(홍순직, 최성근[2010]은 북한 지역의 총요소생산성을 감안 80%만 반영할 것을 제안).
> ※ 독일의 경우 통일 전 서독 GDP 2.5% 수준에서 통일 10년 후 1.5% 수준으로 감소
> - 국가 위험도 감소 효과: 대외 채무액×리스크 프리미엄 감소분
> ※ 선진국 평균 리스크 프리미엄 80-100bp, 한국은 100~120 bp 수준.
>
> -주요 가정
> - 국방비 독일 수준으로 감축
> - 금융 리스크 선진국 수준으로 감소
> - 투자의 부가가치 유발계수는 한국의 수치를 적용하되 총요소생산성의 차이를 고려하여 완화 적용

앞서 논의한 직접적인 경제적 편익 외에도 다양한 경제적 편익이 발생할 것으로 예상된다. 우선은 북한의 2,200만 명이 넘는 인구가 총 인구에 편입됨으로써 노동 인력의 증가 효과를 기대할 수 있다. 또한 인구의 노령화를 지연시키고 저출산 추세를 완화시키거나 역전시키는 계기가 마련될 수 있다. 북한이 풍부하게 보유하고 있는 광물자원도 중요한 경제적 편익 요인이다. 우리나라 광물자원공사의 추정에 따르면 7,000조 원 규모에 해당하는 자원이 북한 지역에 부존되어 있다.[5] 또한 토지의 확대에 따른 편익도 기대된다. 북한의 인구는 남한 지역의 절반에 불과하지만 토지는 남한의 1.2배에 달한다. 산악 지대가 많기는 하지만 활용하기에 따라 관광자원이나 특수작물 재배 등을 위해 활용할 수도 있으므로 중요한 편익이 된다. 또 다른 주요 편익은 대륙과 육로

로 연결되는 것이다. 한국이 실제로는 섬나라에 머물고 있는 현실에서 대륙 국가로의 위치를 회복하게 되어, 중국과 러시아와 육로로 직접 연결되기만 하면 교통 및 수송비의 절감 등의 편익이 단기간 내에 발생할 수 있다. 이런 편익들은 대부분 통일 이후 시간의 제약 없이 무한대로 활용할 수 있어 결국 편익의 규모도 계량화하면 무한대가 된다.

■ 직접 계량화하기 어려운 주요 경제적 편익은 다음과 같다.
- 북한 지역 인력 활용
- 내수 시장 확대
- 인구의 노령화 및 저출산 추세 보완
- 북한 내 지하자원 활용: 광물자원공사 추정 7,000조 원(2010)
- 북한 내 토지 활용: 남한 토지의 1.2배
- 대륙과 육로로 연결되어 중국, 러시아로 향한 물류비용 절감

---

4. 통일비용과 편익 추정의 특징과 영향

통일비용이나 통일편익의 추정은 여전히 수많은 가정을 바탕으로 하고 있다. 따라서 사전적인 의미로 그 규모를 정확히 추정하는 것은 사실상 불가능하다. 통일 시점이나 통일 환경을 특정할 수 없기 때문이다. 또한 통일비용이나 편익의 추계가 근거하고 있는 여러 가지 가정의 차이는 통일비용이나 편익의 추정된 규모가 매우 큰 격차를 보이도록 만들고 있다. 이런 이유로 통일비용이나 편익의 추정 결과는 다음과 같은 특징을 보인다.

첫째, 통일비용과 편익의 가변성이다. 통일비용이나 편익은 경제적

통합 과정에서 발생하게 된다. 따라서 통합 과정에서 결정되는 조건이나 경제 주체들의 행태 변화에 따라 가변적이 될 수밖에 없다.

둘째, 통일비용에 투자비용만이 포함되고 있으나 경우에 따라 사회보장비용이 더 높아질 수도 있다.

셋째, 통일편익도 최종적으로 발생하게 될 경제적 결과만을 주로 산정하고 있으며, 편익의 발생 과정에서 나타나게 될 고용 효과나 사회적 이득은 충분히 고려되지 않고 있어서 실제로는 더 커질 가능성이 높다.

넷째, 비용과 편익은 모두 통일 과정에서 시행되는 정책 방향에 의해 크게 달라질 수 있으므로 관련된 요소나 규모가 크게 달라질 가능성이 존재한다. 통일의 속도나 사유화 정책의 결정, 통화 통합 조건 등은 결정적인 영향을 미치는 정책이다.

다섯째, 통일비용은 한시적이지만 그 편익은 영원히 누릴 수 있으므로 절대액으로 계산하면 무한대가 된다. 따라서 통일비용의 문제는 통일 세대의 문제다.

여섯째, 통일비용으로 인한 국가 리스크는 통일비용의 총량보다는 한계 부담이 비용 지불 능력의 한계를 초과할 가능성에 대한 리스크가 더 중요하다(예로는 해외 자금의 이동이나 외환 수요의 급증으로 외환위기 가능성이 있음).

그러므로 이런 특징들을 고려해보면, 한국사회가 독일의 통일 과정 초기에 발생한 통일비용의 규모에 지나치게 놀라 그 충격에서 여전히 벗어나지 못하고 있는 것이 아닌가 하는 우려도 생긴다. 독일은 이제 통일의 충격에서 벗어나 그 편익을 즐기고 있고, 따라서 통일에 대한 반대 여론도 더 이상 찾아보기 힘들기 때문이다. 더군다나 지금까지 제시된 통일비용 추계들이 모두 수많은 가정에 근거하고 있어서 현실과는 동떨어진 결과일수 있음을 앞의 논의에서 충분히 확인할 수 있었다. 그럼에도 '통일은 비싼 모험'이라는 생각에서 우리 국민들이 벗어나지 못하는 이유는 무엇일까?

통일비용과 통일편익을 규모 측면에서 비교하면 편익이 압도적으로 클 수밖에 없다. 통일편익은 영원히 누릴 수 있는 반면 통일비용은 길어야 20년 정도면 더 이상 의미가 없는 수준으로 감소하기 때문이다. 그럼에도 통일비용에 대한 우려 때문에 남한 주민들이 통일을 미루려고 한다면 이는 합리적이지 않은 대응으로 보일 수도 있다. 그러나 다음과 같은 통일비용의 특징을 보면 남한 주민들의 우려가 어느 정도 이해되는 측면이 있다.

첫째, 통일비용의 부담과 통일편익의 발생 시점 간 격차 때문이다. 통일비용은 통일 시점의 세대가 부담하게 된다. 그러나 통일편익의 대부분은 통일이 완성되어가면서 점점 더 많이 누리게 된다. 따라서 비용 부담자와 편익 수혜자 간 불일치 현상이 존재한다. 독일의 경우 동서독 지역 간 격차가 사라지는 데 20여 년이 걸렸다. 즉 정확히 한 세대가 지나면 더 이상 통일비용은 발생하지 않고 편익만 누리게 된다는 뜻이다. 따라서 이 과정에서 자연스럽게 세대 간 불일치 현상이 발생한다. 그러므로 다음 세대를 위한 희생을 각오하지 않는 한 통일비용이 당대의 부담이 되는 것은 분명하다.

둘째, 통일비용 부담은 전 국민이 져야 하지만 단기적으로 발생하는 직접적 통일편익의 수혜자는 기업 집단을 비롯한 일부 계층에 한정되기 때문이다. 남한 지역 주민들만 고려한다면 결국 통일비용을 조달하기 위해 세금 인상, 사회보장 기여금 인상, 물가 상승, 이자율 상승 등의 여러 가지 비용을 전 국민이 감당해야 할 가능성이 높다. 그러나 기업들의 경우 북한에 대한 투자로 경기가 좋아질 뿐 아니라 새로운 투자로 인한 이득을 누리게 된다. 또한 북한 지역 투자를 장려하기 위해, 대북 투자를 위한 특혜 융자가 제공될 가능성이 높다. 결국 비용은 전 국민이 부담하고 이득은 일부 기업들에게 돌아갈 것이라는 예상이 국민들의 통일에 대한 기대를 낮추는 요인이 될 수 있다.

셋째, 북한 지역 주민들의 생계 지원을 위한 추가적인 세금 부담이 불만을 초래할 수 있다. 독일의 사례를 보면 통일 초기에 동독 지역 주민 대부분이 실업자가 된 상태에서 사회보장제도에 기대어 살아가는 모습에 대해 서독의 많은 주민들이 불만을 제기했다. 또한 통일 초기에 사회주의적 사상을 완전히 버리지 못한 동독 지역 주민과 서독 지역 기업들 간에도 갈등이 발생했다. 통일비용을 조달하기 위해 통일세를 장기적으로 부과하게 되자 급기야는 통일을 이룬 콜 수상이 선거에서 패배하기에 이르렀다. 특히 한국은 생활비나 교육비, 의료비 등에서 개인이 부담해야 하는 비중이 독일보다 월등히 높다. 대다수의 사람들이 이미 경제적으로 한계에 처해 있는 상황에서 추가적인 부담을 감당하기 어렵다는 주장도 상당히 일리가 있다.

우리 사회에서 지금까지 진행되어온 통일비용과 편익에 관한 논의가, 통일을 낭만적으로 바라보던 시각을 현실적으로 수정하게 했다는 점에서는 긍정적인 기여를 했다고 평가할 수 있다. 이런 논의 때문에 통일비용의 조달 가능성에 대해서도 준비할 수 있었고 경제적이고 효율적인 통일 방안에 대한 연구도 많아진 것이 사실이기 때문이다.

그렇지만 통일비용 논의가 미친 부정적인 영향은 통일 문제를 돈의 문제로 치환했다는 것이다. 한국사회에서 통일에 대한 이야기를 하면 가장 먼저 등장하는 것이 비용 문제다. 여기에 편익 논의까지 추가되어, 비록 논의의 범위가 약간 넓어졌다고 하더라도 결국 통일 문제는 주로 경제의 문제로 취급되는 경향이 강하다.

기실 독일 통일 과정에서 통일은 사람의 문제, 민족의 문제, 인간의 존엄성을 회복하는 문제였다. 그래서 독일은 오히려 경제통합을 정치적 통합을 위한 수단으로 사용했다. 그 결과 통일비용이 높아지게 만드는 정책을 의도적으로 선택했다. 대표적인 사례가 화폐 통합 때 임금을 1:1로 전환한 것이었다. 그러나 지금 한국의 통일 논의에는 사람은 사라지고 돈과 경제가 중심이 되는 현상이 벌어지고 있다.

5. 통일비용의 기독교적 이해

통일비용의 문제가 통일 논의에서 갈등의 요인이 되고 있는 이유는 '수익자 부담 원칙'이 적용되지 않기 때문이다. 통일은 그 비용을 부담하는 세대와 편익을 누리게 될 세대가 일치하지 않기 때문에 비용 부담 세대의 자기희생적 결단이 요구하는 부담스러운 과제다. 또한 통일비용의 부담은 국민 대부분에게 보편적으로 요구될 가능성이 농후하면서도, 경제적 편익은 일부 계층이나 국민에게 집중될 가능성이 높다는 점에서도 통일비용은 수익자 부담 원칙이 적용되지 않는다. 따라서 현재 대한민국에 거주하는 국민들이 통일이란 대의에 동의하고 그 비용 부담을 수용하지 않으면 현실적으로 통일을 추진하기가 어렵다.

한편 수익자 부담 원칙의 기준에서 통일을 바라는 보는 것은 통일 문제를 경제적 관점을 중심으로 바라보기 때문에 나타나는 현상이다. 독일이 통일을 달성할 수 있었던 것은 경제적 이해관계를 기준으로 통일을 다루지 않았기 때문이다. 따라서 우리 사회가 통일을 바라보는 기준이 경제적 비용과 편익에 집중되어 있는 현재의 논의 구조에서 탈피할 필요가 있다. 우선 통일은 노예 상태에서 살아가고 있는 2,400만 북한 주민의 문제라는 데 관심을 가질 필요가 있다. 통일은 억압과 노예 상태의 사람들에게 자유를 찾아주는 일이고, 기아와 질병에 빠져 있는 사람들에게 인간다운 삶을 찾아주는 일이며, 분단으로 인해 헤어진 가족들을 다시 만나게 하는 '사람에 관한 일'이라는 점에 주목하게 해야 한다.

경제적으로 열악하기 그지없는 북한 지역을 남한 지역 수준으로 생활수준을 높이는 데 비용이 들지 않을 수는 없다. 결국 어떤 시나리오에 따라 통일이 되더라도 통일을 가능하도록 만들기 위해서는 기본적으로 추가적인 재정 수요가 발생하므로 국민들이 이를 수용할 수 있어야 한다. 만일 한 세대가 비용을 감당하겠다고 나서면 통일은 큰 문제가 아니다. 다만 경제적으로 자기희생적 결단을 하지 못하기 때문에 통일을 회피하려는 풍조가 확산되고 있는 것이다.

한국의 통일 논의에서 그리스도인들도 다른 일반 대중과 비슷한 입장을 갖고 있는 것이 현실이다. 즉 그리스도인들조차도 통일을 경제의 문제로 보고 수익자 부담 원칙의 논리적 고리에서 쉽사리 빠져나오지 못하고 있다. 지극히 막연하고 추상적인 통일비용 추정치의 부담에서 교회 역시 빠져나오지 못하고 있는 것이다.

이런 상황에서 지금부터라도 통일의 문제를 사람의 문제로 전환해야 하며, 그 시작을 교회가 앞장설 필요가 있다. 교회야말로 이웃을 위해 자기 이득을 희생할 수 있도록 가르쳐야 하기 때문이다. 더 근본적으로 타자를 위해 자신의 경제적 이득을 희생하도록 그리스도께서 가르쳤기 때문이다.

이웃을 위한 자기희생은 기독교 신앙의 핵심이다. 예수 자신이 죄인들을 위해 자기를 십자가에 못 박도록 내어주신 희생제물의 삶을 몸소 사셨다. 이는 그의 가르침과 실천의 핵심이 자기희생을 바탕으로 한 인간에 대한 사랑이기 때문이다.

> 너희는 가서 '내가 바라는 것은 동물을 잡아 나에게 바치는 제사가 아니라 이웃에게 바치는 자선이다'라고 하신 말씀이 무슨 뜻인가를 배워라 (마 9:13, 공동번역).

> 율법학자는…"마음을 다하고 지혜를 다하고 힘을 다하여 하느님을 사랑하는 것'과 '이웃을 제 몸같이 사랑하는 것'이 모든 번제물과 희생제물을 바치는 것보다 훨씬 낫습니다" 하고 대답하였다. 예수께서는 그가 슬기롭게 대답하는 것을 보시고…(막 12:32-34, 공동번역).

통일에 대한 거부감이 점점 확대되고 있는 한국사회에서, 통일을 위해 그리스도인들이 해야 할 일을 구체적으로 요약하자면 다음과 같은 세 가지를 제시할 수 있다.

첫째, 통일 논의의 초점을 경제적 비용 중심에서 사람의 문제, 인도주의적 문제, 윤리적 문제 등으로 옮겨 그 프레임을 전환하는 데 앞장서야 한다. 통일을 경제적 수익 사업 정도로 생각하는 이기적 논리 구조에서 벗어나야 한다. 굶주림과 가난으로 생사의 기로에 있는 북한 주민들을 두고 경제적 타산에만 정신이 팔린 비윤리적 논의 구도를 바꾸는 데 교회가 앞장서야 한다.

둘째, 통일비용을 그리스도인들이 앞장서서 감당하겠다는 결단과 이를 시행하기 위한 구체적 프로그램이 있어야 한다. 통일의 문제를 사람의 문제로 전환하기 위해서는 누군가가 그 비용을 부담하겠다고 나서야 한다. 이런 점에서 그리스도인들이 먼저 통일비용을 부담하는 일에 자원하고 나설 필요가 있다. 더 구체적으로 통일 시 '십일조 더 내기 작정 운동'을 펼칠 필요가 있다. 그리스도인들이 앞장서면 우리 사회 전체가 따라올 수 있다.

셋째, 통일은 평화적으로 이루어져야 한다. 평화적 통일을 위해서는 독일처럼 북한 주민들이 한국사회를 선택해야 한다. 그러기 위해서는 우리 사회를 먼저 '사람이 살고 싶어하는 사회'로 발전시켜야 한다. 어떡하든 나만 잘살려고 몸부림치는 사회가 아니라 이웃에 관심을 기울이는 가운데 다 함께 더불어 잘사는 나라로 만들어야 한다. 서독이 통일을 촉진하기 위해 동독 주민들에게 여행 경비를 제공하면서까지 구경하러 오도록 초청했던 것은 그만큼 내부적으로 자신 있는 공동체를 만들었기 때문이다.

주

1) 현대경제연구원, "통일 의식에 대한 일반 국민·전문가 여론조사"(2013. 11. 19.).
2) 이 기준에 따라 북한 임금이 남한 임금의 60퍼센트에 도달하거나 북한 생산성이 남한 생산성의 60퍼센트 수준에 도달하는 것을 경제통합 시점이라고 볼 수 있다. 다른 대안으로는 북한 지역 평균 생산성이 남한 지역 내 생산성이 가장 낮은 지역 수준에 도달하는 것을 기준으로 삼는 것도 가능하다.
3) 신고전학파 모형에서 노동생산성은 임금에, 자본생산성은 이자율에 반영된다고 설명된다.
4) CGE 모형에서도 초기에는 자본산출계수를 단순하게 적용했으나 최근에는 자본의 누적 효과를 감안하여 적용하는 방식이 활용되고 있다.
5) 한국광물자원공사, "북한광물자원 개발현황", 2011.

참고문헌

김은영, "통일비용 관련 기존 연구자료", 「북한경제리뷰」 12(8), KDI, 2010.
양운철, "통일비용의 추정과 재원조달 방안", 「세종정책연구」 제2권 1호(통권 제3호), 세종연구소, 2006.
한국광물자원공사, "북한광물자원개발현황", 2011.
현대경제연구원, "통일의식에 대한 일반국민 전문가 여론조사", 「현안과 과제」, 2013. 11. 19.
홍순직·최성근, "통일비용 및 통일편익의 추정과 시사점: 남북통일 편익이 비용보다 더 크다", 「경제주평」, 2010. 10. 28.

이해완

성균관대학교 법학전문대학원 교수
제27회 사법시험 합격, 서울고등법원 판사, 사법연수원 교수 역임
대표적 저서로 『저작권법』 『평화와 반평화』(공저) 『비전과 관점 열기』(공저)가 있다.

2장 통일의 목적·방법·준비에 대한 기독교적 성찰

이해완

1. 통일의 당위성과 목적

1.1. 통일에 대한 질문과 성찰의 필요성

과거에 우리는 통일에 대해 '왜'라는 질문을 거의 하지 않았다. 통일은 너무나 당연한 우리 민족의 지상 과제였다. 그러나 오늘날에는 통일에 대해 부정적인 의식을 가진 국민의 비중이 무시할 수 없는 수준에 이르고 있다. 서울대학교 통일평화연구원이 2007년부터 2010년까지 한국갤럽에 의뢰하여 조사한 바에 따르면, 조사 대상자의 대략 50-60퍼센트가 여전히 통일의 필요성을 인정하고 있으나, 20퍼센트 내외의 응답자는 통일이 불필요하다는 태도를 보이며, 20퍼센트 내외의 응답자도 무관심한 반응을 나타내고 있다고 한다.[1] 이처럼 국민 모두가 통일을 당연한 목표로 공유하지 않고 있다는 사실 자체가 통일을 '왜' 해야 하는지, 이 질문에 대한 보다 명확하고 설득력 있는 답을 제시할 것을 요청하고 있다. 그리고 이 질문은 그리스도인들에게도 하나의 중대한 윤리적 도전으로 다가온다. 한국의 그리스도인이 통일을 지향해야 한다면, 그 이유는 무엇인지, 통일의 방법은 무엇이고 그 준비는 어떻게 해야 하는지를 명확히 숙지하고 있어야만 그리스도인으로서의 역사적·사회적 실천의 궁극적 방향성을 바르게 정립할 수 있을 것이기 때문이다. '통일'은 오늘날 우리 사회 안에서 많은 정치적·이데올로기적 대립과 갈등으로 얼룩진 주제이지만, 그렇다고 해서 정치인들에게만 맡기고 회피할 수 있는 문제가 아니다. 국민의 한 사람인 그리스도인 각자가 이것에 대해 진지하게 성찰해야 한다.

1.2. 민족적 차원의 당위성에 대한 성찰

지금까지 통일의 당위성은 무엇보다도 남과 북의 주민이 하나의 민족이라는 데 초점을 맞춰왔다. 오랫동안 우리는 단일한 민족국가를 형성하여 하나의 언어, 하나의 역사, 하나의 문화를 이루어오다가 외세에 의하여 분단된 것이므로, 마땅히 온전한 민족국가로 재통일함으로써 민족 동질성을 회복해야 한다는 것이다.

하지만 오늘날에는 이런 민족적 당위성이 가지는 소구력이 과거에 비하여 상대적으로 약화되고 있으며, 심지어 비판적 시선에 직면해 있기도 하다. 즉 현재 한국의 청년 세대는 우리와 북한 주민이 하나의 민족이니까 통일해야 한다는 논리에 대하여 상당한 거부감을 느끼곤 한다. 민족의 일원보다는 다원화된 시민사회의 일원으로 민주시민의식을 교육받고, 나아가 '세계시민의식'을 가질 것을 요구받는 글로벌 시대의 청년들이나, 같은 사회 분위기 및 시대 조류의 영향권 안에 있는 중장년층에게, 단일한 민족 일원으로서의 정체성이 예전과 같지 않은 것은 어찌 보면 자연스러운 일이다. 또한 우리 사회에 인종적·문화적 다양성을 지닌 이주민들이 대거 유입되어 이른바 '다문화 사회'를 만들어가고 있는 현실도 민족 담론이 예전만큼 영향력을 발휘하기 어렵게 하는 중요한 원인이다. 더 나아가 지식인 사회에서는 민족주의가 근대적 담론으로서 가지고 있는 문제점, 즉 자칫하면 개인의 자유와 권리를 제한하는 집단주의 또는 전체주의적 이데올로기가 될 수 있고, 동시에 자민족중심주의(ethnocentrism)에 빠져 반평화적 이념이 될 수 있다는 문제에 대한 비판이 제기된 것도 고려해야 한다.

그러나 이런 비판이나 소극적인 입장이 있다고 해서 단일민족으로서의 우리 민족의 유구하고 풍부한 역사와 전통이 사라지는 것은 아니다. 또한 단일민족이라는 역사적·종족적 기반이 일제 식민 지배에 항거한 '저항민족주의'를 가능하게 했다는 사실도 부정할 수 없다.[2] 그리고 하나의 민족이 인위적인 장벽에 의해 둘로 나뉘어 있는 것이 반평화적 상황이라는 것도 우리가 생생하게 경험해온 역사적 진실이다. 그뿐 아니라 남과 북이 서로 상이한 체제 또는 이데올로기하에서도 민족 통일의 당위성만은 한목소리로 긍정하는 입장을 취해온 것 자체가 한반도에서 민족 담론이 가지는 강력한 힘을 상징적으로 말해주고 있다. 우리와 달리, 민족주의에 대해 줄곧 비판적인 입장이 지배적이었던 구(舊)서독과 동독의 경우에도 실제 통일을 이루는 데 있어서 민족주의가 큰 힘을 발휘했다. 이런 사례에 비추어보면, 우리의 경우는 더욱 민족주의 또는 민족적 정체성이 통일 동력으로서 가지는 힘을 간과할 수 없을 것이다.

따라서 민족의 하나 됨(일체성)을 회복하는 데서 통일의 당위성을 찾는 것은 지금도 유효할 뿐만 아니라 앞으로도 가장 강력한 통일 근거의 하나가 되리라고 예상된다. 다만 민족주의가 내포할 수 있는 문제점과 위험성에 대해 사전에 충분히 인식하여, 민족주의의 성격을 오늘날의 시대정신에 부합하는 방향으로 바꾸어나가는 노력을 기울일 필요가 있다. 즉 민족주의가 가지기 쉬운 폐쇄성, 배타성, 자기중심성을 극복한 이른바 '열린 민족주의'의 새로운 지평을 열어가면서 그것을 통일의 중심 동력으로 삼아야 할 것이다. 여기서 말하는 '열린 민족주의'는 대외적으로 다른 민족이나 나라들과의 평화적 공존을 지향할 뿐만 아니라, 대내적으로도 민족적 가치나 민족문화의 배타적 우월성을 주장하기보다 인류의 보편적 가치를 품는 동시에 민주적 시민사회의 다양한 사회·문화적 가치와 함께 공존할 수 있는 개방적 가치관을 추구한다.

기독교 신앙의 관점에서도 과거에 기독교가 저항민족주의에 적극적으로 참여했던 역사를 계승하여 올바른 겨레 사랑의 마음을 키워가고 그것을 실천해나가는 차원에서, '열린 민족주의'와 그에 기초한 통일의 당위성을 하나의 이데올로기가 아니라 역사적 관점과 태도의 차원에서 수용해야 하리라고 생각된다. 주변 열강의 틈바구니에 껴서 식민 지배의 고통을 겪고, 곧이어 강대국의 일방적 결정에 의한 분단과 동족 간의 전쟁의 고통을 겪어온 우리 민족이 이런 고통을 스스로의 노력으로 극복하고 치유하는 과정을 통해, 민족 구성원들 사이에 온전한 일체성을 회복하고 그 터전 위에 새로운 민족문화를 꽃피워 세계 평화에 기여하고자 하는 것은 기독교의 '공의'와 '사랑', '평화'의 원리에 두루 부합된다고 볼 수 있기 때문이다. 자신이 지금 당장 그 고통을 피부로 느끼지 않는다고 해서 역사적으로 민족 구성원에게 부과된 고통의 짐을 나누어 지지 않고 이기적 무관심에 빠지는 태도는 기독교적 가치관과 정면으로 부딪친다.

원래 민족적 차원의 통일 담론은 자기목적적(autotelic) 통일관으로 연결되는 측면이 있다. 즉 통일을 하면 어떤 좋은 점이 있기 때문에 통일을 하자는 것이 아니라, 같은 민족이니까 당연히 통일해야 한다는 논리를 내포하는 것이다. 여기서 통일은 수단이 아니라 그 자체가 목적의 자리에 놓이게 된다. 그러나 그리스도인의 관점에서 열린 민족주의와 그에 기초한 통일의 당위성을 수용한다고 하더라도, 오늘날 통일의 자기목적적 지위를 무조건 수용하기는 어렵다. 기독교의 보다 궁극적인 가치는 공의(정의), 사랑, 평화 등에서 찾을 수 있다. 통일은 이런 가치를 이루는 데 기여한다고 인정되는 범위 내에서만 기독교적 가치에 부합된다. 그러므로 기독교적 관점에서도, 통일은 무조건 선(善)이 아니라 어떤 방법으로 어떤 내용의 통일국가를 형성하는지가 더욱 중요한 문제가 된다고 할 수 있다.

1.3. 실용적 차원의 필요성(통일편익)과 분단의 고통

민족적 차원의 당위성에 기반한 자기목적적 통일관은 오늘날 우리 사회에서도 전폭적 지지를 받기가 쉽지 않다. 특히 통일비용이나 통일에 따르는 여러 가지 리스크에도 불구하고 통일을 지향하고 추진해야 하는 이유가 단지 '우리는 같은 민족이니까'에만 있다면, 국민 다수의 지지를 받을 수 없을 것이다. 이런 인식하에 최근에는 통일을 할 경우 어떤 실용적 이점이 있는지를 '통일편익'이라는 이름으로 제시하고자 하는 노력이 있어왔다.

이런 노력의 취지는 국민 사이에 통일에 대한 부정적 인식이 커지고 있는 이유가 통일비용에 대한 우려라고 파악하고, '통일편익(benefit)'이 '통일비용(cost)'을 훨씬 능가한다는 점을 강조함으로써 통일에 대한 긍정적 국민 의식을 제고하는 것이었다.

이런 취지로 작성된 한 책자에 의하면, 남한 사회는 다음과 같은 통일편익을 가지는 것으로 제시되어 있다.[3] 또한 북한 사회의 편익과 국제사회의 편익은 별도로 제시되고 있다.

분야	편익 내용
정치적 통일편익	민주주의의 확산과 정착, 민주적 시장경제의 공정한 운영
군사·안보적 통일편익	한반도에서의 동족 분쟁이나 전쟁의 위험을 근원적으로 해소, 징병제 폐지 및 모병제로의 전환 등
경제적 통일편익	통일로 인한 잠재 생산력의 비약적 증대(인구 증가에 따른 내수 시장 확대 및 규모의 경제 운용 등), 통합된 국토 이용의 효율성(국제 물류의 허브, 에너지 협력의 거점 등)
사회·문화적 통일편익	i) 민족공동체 수립 ① 민족사의 온전한 회복과 건설, ② 분단의 상처인 이산가족 문제와 국군 포로, 납북자 문제의 근원적 해결, ③ 다원

사회·문화적 통일편익	주의의 확대·심화, ④ 사회적 복지 전달 체계의 발전, ⑤ 지역주의의 갈등 완화, ⑥ 다문화 가족의 정착과 행복에 더 유리한 환경, ⑦ 민족 자긍심 고취 ii) 포용의 문화 확대
생태·환경적 통일편익	i) 동북아 국제 관광의 허브 역할, ii) 비무장지대의 평화적 이용, iii) 남북한 공유 하천의 효율적 관리, iv) 금강산-설악산 연계 개발, v) 백두산-한라산 연계 관광벨트 조성

위와 같은 통일편익의 제시가 가지는 긍정적 가치가 제대로 평가되어야 한다. 통일을 막연히 부담으로만 느끼던 국민들이 위와 같은 설명을 접하면 통일에 대한 비전을 보다 생생하고 긍정적으로 품게 될 것이다.

그러나 이것이 통일에 대한 보다 온전하고 전체적인 시각을 가지는 것으로 이어지기 위해서는 좀더 생각해보아야 할 점들이 있다.

첫째, 위와 같은 통일편익은 모든 통일에서 기대되는 것이 아니라 잘 준비된 평화통일, 자유민주주의적 통일의 경우에만 기대할 수 있다는 점을 유의해야 한다. 따라서 뒤에서 살펴보는 통일의 방법 및 내용에 대한 원칙이 통일 자체보다 더욱 중요한 의미를 가진다는 것을 간과하지 말아야 한다.

둘째, 위와 같은 논의의 전개에서, 통일에 따르는 갈등의 요소를 다소 가볍게 본 면이 있지 않나 여겨진다. 통일과 갈등의 관계에 대해서는 뒤에서 다시 살펴보겠지만, 통일 과정에서 필연적으로 야기될 수밖에 없는 사회·정치적 갈등에 대한 정직한 직시와 그에 대한 준비의 필요성을 경시하는 통일 비전 논의는, 국민들이 통일에 대해 바람직한 의식과 준비 태세를 갖도록 하는 데 큰 도움이 되지 않는다.

그러면 그리스도인으로서 우리는 앞과 같은 실용적 차원의 통일의 필요성을 어떻게 이해해야 할까? 사실 통일의 문제를 비용-편익의 프레임에 넣어 분석하는 것은 일반 국민의 관심을 끄는 데는 유용할 수 있으나, 그리스도인의 신앙적·윤리적 삶과의 연결 지점은 오히려 애매할 수 있다. 그리스도인의 신앙적 관점에서는 비용-편익의 패러다임보다는 '고통'의 패러다임이 더 큰 적실성을 가진다. 즉 미래 전망으로서의 통일이 가지는 비용과 편익을 비교하기보다는 현재 상황에서 분단이 우리에게 안겨주는 고통이 무엇인지 이해하고 그것을 해결하는 관점[4]에서 통일을 바라보면, 그리스도인이 신앙 윤리의 차원에서 통일을 지향해야 할 당위성이 분명하게 드러난다.

여기서 '우리'의 범위에 북한 주민이 포함됨은 물론이다. 그뿐 아니라 남북한의 비대칭적 발전 상황을 감안할 때 북한 주민의 고통이 더욱 크고 절박한 윤리적 호소력을 가진다고 할 수 있다. 목숨을 걸고 북한을 탈출하여 남한 사회에 정착해 있는 탈북민이 겪고 있는 신이산(新離散)의 고통은 우리가 간접적으로나마 생생하게 느낄 수 있는 분단 고통의 한 예다. 대한민국 안에서 공동체의 문제에 관심을 가지고 무슨 말을 하면 곧잘 '종북', '보수 꼴통' 등의 날선 공격과 낙인찍기의 적대적 위협에 직면해야 하는 소통의 왜곡 현상, 그로 인한 정치 문화의 후

진성, 사회 도처에 있는 군사 문화의 그림자도 우리가 날마다 경험하는 분단 고통의 하나다. 무엇보다 남과 북의 군사적 대치 상황에서 긴장의 파고가 높아질 때마다 전쟁의 위험성에 마음을 졸이며 살아야 하는 것은 한반도 주민 모두가 겪는 분단 고통의 가장 심각한 요소다.

분단이 우리에게 부과하는 여러 가지 고통, 그중에서도 나의 고통이 아닌 타자(이웃)의 고통을 정직하게 직시하고 그것에 깊이 공감하면서 그 해결을 위해 총체적인 노력을 기울이는 차원에서 통일을 바라볼 때, 통일은 '사랑'과 '평화'와 '공의'를 이 땅의 역사 속에 실천하고자 하는 그리스도인의 절실한 윤리적 과제로서 제자리를 잡게 된다.

앞에서 인용한 통일편익은 현재의 고통에 초점을 맞추기보다는, 국민들에게 통일 비전을 긍정적으로 보여주자는 취지에서 그 고통을 해결하는 미래 전망을 제시한 것으로 이해할 수 있다. 여기에 인용하지 않은 북한 주민의 통일편익을 포함하여 그 이면에는 다양한 분단 고통에 대한 인식이 깔려 있다. 통일에 대한 그리스도인의 윤리적 소명이 현재의 분단 고통에서 출발할 때 보다 선명하게 드러난다는 입장을 취한다고 해서, 그것을 해결하는 차원에서의 긍정적인 미래 비전을 품는 것에 반대할 이유는 없다. 단지 여러 가지로 열거되어 있는 통일편익 가운데 분단 고통의 궁극적 치유의 차원에서 보다 본질적인 것이 무엇인지를 가려볼 필요는 있다.

이런 차원에서 생각한다면, 남과 북 사이의 인위적 경계를 허물고 나아가 한반도 주민 모두가 인간으로서의 존엄성을 누리며 자유롭고 평화롭게 잘살 수 있는 세상을 구현한다는 점에 통일의 본질적 가치와 당위성이 있다고 할 수 있다.

결국, 우리가 통일을 지향해야 할 이유 중에서 가장 중요한 의의를 갖는 것은 다음의 몇 가지 사항으로 요약될 수 있다.

① 분단이 야기하고 있는 비평화적 상태를 해소하고 민족 공동체의 온전한 일체성을 회복하여 세계 평화에 기여.
② 한반도 전역에서 민주주의와 인권 등 보편적 가치와 민주적 복지 구현.
③ 분단으로 인한 사회·문화적 갈등 극복.
④ 동족 간 전쟁 위험의 완전한 해소 및 한반도 평화의 영구화.
⑤ 군사 문화의 극복.

1.4. 평화와 통일

앞에서 우리는 그리스도인의 관점에서 통일이 그 자체로 궁극적인 가치라기보다는 다른 상위의 가치와 연결되어야 하는 당위적 목표라는 점을 언급했다. 특히 '평화'가 '통일'보다 더 상위의 가치이므로, 평화가 궁극적 목적이고 통일은 그 수단이라고 할 수 있다. 따라서 통일은 방법적인 면에서 평화적 방법의 제약을 받아야 하고, 추진하는 내용의 면에서도 '평화'의 가치적 인도를 받아야 한다.

여기서 말하는 평화의 개념에는 소극적 평화만이 아니라 적극적 평화의 개념도 포함된다. 평화학자 갈퉁(Johan Galtung)의 견해에 의하면, 평화는 단순히 물리적 폭력(전쟁)의 부재(소극적 평화)만이 아니라 구조적 폭력의 부재(적극적 평화)를 포함하는 개념으로 이해된다. 따라서 적극적 평화의 개념에는 사회정의와 인권 등이 포함된다. 앞에서 통일의 본질적 가치와 당위성을 다섯 가지로 정리한 내용도 모두

'평화'의 내용을 이루는 것으로 여겨질 수 있다. 또한 이런 적극적 평화의 개념은 성경의 평화 개념과도 일맥상통한다. 예컨대 이사야 32장 17절은 "공의의 열매는 화평이요 공의의 결과는 영원한 평안과 안전이라"라고 하는데, 이것은 정의를 바탕으로 한 적극적 평화만이 참된 평화일 수 있음을 강조한다고 이해할 수 있다. 이와 관련하여 보울딩(Kenneth Boulding)은 평화를 안정된 평화(stable peace)와 불안정한 평화(unstable peace)로 구분한 바 있다. 두말할 필요 없이 우리가 지향해야 할 평화는 안정된 평화다.

그런데 이런 평화의 개념을 놓고 오늘날의 상황을 보면, 현재의 한반도는 '불안정한 소극적 평화'의 상태에 있다고 할 수 있다. 여기서 통일의 당위성이 다시 크게 부각된다. 통일이란 그 방법 및 결과가 평화, 인권, 정의의 원리에 부합될 경우에만 '적극적 평화' 및 '안정된 평화'의 상태에 도달함을 뜻하기 때문이다.

물론 통일보다 평화가 우선적인 가치라는 것을 이유로, 현재의 소극적 평화를 유지하는 데만 초점을 맞추고 분단을 극복하려는 노력을 기울이지 않는다면 그것은 국민적 관점에서나 그리스도인의 관점에서나 타당한 방향이라 할 수 없다. 오랜 역사를 공유해온 민족이 분단되어 있는 상태는 거의 필연적으로 동족 간 분쟁 및 전쟁의 위험을 내재하고 있을 수밖에 없으므로, 현재와 같은 분단 상태로는 소극적 평화 자체의 안정성도 결코 담보할 수 없다. 따라서 적극적 평화와 안정된 평화를 누리는 것은 통일을 이루는 길밖에 없음을 인식하고 이를 위해 일관된 노력을 기울여야 한다.

그러나 급속한 통일 추진은 '소극적 평화'조차 해치고 한반도를 전쟁 상황으로 몰아갈 위험성이 높으므로 점진적이고 단계적으로 통일을 추진해나가되, 평화라는 측면에서 우선은 소극적 평화의 공고화·제도화에 초점을 맞추어 남북한의 평화적 공존을 도모하는 것이 지혜로운 길이라 할 수 있다. 통일을 통한 적극적 평화의 달성이 궁극적인 목표 가치이긴 하지만, 남과 북이 공멸하는 전쟁의 위험을 피하는 소극적 평화가 위협받지 않도록 하는 것도 현실적으로 매우 필요하고 소중한 과제다. 최종적인 통일 전이라도 통일을 지향하는 노력의 과정 속에서 소극적 평화의 안정성을 키워나가는 것은 충분히 가능하다. 그뿐 아니라 소극적 평화가 좀더 안정화되는 것을 기초로 해서만 점진통일의 과정도 진전될 수 있다.

이상의 논의를 정리해보면 ① 가치적으로는 평화가 통일에 우선하므로, 통일은 '평화'의 제약과 인도하에서 이루어져야 한다는 점(평화의 가치적 우월성), ② 적극적이고 안정된 참 평화를 이루기 위해서는 통일이 필요하므로, 소극적인 평화의 유지보다 통일이 궁극적 목표가 되어야 한다는 점(소극적 평화를 넘어선 통일 목표의 수용), ③ 그럼에도 현 단계에서는 적극적 평화로서의 통일 추구를 앞세우기보다 소극적 평화의 공고화에 일차적 노력을 기울여야 한다는 점(소극적 평화 공고화의 현 단계적 중요성) 등을 확인할 수 있다. 이 세 가지 측면에 대한 인식의 균형을 이루는 것이 좌로나 우로나 치우치지 않는 올바른 통일논의의 핵심 과제라 생각된다.

1.5. 통일과 갈등

통일은 궁극적으로는 한반도의 복합적인 갈등을 해결하는 데 기여하겠지만, 통일의 과정에서는 까다로운 갈등 요소가 더욱 크게 부각될 가능성이 많다. 즉 통일이 되면 모든 갈등이 해결되리라는 기대는 환상일 뿐이라는 뜻이다. 실제로는 통일 이후에 정치적·경제적·사회적·문화적·심리적 갈등 요소가 다양하게 대두될 것이 거의 필연적이다.

다만 그 갈등의 첨예한 정도는 급속통일의 경우가 훨씬 심각하고, 점진통일의 경우에는 상대적으로 덜 심각하리라고 예상된다. 하지만 점진통일의 경우에도 복잡 미묘한 갈등이 대두될 것을 예상하고 그에 대한 대비와 준비를 해야 할 것이다. 통일이 갈등의 극적인 해소가 아니라 더욱 복잡하고 미묘하며 동태적인 갈등의 출발점이 되리라는 것을 직시하는 태도가 통일에 대한 회의론을 확산하는 원인이 될 수 있다고 해서, 그것을 의도적으로 간과하거나 외면해서는 곤란하다. 통일에 대한 긍정적인 국민 의식이 지나치게 단순하고 낙관적인 감상적 통일관을 기초로 한다면 그것은 그다지 바람직하지 않다. 오히려 통일의 과정에 내포된 다양한 위험과 갈등 상황에 대비하되, 이런 어려움에도 불구하고 통일을 지향해야 하는 당위성과 그 가치를 깊이 되새기는 노력이 필요하다.

이것은 마치 환자가 수술을 받을 때나 그 직후에는 전보다 더 큰 고통을 느끼지만 상처가 아물고 나면 더 건강해지는 것에 비유할 수 있다. 통일의 과정에는 상당한 갈등과 어려움이 있겠지만, 그것을 잘 극복해나간다면 결국은 지금보다 훨씬 나은 삶을 누릴 수 있다는 기대 속에서 통일을 추구한다고 보아야 한다.

다만 여기서 간과하지 말아야 할 것은 통일의 속도와 방법에 관한 문제다. 뒤에서 다시 언급하겠지만, 잘 준비되지 않은 급속통일은 환자를 치유하기보다는 환자의 생명을 위협하는 수술, 즉 잘 준비되지 않은 수술과 같은 위험성을 가진다. 이때 수술 준비의 요체는 환자의 건강 상태를 정확하게 진단하여 수술 시 위험한 문제가 없는지를 철저하게 확인하고 다른 건강상의 문제가 있으면 그 문제부터 해결하는 것이다. 마찬가지로 남북한의 통일에 있어서도 현시점에서 급속히 통일할 경우에 쌍방 간의 갈등의 예상 수준이 너무 높다면, 상호 교류와 협력을 통해 신뢰와 동질성을 높여가는 노력을 통해 갈등의 예상 수준을 적정한 수준으로 낮춘 다음에 정치적 차원의 통일을 추진하는 것(점진통일)이 바람직한 방향이라 할 수 있다.

2. 통일의 방법과 내용

2.1. 평화통일의 원칙

앞에서 살펴본 것처럼 통일의 궁극적인 목적은 평화이고 통일 자체가 절대적 자기목적성을 가지는 것은 아니므로, 남북한 주민을 공멸로 이끄는 무력에 의한 통일 기도는 결코 허용될 수 없다. 다시는 한반도에서 동족상잔의 비극이 일어나지 않도록 하기 위해서는 먼저 남한부터 평화통일의 원칙을 확고히 해야 한다.

우리 헌법은 전문에서 "조국의 민주개혁과 평화적 통일의 사명에 입각하여…"라고 하고, 제4조에서는 "대한민국은 통일을 지향하며 자유민주적 기본 질서에 입각한 평화적 통일 정책을 수립하고 이를 추진한다"라고 규정함으로써 통일을 지향하되 평화통일의 원칙을 준수할 것을 명시하고 있다.

평화통일의 원칙이 '평화의 왕'으로 오신 예수의 가르침을 따라 '화평하게 하는 자'(마 5:9)로서 살고자 하는 그리스도인의 신앙 양심에도 잘 부합됨은 두말할 나위도 없다. 기독교의 평화(샬롬)를 한반도에 실현하기 위해서는 평화통일의 원칙을 내용적으로 더욱 심화시켜, 통일의 방법과 절차만이 아니라 통일 이후의 정치·사회·문화 등 모든 영역에서 지배와 억압을 배제하고, 상호 존중과 평화적 갈등 해결의 원칙이 지켜지도록 노력을 기울여야 한다.

2.2. 합의통일의 원칙

평화통일 원칙의 자연스러운 귀결로서, 통일은 남북한 주민 및 정부 사이의 합의에 기초해서 이루어져야 한다는 합의통일의 원칙도 지켜져야 한다. 합의통일은 흡수통일의 반대개념이 아니다. 독일의 경우처럼 합의통일이면서 동시에 흡수통일에 해당하는 경우도 있을 수 있다. 그러나 아래에서 보는 바와 같이 '흡수통일'을 통일의 원칙으로 수용할 수는 없다.

2.3. 자유민주적 통일의 원칙과 흡수통일의 문제

우리 헌법 제4조는 "대한민국은 통일을 지향하며 자유민주적 기본 질서에 입각한 평화적 통일 정책을 수립하고…"라고 하여 자유민주적 기본 질서에 기초한 통일만을 인정하고 있다. 여기서 말하는 자유민주적 기본 질서는 사회민주적 기본 질서를 배척하는 개념이 아니며 사회민주적 기본 질서에 대해서도 기초가 될 수 있는 원칙으로서 기본권과 절차적 민주주의 등 민주주의의 최소한을 보장하는 원리이므로, 이것은 오늘날 보편적 가치라고 할 수 있다. 그러므로 이 가치는 통일 과정에서 북한과의 제도통합 차원에서 포기될 수 없다. 국민적인 관점에서나 그리스도인의 관점에서나, 통일에 비하여 인간의 존엄성과 자유, 인권, 민주주의 등(적극적 평화의 내용이기도 함)이 더욱 궁극적인 차원에서 수호해야 할 가치이므로 통일을 위해 이런 가치를 희생할 수는 없는 것이다.

현재 남한만이 자유민주적 기본 질서를 상당 수준 구현하고 있고 북한은 그렇지 못하다는 점에서, 이후의 통일이 이런 가치를 한반도 전역에서 구현하는 방향으로 이루어지도록 하는 것을 '흡수통일'이라 부르는 경우도 있지만, 이런 명명은 바람직하지 않다.

물론 북한의 입장에서는 현 상황에서 자유민주주의의 보편성을 수용하기가 어렵겠지만, 우리 입장에서는 자유민주주의의 보편적 가치를 부정하거나 포기할 수 없다. 이것은 북한 인권의 문제와도 긴밀한 관련성을 가진다. 국제연합의 인권 기준이 보편성을 가진다는 전제로 북한 인권문제에 대한 국제사회의 개입이 이루어지고 있는 것은, 우리 헌법상의 자유민주주의가 가지는 보편성과 상통하는 면이 적지 않다. 따라서 헌법상의 자유민주적 통일의 원칙은 남한의 특수한 체제를 북한에 강요하는 문제가 아니라 남북한 주민 모두가 자유와 평화를 누리며 공존 공영할 수 있는 보편적 가치를 구현하는 문제라고 보아야 한다. 따라서 흡수통일이라는 명명은 적절치 않다. 남한도 이런 보편적 가치의 구현이라는 점에서는 아직 가야 할 길이 많이 남아 있으므로, 남과 북이 함께 보편적 가치를 구현해나가는 것을 통일 과정의 중요한 내용적 요소로 삼아야 할 일이지, 이것을 '일방적 흡수'의 개념으로 바라볼 일은 아니다.

다만 그 보편성을 북한이 현 단계에서 수용하기는 어려우므로 이 문제도 점진통일의 단계적 프로세스를 통해 상호 교류와 이해 및 신뢰를 높여가는 과정에서 조금씩 해결하는 것이 타당한 방향이라 할 수 있다.

독일 통일의 과정에서는 단순히 자유민주주의적 가치를 확산하는 것이 아니라 서독의 특수한 체제를 그대로 동독 지역에 적용하는 방식을 취했다는 점에서 흡수통일이라 할 수 있다. 하지만 이런 흡수통일을 한반도 평화통일의 바람직한 모델이라고 할 수는 없다. 물론 남한의 입장에서 평화적 합의통일을 성공적으로 이룬 독일이 부러움의 대상인 것은 사실이다. 하지만 마지막 단계에서 체제 이행 과도기를 두지 않고 급속한 흡수통일을 이룬 것은 동독 주민의 실업 사태 등 많은 문제를 야기했으며 이후에도 이른바 '화학적 통일'을 어렵게 한 요인으로 작용했다는 점에서, 독일 통일은 우리가 본받아야 할 모델이라고 할 수는 없다.

우리의 경우 민주적 기본 질서를 가치적으로 수용하는 것 외에는, 상이한 체제하에서 오랫동안 서로 다르게 형성되어온 사회·문화적 존재 양식을 이해·존중하고, 상호 간 활발한 소통 속에서 대등한 주체로서의 만남과 합일의 과정으로서의 통일을 지향하는 것이 바람직하다. 그런 점에서 대내외적으로 흡수통일 배제 원칙을 천명하는 것이 가능하고 또 필요하다고 본다.

우리의 사회·문화·가치관의 우월성을 전제로 한 흡수통합의 노력은 현실적으로 벽에 부딪힐 가능성이 많을 뿐만 아니라 지나치게 자기

중심적이며 오만한 태도로 받아들여질 것이다. 제도적인 면에서도, 어느 한쪽의 제도를 일방적으로 적용하는 것은 다른 쪽 제도(시스템)에 적응해온 주민들을 자칫 '2등 국민'으로 만들어 갈등 구조를 고착화할 가능성이 있으므로 상호 간 신뢰 회복과 더불어 제도의 점진적 통합을 이루어나가는 것이 바람직한 방향이다.

2.4. 급속통일의 논리와 문제점

급속통일의 논의는 주로 북한의 급변 사태와 관련된 대비 차원에서 제시되었다. 그리고 급속통일 개념은 통일 과정의 역동성을 그 논리적 근거로 하고 있다. 통일에 대한 어떤 프로그램상의 목표를 수립하더라도 현실적으로 통일은 매뉴얼대로 이루어지는 것이 아니라 상황적인 역동성에 따라 이루어지므로, 현실적으로는 급속통일을 준비하는 것이 타당하다는 것이다. 이런 주장에 일리가 없는 것은 아니지만, 여기서도 좀더 깊이 생각해보아야 할 점들이 있다.

　북한에 급변 사태가 있을 때 한국이 통일을 지향하는 관점에서 어떤 대응을 할 수 있을 것인지 생각하고 대비하는 것은 꼭 필요한 일이지만, 그 과정에서 통일을 목표화 할 경우에는 평화통일의 원칙이 훼손되기 쉽다.

　평화통일의 원칙하에서의 급속통일은 적어도 북한 주민이 남한과 남한 정부를 충분히 신뢰할 수 있는 상태에서만 가능하다. 따라서 점진 통일의 프로그램이 광범위하게 실시되지 않은 상태에서 이런 상황을 기대하는 것은 거의 불가능에 가깝다고 생각된다.

　독일의 경우에는 오랜 기간 동안의 양독 간 상호 교류를 통해 이런 신뢰가 충분히 형성된 상태에서 통일이 이루어졌으므로 우리의 현재 상황과는 사뭇 다르다. 따라서 독일은 통일의 최종 과정에서는 '급속통일'을 선택한 것처럼 보이지만, 오랜 교류 협력을 통한 신뢰 회복을 기초로 평화통일을 이룬 점에서 전체적으로는 오히려 '점진통일'의 사례에 해당한다고 보아야 한다.

남북한 주민의 이질성과 상호 불신이 온존하는 상황에서 급속통일을 이루는 것은 통일비용의 문제를 떠나 평화적인 국민통합이 불가능하고, 자칫 극도의 사회적 혼란과 내전적 상황이 발생하기 쉬우며, 자유민주주의에도 큰 위기가 초래되리라고 생각된다. 따라서 본질적인 차원에서 '평화통일'의 원칙, '합의통일'의 원칙, '자유민주적 통일'의 원칙에 모두 어긋날 가능성이 높다.

나아가 북한의 급변 사태를 기회로 조기 흡수통일을 이루어야 한다는 논의를 전개하는 것 자체가 실현 가능성이 낮은 논의를 통해 북한의 경계심만 크게 높이는 결과를 초래하게 된다는 것을 가볍게 여겨서는 안 된다. 남한이 북한을 먼저 평화공존의 대상으로 확고히 인정하고 급속한 흡수통일을 추진하지 않겠다는 신뢰를 주어야만 '안보 딜레마'와 불신의 악순환을 막아 한반도 평화 정착 및 통일의 길을 조금이라도 앞당길 수 있다. 그러나 급속통일 논의는 그 반대의 작용을 하므로, 박근혜 정부에서 제시한 '한반도 신뢰프로세스'의 가동을 원천적으로 어렵게 한다. 말하자면 한반도 신뢰프로세스는 우리의 통일 방안에 대한 분명한 정립에서부터 시작될 필요가 있다.

이처럼 급속통일 방안은 결코 정부의 공식적인 통일 방안일 수 없을 뿐만 아니라 민간 수준에서의 논의조차도 더욱 신중을 기할 필요가 있다. 지금까지 북한 내부의 급변 사태로 인한 급격한 흡수통일에 대한 기대 또는 예상이 대북 정책의 일관성을 상실하게 하는 원인이 되고, 그에 따라 남북 관계의 개선을 가로막는 역할을 했다는 점은 몹시 안타까운 일이라 생각된다.

2.5. 점진통일의 구체적 방안

한반도에서 전쟁의 위험을 최소화하고 평화를 정착시키며 나아가 남북 주민의 합의하에 평화적으로 통일을 이루는 유일한 방법은, 남북한이 지속적인 교류 협력을 통해 신뢰를 회복하고 평화체제를 구축한 후 여건이 충분히 무르익었을 때 남북한 주민의 지지를 바탕으로 남북한 정부의 합의에 의해 통일을 이루는 점진통일의 방안뿐이라 생각된다.

통일단계를 남북 화해 협력 단계, 남북 연합 단계, 통일국가 단계로 설정한 민족공동체통일방안(노태우 정부 때 마련된 한민족공동체통일방안을 수정, 보완하여 김영삼 정부에서 마련해 1994년 공표한 통일 방안)이 현재까지 정부의 공식적인 통일 방안인데, 이것이 점진적 평화통일 방안의 기본 구상이라 할 수 있다.

이런 점진적 통일 방안은, 최종적인 정치적 통일을 이루기 전에도 상호 간 교류와 협력, 신뢰 회복 등의 면에서 조금씩 통일을 이루어 나감으로써 정치적 통일 이전에도 '사실상의 통일'을 이루는 것이 가능하다. 현실적으로 북핵 문제 등 여러 가지 어려운 문제들이 있지만, 인내심을 갖고 일관된 자세로 가능한 범위 내에서 조금씩 점진적 통일의 길을 걸어간다면, 언젠가는 통일의 길이 반드시 열리리라고 생각한다.

점진적 통일은 참된 평화통일, 평화적 국민통합을 위해 필요한 단계를 거쳐야 함을 전제로 할 뿐, 통일에의 길을 조금이라도 불필요하게 늦추자는 뜻은 아니다. 오히려 점진적 통일의 길을 일관성 있게 걸어가는 것이 제도적인 통일만이 아니라 진정한 통일을 이루는 데 소요되는 기간을 최소화하는 길이 될 수 있다.

이런 점진적 통일 방안은 평화통일의 원칙과 밀접한 관련을 가지고 있고, 전쟁과 증오로 얼룩진 한반도에서 곧바로 정치적 통일을 이루는 것을 목표로 하기보다 먼저 화해와 협력의 길을 통해 양쪽이 사랑으로 만나 신뢰를 회복하는 일부터 확대해나가는 것을 통일의 기초로 삼는 방안이므로, 기독교의 평화·화해·용서·이웃 사랑 등의 가치와 잘 부합된다.

3. 통일의 준비

3.1. 통일을 지향하는 대한민국의 자기혁신

그렇다면 현재 대한민국은 통일을 위한 준비가 되어 있는가? 이 질문에 긍정적으로 답하기는 쉽지 않다. 대한민국이 통일의 과업을 제대로 감당하기 위해서는 상당한 수준에서의 자기혁신이 필요하다.

먼저 정치 분야를 놓고 보자면, 갈등 해결 능력이 빈약한 현재의 제도를 갈등 해결 능력이 강한 민주주의로 개선해나가야 한다. 레이파트(Lijphart)의 민주주의 유형 구분론을 따른다면, 현재 한국의 민주주의는 '다수제 민주주의'(majoritarian democracy)라고 할 수 있다. 다수제 민주주의는 승자 독식의 다수대표제 선거제도에 의해 1개 정당에 의한 독점적 통치가 가능한 반면 소수당의 견제가 약한 것을 특징으로 한다.

대통령 1인에게 상당한 권력이 집중된 상태에서 '제왕적 대통령제'의 우려가 아직도 크고, 국회의 기능이 상대적으로 약하며, 국회 구성에 있어서도 지역할거주의의 영향이 크다는 문제로 인해 다수제 민주주의의 폐해는 더욱 크게 드러나고 있다. 이런 상황에서 대통령을 배출한 정당과 국회 다수당이 일치할 경우에는 다수당에 의한 전횡과 소수당의 투쟁 집단화 현상이 쉽게 극복되지 않는다. 반대로 여당이 소수당이 되는 이른바 '여소야대'의 상황에서는 대통령과 국회 사이의 갈등으로 인해 국정의 원활한 운영이 쉽게 방해받는다. 정치가 이해관계의 합리적 조율을 하는 '튜너'의 역할을 하기보다는 도리어 갈등과 대립, 분노와 증오의 음을 증폭시키는 '확성기' 역할을 하기 쉽고, 그것이 다수 국민의 정치에 대한 환멸을 불러일으켜 민주정치의 기반을 위협하고 있다.

이런 시스템하에서 남과 북이 통일된다고 가정하면, 과연 통일이 가져올 새로운 갈등 상황에 효과적으로 대응하면서 국민통합을 이루어나갈 수 있을지 우려하지 않을 수 없다. 그러므로 통일을 준비하는 대한민국의 자기혁신의 첫째 과제는 이런 갈등 증폭적 정치시스템을 갈등 해결적인 새로운 시스템으로 전환해나가는 것이다. 그런 관점에서 '다수제 민주주의'의 폐해를 보완하는 대안으로서 유럽 여러 나라에서 사례를 찾아볼 수 있는 '협의제 민주주의'(consensus democracy)에 관심을 가질 필요가 있다. 협의제 민주주의는 구조화된 다당제의 형성을 통해 다양한 계층의 국민의 입장과 이해관계가 국정에 골고루 반영되고 또 상호 협의와 협상을 통해 정치적 의사 결정이 이루어지는 것을 특징으로 한다.[5] 이는 민주주의의 내용으로서의 다수결 원칙을 부정하는 것이 아니라 그것을 수용하되 절차와 내용에서 소수의 이해관계와 의견도 보다 효과적으로 수렴되도록 함으로써, 국민 전체의 정치 참여 의식 및 정치 만족도를 높이고 갈등 해결 능력을 높일 수 있다는 장점이 있다. 이런 협의제 민주주의를 효과적으로 구현하기 위해서는 분권형 대통령제의 도입, 국회의 기능 강화, 지방자치의 실질화 등을 내용으로 하는 헌법 개정과 함께 선거제도 면에서는 독일식 비례대표제의 도입(또는 현행 비례대표제의 대폭적 강화)을 추진하는 등 제도적 노력을 경주해야 한다. 동시에 지나치게 이념적으로 양극화되고 투쟁이 일상화된 정치 문화를 대화와 협상을 기본으로 하는 새로운 정치 문화로 개선하기 위한 노력을 지속적으로 기울여야 한다. 이런 노력을 통해 민주주의의 틀 안에서 사회의 다양한 갈등을 효과적으로 조정하고 해결해나갈 수 있는 시스템을 갖추게 될 경우, 통일로 인한 새로운 갈등에 대해서도 효과적으로 대응할 수 있을 것이다.

다음으로 경제 분야에서 양적인 성장만이 아니라 '사회적 시장경제' 시스템의 질적인 성숙을 도모할 필요가 있다. 우리 헌법이 한편으로 시장의 자유로운 경쟁을 중시하지만 다른 한편으로 사회적 정의와 형평을 중시하여, 이 두 가지 가치 사이에 조화와 균형을 이루고자 하는 '사회적 시장경제' 질서를 지향한다는 것은 학계의 통설이다. 그러나 안타깝게도 현실에서는 이것이 국민이나 경제계의 헌법 인식에 충분히 반영되지 못했다. 최근 경제민주화, 복지 등의 담론에 여야가 함께 동참하고 있는 것은 그 구체적인 정책에 대한 시비를 떠나 헌법 정신의 재확인이라는 면에서 매우 긍정적이다. 경제의 양적 성장이 지금은 중요하지 않다는 것이 아니라, 양적인 성장만큼이나 분배 시스템의 개선을 통해 양극화의 문제를 줄여나가는 등, 질적 측면에 대해서도 노력을 균형 있게 기울이는 것이 헌법정신에 부합한다. 문제는 이런 헌법정신을 현실 속에서 얼마나 효과적으로 타당성 있게 구현해나가는가 하는 것인데, 그것에 대해 국민적으로 지혜를 모으고 합의를 이루어 차근차근 올바른 방향으로 추진해나가는 일은 비단 한국사회의 양극화 문제를 해결하는 일일 뿐만 아니라 통일을 위한 준비에서도 매우 중요하다. 경제적 자유를 지나치게 희생하지 않으면서도 가능한 한 모두가 더불어 잘사는 사회를 만들 수 있어야, 통일 이후에 이데올로기적 대립이 억제되고 나아가 한반도 전체 주민의 진정한 사회적 통합이 가능할 것이기 때문이다.

다음으로 외교적인 면에서는 동아시아 및 국제사회의 평화 질서 및 규범 구축에 적극적 역할을 수행하는 중견국 외교를 지향해나갈 필요가 있다. 열강에 둘러싸인 지정학적 현실 속에서 한편으로는 현실주의적인 동맹외교를 시대적 상황에 맞게 적절히 발전시킴으로써 지속적 생존과 번영을 도모하고, 다른 한편으로는 국제사회에서의 새로운 위상과 한류 등의 소프트파워, 그리고 규범 형성적 노력이 가지는 자체 정당성을 바탕으로 과거보다 더욱 적극적으로 동아시아와 국제사회의 평화 질서를 구축해나가는 구심점과 같은 역할을 하는 것이 한국 외교의 중요한 과제가 되고 있다. 그리고 이런 노력은 한반도의 평화와 직결되며, 평화통일의 사명을 이루는 데 중요한 기반을 형성하게 될 것이다.

끝으로 사회·문화적인 면에서는 다음과 같은 사항들에 관심을 가지고 노력할 필요가 있다.

첫째, 따뜻한 공동체 정신을 함양하기 위해 노력해야 한다.

현재 한국사회는 사회 구성원들 간의 공동체적 연대보다는 경쟁과 효율성이 강조되고, 경쟁에서 이긴 자와 진 자의 운명이 극명하게 나뉜 상태에서 패자에 대한 관용과 돌봄이 부족하며, 물신주의적 가치관이 팽배하여 경제력이라는 획일적 잣대로 사람의 인격 가치를 재단하는 잘못된 경향이 도처에 팽배해 있다. 이런 상황에서 통일이 될 경우, 통일 후의 새로운 체제에 빠르게 적응하지 못하는 대다수의 북한 주민들이 새로운 체제의 부정적인 면을 심정적으로 크게 느끼고 체제 부정적인 경향을 갖기가 쉬우리라고 예상된다. 따라서 지금부터라도 우리 사회에 따뜻한 공동체 정신이 자리 잡을 수 있도록 한국의 그리스도인들부터 솔선수범해야 한다.

둘째, 평화 문화의 함양을 위해 노력해야 한다.

분단 체제의 상이한 역사적 경험으로 인해 남북한 주민 간의 이질성은 지속적으로 심화되어왔다. 앞으로 점진통일의 단계적 과정을 통해 이런 이질성을 줄여나간다 하더라도, 여전히 일정한 이질성이 온존하는 상태에서 통일이 이루어지게 될 가능성이 많다. 이런 경우 서로의 이질성이 대립과 갈등의 불씨가 되지 않도록 하기 위해서는 당장 우리 사회부터 평화의 문화를 함양하기 위해 노력해야 한다. 즉 다름을 폭력적으로 배제하거나 차별하려고 하는 배제와 차별의 사회 문화를 지양하고, 서로의 다름을 인정하고 수용하도록 노력해야 한다. 구체적으로는 우리 사회 안의 여러 소수자들의 인권을 보호하고, 다양한 입장을 가진 그룹들 사이의 참된 소통을 통해 공동체적 연대 의식이 굳건하게 자리 잡는 새로운 사회 문화를 형성해야 한다.

이를 위해서는 국가의 공교육 영역은 물론이거니와 시민사회의 자율적인 노력을 통해서도 '평화 교육'을 강화하고 확대해나가야 한다. 평화 교육이란 평화 문화의 형성에 도움이 되는 바람직한 심성과 사고 습관을 기르는 교육으로서, 무엇보다 타인의 말을 공감적으로 경청하고 비폭력적으로 소통하며, 창조적 대안을 찾아 합의를 이룰 수 있는 평화적 소통 및 협상 능력을 키우는 것을 목적으로 한다. 앞으로 한국교회도 보다 적극적인 자세로 이런 평화 교육의 프로그램을 만들어 청소년 및 일반 교인을 대상으로 시행하는 노력을 기울여야 한다.

셋째, '열린 민족주의'에 터 잡은 새로운 민족문화의 함양을 위해 노력해야 한다. 민족주의가 여전히 통일의 가장 주요한 동력이 되리라는 것과, 이를 위해 지나친 배타성을 극복한 열린 민족주의를 지향해야 한다는 것에 대해서는 앞에서 언급했다. 이런 의식을 문화 분야에 반영하기 위한 노력의 일환으로, 민족 동질성의 회복에 기여하는 전통문화의 복원 및 계승에 대해서도 일정 부분 노력하되, '민족'에 배타적 헤게모니를 부여하지 않고, 표현의 자유를 최대한 보장하는 가운데 다양한 문화적 활동이 자유롭게 이루어지도록 하며, 기본적으로 민주주의를 바탕으로 한 인류의 보편적 가치가 문화의 중심에 자리 잡도록 해야 한다.

3.2. 일상생활과 마음에서부터 실천하는 통일 준비

앞의 논의만 보면, 통일은 거대한 주제여서 그리스도인 개인의 구체적 삶과는 무관하다고 생각될지도 모른다. 그러나 이것은 오해다. 우리 그리스도인 각자의 일상생활, 더 근원적으로 한 사람 한 사람의 마음 깊은 곳에서부터 통일의 준비는 시작된다. 이런 개인적 차원의 노력 없이 거대담론에만 매달리는 것은 실제로 큰 도움이 되지 않을 것이다. 그러면 그리스도인의 일상생활과 마음에서부터 실천할 수 있는 통일 준비는 어떤 것이 있을까?

첫째, 북한 주민에 대해 이타적 사랑을 키워야 한다.

이를 위해 먼저 통일에 대한 무관심과 이기심을 극복해야 한다. 앞에서 본 것처럼 분단으로 인한 남북한 주민의 고통, 그중에서도 나의 고통이 아닌 타자의 고통을 예민하게 느끼고 공감하는 가운데 그것을 근본적으로 치유하려고 노력하는 차원에서 통일의 과제를 절실한 마음으로 받아들이고, 필요하다면 통일비용도 넉넉히 담당할 수 있는 이타적 태도를 함양해야 한다. 한국사회의 구성원들이 단기적 손익 계산에만 몰두하지 않고 사랑으로 민족 공동체 정신을 회복할 수 있도록 한국 기독교가 성서 속의 '선한 사마리아인'과 같이 타자의 고통을 돌보고 사랑을 실천하는 데 솔선수범하여 남북의 진정한 통합에 기여할 수 있다면, 그것이야말로 한국 기독교가 민족 공동체에 할 수 있는 가장 고귀한 기여일 것이다. 한국 기독교와 그리스도인 각자는 분단의 역사를 극복하고 통일을 이루어나가는 과정에서 자기희생의 요소를 포함한 이타적 사랑의 정신을 온전히 구현하기 위해 노력해야 한다.

이를 위해 그리스도인들은 일상적 삶 가운데서, 즉 가정이나 직장에서부터 '나' 중심의 이기적 욕망을 상대화·유연화하고 타자의 고통을 역지사지의 자세로 공감하여 사랑의 마음으로 나아가려는 자세를 반복적으로 훈련해야 할 것이다. 그리고 그것을 북한 동포에 대한 사랑의 행위와 구체적으로 연결하여 남북나눔운동 등 여러 단체와 기관에서 수행하는 북한 어린이 분유 보내기 운동 등에 작은 정성이라도 모으도록 노력해야 한다.

둘째, 증오의 윤리를 극복하기 위해 노력해야 한다. 한국전쟁의 참상과 극단적인 이데올로기 대립의 영향으로 한국교회 안에는 북한 정권 담당자에 대한 증오를 윤리화하는 경향이 없지 않다. 그러나 '원수를 사랑하라'라고 한 예수의 가르침 속에는 증오가 위치할 자리가 없다. 누구든 상관없이 모든 사람을 사랑의 대상으로 보는 것이 기독교의 근본 정신이다. 한국교회와 그리스도인이 이런 성경의 근본 정신으로 돌아가 증오의 윤리를 극복해야만 한반도의 진정한 화해와 평화에 기여할 수 있게 된다.

그렇다고 해서 북한 체제의 문제점에 대한 인식이나 국방, 안보 차원에서의 꼭 필요한 경계심을 버려야 한다는 의미는 아니다. 교류의 대상인 동시에 군사적으로 대치하고 있는 이중적 구조의 남북 관계의 현실을 직시하면서 구체적 상황에 대해 이성적·합리적 대응을 하며, 어렵더라도 남북 간 신뢰 회복을 점차적으로 이루어 점진통일을 향해 가는 데 있어서, 증오의 윤리는 아무런 보탬이 되지 못하고 대신 화해와 용서의 정신이 토대가 될 수 있다. 이런 정신적 토대를 구축함에 있어서 그리스도인이 먼저 예수의 가르침에 온전히 순종하는 모습을 보이자는 것이다.

셋째, 인간을 인간 자체로 존중하는 태도와 소수자 존중의 정신을 길러야 한다. 민주주의의 가장 깊은 기저에는 모든 인간이 다 인간으로서의 존엄과 가치를 가지고 있다는 명제가 있다. 이것이 서구 여러 나라의 헌법이나 인권 장전에 반영된 데에는, 모든 인간이 다 하나님의 형상을 따라 지음 받은 존재라는 기독교의 가르침이 큰 영향을 미쳤다.

물론 이 정신은 우리 헌법에도 반영되어 있다. 하지만 실제 우리 사회의 구성원들의 마음속에 모든 인간이 경제력이나 사상, 인종 등의 속성에도 불구하고 평등하게 존엄과 가치를 가진다는 의식이 얼마나 있을지는 의문이다. 특히 우리 사회의 경우 압축적인 경제성장의 과정에서 물신주의가 팽배함으로 인해 경제력이라는 단일 척도로 사람의 가치를 평가하고 재단하는 경향이 많다. 바로 이것이 북한 주민과 하나 됨을 이루기 위해 가장 먼저 극복해야 할 문제다.

한국의 그리스도인들은 각자의 마음속에 모든 인간을 무한한 존엄성과 가치를 가진 평등한 존재로 보는 의식을 깊이 내면화함으로써 그 부분에서 사회의 어둠을 밝히는 '세상의 빛'이 되어야 한다. 이것은 민주시민으로서도 마땅히 가져야 할 '민주적 평등 의식'의 내용이지만, 그것을 영적인 현실로 깊이 내면화할 수 있는 것은 그리스도인의 특권이라 생각된다. 그리스도인들이 이 특권을 잘 누리는 것이야말로 우리 사회의 통일 준비에 가장 큰 기여를 하는 것이 된다.

통일이 오기 전에 우리는 먼저 탈북민, 다문화 가정, 해외 이주 난민, 사회적 소수자 등에 대한 인격적 존중의 심성을 계발해야 하며, 경제력이나 사회적 지위의 고하에 따라 인간을 차별하는 태도를 마음에서부터 지워나가야 한다.

통일이 되면 북한 주민들이 자유보다는 오히려 평등에 대한 갈망을 더 강하게 보일 가능성이 많은데, 그것을 애써 부정하기보다 근본적인 차원에서 참된 평등 의식을 확립하는 방향으로 노력하되, 체제적 측면에서는 '자유'를 기초로 '평등'을 지향하는 인식을 공유해야 한다.

넷째, 공감적 경청 등 의사소통 능력을 계발하고 평화 의식을 함양해야 한다. 여기에 대한 자세한 내용은 앞에서 평화 문화의 함양에 관해 언급한 것으로 대신한다.

다섯째, 남남 갈등의 완화를 위해 더욱 노력해야 한다.

한국 기독교와 그리스도인들은 좌로나 우로나 치우치지 않는 성경적 균형 의식으로 남남 갈등의 완화에 기여해야 한다. 기실 남남갈등 현상은 사회심리학에서 이야기하는 '집단 극화'(Group Polarization) 현상과 깊은 관련이 있다. '집단 극화' 현상은 누군가가 일정한 이념적 입장을 정하여 집단 정체성을 수용하게 되면, 이후의 토론 과정 등에서는 자신의 입장에 부합하는 정보나 의견만 청취, 수용하고자 하는 경향을 보여 결국 원래의 입장이 점점 더 강화되고 극단화되는 현상을 말한다.

우리는 이런 현상의 근원에 인간의 자기중심성이 자리 잡고 있음을 어렵지 않게 파악할 수 있다. 따라서 "누구든지 나를 따라오려거든 자기를 부인하고 자기 십자가를 지고 나를 따를 것이니라"(마 16:24)라는 예수의 부르심을 따라 '자기부인'의 길을 걷고자 하는 그리스도인들은 이런 현상의 확산보다는 그 치유와 극복을 위해 솔선수범할 필요가 있다. 즉 그리스도인들부터 먼저 '나'의 의견과 입장에 오류가 있을 수 있음을 겸허히 인정하면서 불편하더라도 상대방의 입장과 의견에 대해서도 진정성 있는 경청의 자세로 임하는 올바른 소통의 태도를 보임으로써 '중도의 올바른 진실과 진리'를 추구하는 노력을 기울일 때, 지나친 이념 양극화로 치닫는 한국사회에 새로운 희망을 제시할 수 있다. 이런 노력은 참된 국민통합을 한반도 전역에서 구현하는 것을 요구하는 통일의 준비에 있어서도 대단히 중요한 의미를 가진다.

여섯째, 참된 역사의식과 아울러 미래 세대에 대한 책임감을 함양해야 한다.

통일의 역사적 사명을 현세대의 좁은 시야에만 국한한다면 그에 대한 고민 자체를 회피하기 쉬우나, 먼 미래의 후손 세대를 바라보며 역사적 책임감을 느낄 때 통일은 보다 큰 무게감으로 다가온다. 내 이익이나 내가 속한 세대의 이익보다 미래 세대가 받을 혜택을 진지하게 고려하고, 장구한 민족의 역사에 대한 자각과 함께 현재가 아닌 먼 미래의 한반도의 모습까지 생각하는 진지한 역사의식을 한국의 그리스도인들이 먼저 보여줄 수 있어야 한다.

일곱째, 통일의 국가적 준비에 적극적인 자세로 참여해야 한다.

앞에서 본 것처럼 남북 간의 평화통일을 준비하기 위해서는 대한민국의 혁신이 필요한 부분이 많다. 정치·경제·외교·사회·문화 등 각 방면에서 이런 혁신을 이루어 통일을 제대로 준비하도록 하기 위해 시민으로서 적극적인 참여를 해야 한다. 통일은 단순히 남북이 정치적으로 단일국가가 되는 것으로 모든 것이 끝나는 문제가 아니라, 남과 북의 '사람의 통일'과 사회의 참된 '통합'을 달성하는 것이 진짜 본의라는 심화된 인식을 공유하면서, 남과 북을 하나로 담아낼 수 있는 '그릇'을 잘 만들기 위해 민주시민으로서 노력해야 한다. 이를 위해 우리가 먼저 자유와 평등, 인권과 복지가 좀더 충실하게 구현되는 사회를 이루는 일에 정성을 기울여야 한다.

여덟째, 평화통일을 위한 기도를 게을리하지 말아야 한다.

우리 그리스도인들은 남과 북의 통일이 인간의 노력만이 아니라 하나님의 역사하심을 통해 가능하다는 것을 알고 있다. 따라서 평화통일을 이 땅에 허락해주시도록 하나님께 기도하며, 각자의 삶에서 조금이라도 더 그분이 기뻐하실 삶의 모습을 보이기 위해 노력해야 한다. 평화통일을 위해 기도할 때는 특별히 빠른 통일을 간구하기보다 잘 준비된 평화통일을 이루어나갈 수 있도록, 그것을 이 나라의 리더들과 국민 모두가 지혜롭게 잘 진행할 수 있도록, 그리고 나의 일상적 삶과 마음에서부터 통일의 길을 예비할 수 있도록 하나님이 지켜주시고 동행해주시기를 간구해야 한다.

통일의 준비에 관해 위와 같이 정리해보았지만, 이 모두가 말하기는 쉬워도 행하기는 쉽지 않은 일들이다. 필자 자신부터 거듭해서 깊은 회개의 자세로 임해야 하리라는 것을 부언해둔다.

주

1) 박명규, 『남북경계선의 사회학』, 창비, 167쪽.
2) 건국대학교 통일인문학연구단, 『통일에 대한 인문학적 패러다임』, 선인, 40~41쪽.
3) 조민 외 7인, 『통일비전 개발』, 늘품플러스, 79~99쪽 참조.
4) 건국대학교 통일인문학연구단, 앞의 책, 51쪽 참조.
5) 최태욱, "복지국가 건설과 포괄정치의 작동을 위한 선거제도 개혁", 「민주사회와 정책연구」 2011 상반기(통권 19호), 47쪽 등 참조.

참고문헌

건국대학교 통일인문학연구단, 『통일에 대한 인문학적 패러다임』, 선인, 2011.
박명규, 『남북경계선의 사회학』, 창비, 2012.
박종철 외, 『통일 이후 갈등해소를 위한 국민통합 방안』, 통일연구원, 2004.
조민 외, 『통일비전 개발』, 늘품플러스, 2011.
황규성, 『통일독일의 사회정책과 복지국가』, 후마니타스, 2011.

이문식

광교산울교회 담임 목사, 복음주의교회연합 공동대표, 남북나눔운동 사무처장
아세아연합신학대학원 신약학 석사 과정 이수
대표적 저서로 『통일을 넘어 평화로』 『이문식의 문화읽기』가 있다.

3장 하나님 나라와 한반도 평화

이문식

1. 들어가며: 하나님 나라와 이데올로기

한국사회와 교회에서 전혀 수그러들 기미가 보이지 않는 보수·진보의 이념 논쟁은 한반도의 분단 상황을 더 깊이 고착시킬 뿐만 아니라 남남 갈등을 더욱 거세게 불러일으켜 남한 사회 내부의 분열을 가속화시키고 있다. 지금 한국교회는 점점 더 깊어지는 이데올로기적 갈등과 분열을 치유하고 극복해야 할 긴급한 선교적 과제를 안고 있으며, 이를 위해서는 먼저 우리 내부의 정체성을 확립해야 한다. 이 과정에서 우리 한국교회가 결코 피할 수 없는 가장 시급한 현안이 바로 이념 논쟁에 대한 신학적 정돈이다.

'이데올로기'라는 말은 1789년 프랑스 혁명이 발발하기 직전 계몽주의 시대에 만들어졌다. 당시 혁명이론가들은 자기들의 사상이 가지고 있는 혁명적 세계상을 묘사하는 용어로서 '이데올로기'라는 말을 사용했다. 따라서 이데올로기는 단순히 어떤 철학적 '사상의 틀'(framework of thought)이라는 의미 이상을 담고 있으며, '어떤 사회적 목표를 달성하기 위해 도구로 사용되는 가치, 개념, 신념 및 규범의 전체 체계'를 가리킨다.[1] 이데올로기는 철학이 '비판'(critic)보다는 '헌신'(commitment)을 요구하는 자리로 올라섰을 때 나오는 일종의 '철학의 종교화 현상'이다.

앞과 같은 이유로 네덜란드의 기독교철학자인 하웃즈바르트(B. Goudzwaard)는 "이데올로기는 종교의 대체물이며 그 시작부터 마귀적이다"라고 비판했다.[2] 그렇다면 이 이데올로기는 언제 우상적 성격이 가장 뚜렷하게 드러나는가? 하웃즈바르트는 "이데올로기가 추구하는 목적이 모든 수단을 정당화하며 합법적인 권력을 부여할 때 곧 우상이 된다"라고 했다.

하웃즈바르트는 "현대의 이데올로기들―혁명 이데올로기, 민족주의 이데올로기, 물질적 번영의 이데올로기, 안보 이데올로기―이 다음과 같은 5가지 특징을 갖고 있는 완성된 이데올로기"라고 규정한다.[3]

① 세워놓은 목표가 비상한 중요성을 갖는다.
② 수단은 전혀 제약 없이 활동한다.
③ 목적이 참된 가치 기준과 규범을 왜곡시킨다.
④ 목적이 새로운 수단들이 제시하는 법률에 순종할 것을 요구한다.
⑤ 목적이 자체의 거짓 원수―속죄양―들을 창조해낸다. 그리고 그것에 대한 전투적 증오를 불러일으킨다.

우리 그리스도인들은 어떤 종류의 이데올로기라 할지라도 그것에 대해 절대적인 가치와 힘을 부여하기를 거부해야 하며, 하나님의 말씀으로 그 가치를 상대화시키는 작업을 철저히 행해야 한다. 하나님의 말씀으로 인간의 모든 사상과 이념을 상대화하고 비신화화하며, 그 노예적 예속 상태에서 인간을 해방시키는 것이 바로 복음의 역동적인 초월성인 것이다. 이 초월 속에서 하나님의 나라는 '뜨인 돌이 느부갓네살의 금 신상을 무너뜨리는 방식'으로 인간 역사 속에서 임한다.

2. 본말

2.1. 한국교회의 양대 이데올로기의 극복: 사회주의와 반공주의로부터의 초월

한국교회가 사회주의 이데올로기와 조우하기 시작한 것은 3·1만세운동 이후였다. 1917년 러시아 혁명 이후 여러 경로를 통해 선교 초기의 교회 청년층도 사회주의 이데올로기의 영향을 받았다. 대표적인 예로는 초기 조선 사회주의의 두 거두인 이동휘나 여운형을 들 수 있는데, 이들은 한때 평양신학교를 다녔으며 전도사 직분까지 받았다. 그러나 초기 사회주의자들은 1925년 조선공산당을 결성하면서부터 본격적으로 개신교를 비판하기 시작했다. 이들은 '반(反)기독교 대강연회'를 개최하거나 12월 25일을 '반기독교의 날'로 정하는 등 노골적으로 반기독교 운동을 전개했다.

이런 양 진영 간의 갈등 속에서 1927년 창설된 신간회 운동(회장 이상재)은 개신교와 사회주의 사이에 민족 독립을 위한 연대의 가능성을 보여준 최초의 운동이었으나, 일제의 방해 공작과 사회주의 진영의 태

도 변화로 인해 창립 4년 만에 해체되고 말았다.

그 후 기독교와 사회주의 간에는 더욱 첨예한 갈등이 계속되었다. 그 결과 1930년대의 기독교 지도자였던 길선주 목사는 공산주의자들을 '말세의 징조' 혹은 '사탄'으로 규정하는 설교를 했다. 또한 1932년 장로교와 감리교의 연합 기구인 '조선 예수교 연합 공의회'는 '일체의 유물교육, 유물사상, 계급적 투쟁, 혁명수단에 의한 사회 개조와 변증적 탄압에 반대한다'라고 하는 조항을 명기함으로써 공식적으로 사회주의 이데올로기에 반대하는 노선을 채택했다.[4]

그러나 본격적인 반공주의의 단초는 북한에 김일성 정권이 출현하여 친일 세력의 청산과 농지 개혁을 통한 사회주의국가 건설에 박차를 가하면서 마련되었다. 곧 토지개혁으로 물적 기반을 상실하고 신앙생활의 자유마저도 잃게 된 이북 기독교인들이 윤하영 목사와 한경직 목사를 중심으로 '기독교 사회민주당'을 결성하여 저항하다가 와해되자 결국 대거 월남한 이후에 형성되었다고 볼 수 있다. 남한 단독 정부인 이승만 정권이 자신의 취약한 정권의 기반을 강화하고 민족주의 진영을 견제하기 위해 과거 친일 세력을 대대적으로 정부 조직 안에 흡수했으며, 또 당시의 전후 냉전 체제의 편성 과정에서 자유민주주의 진영에 편입하기로 국가 정책을 수립했다. 그러자 이미 월남한 이북 출신 기독교인들은 대부분 이승만 정권을 전폭 지지하며 반공 의식을 깊이 내면화하기 시작했다.

특히 한국전쟁의 발발은 공산주의에 대한 남한 기독교의 적대적 태도와 증오심을 더욱 부채질했다. 그 대표적인 예가 휴전 협정이 체결되기 직전 부산에서 열린 '구국신도대회'에서 한국교회가 세계 교회에 보내기로 채택한 다음과 같은 성명서다.

> 얄타협정으로부터 미소 공위까지의 역사와 6·25사변으로부터 판문점 휴전회담까지의 경험으로 얻어지는 근본적이며 종합적인 우리의 결론은 '우리는 공산주의와 유화할 수 없다'는 사실이다. 우리가 하나님을 찾을 때에 그들은 폭력을 내놓고, 우리가 사랑을 구할 때에 그들은 증오를 가르치고, 우리가 자비를 말하면 그들은 무자비를 토한다. 그들과의 타협을 권고하는 것은 광야 사십 일간의 시련에서 그리스도로 하여금 마귀와의 타협을 강요하는 것과 다를 것이 없다. 이러한 명명백백한 역사의 진로를 후퇴시키기 위하여 왜 자유세계는 공산주의와 유화하여야 하며 그 제물로 한국이 희생되라고 요구하는지, 우리는 그 이유를 발견하기 곤란해하는 바이다. 이러한 유화의 결과로 올 것은 한국교회에 대한 박해며, 민족 운명의 파멸이며, 세계 질서의 파괴이며, 인간 양심의 종언일 따름이다.[5]

이처럼 북한 공산주의와의 타협을 반대하는 한국교회의 신학적 입장은 한마디로 '사탄론'으로 요약된다. 그들은 공산주의를 '설복될 수 없는 마귀', '영구히 회개할 수 없는 마귀'로 단죄했으며, 요한계시록의 '붉은 말'을 탄 자나 '적그리스도'(Anti-Christ)와 동일시하기도 했다. 이처럼 한국교회의 반공 의식은 공산주의 이론에 대한 철학적 학습에서 나온 것이 아니라 '피부에 찔린 총검'에서, 그리고 '눈앞에서 목도한 살상과 동족 간의 불신'에서 체험적으로 형성되었다. 그리고 전쟁이라는 극단적인 형태로 나타난 상처와 체험은 공산주의에 대한 증오를 '정치적·시대적 증오'가 아니라 일종의 '종말론적 증오'로 영성화 (spiritualization)했다.

해방 후 민주화 운동의 선봉에 섰던 김재준 목사의 경우가 이런 정서를 잘 보여주고 있다. 그는 해방 직후에는 새 정부의 수립을 구상하면서 공산주의에 대한 우려에도 불구하고, 만일 사상과 종교 등의 자유만 보장한다면 공산주의자들과의 합작도 가능하다는 입장을 제시한 바 있다. 그러나 한국전쟁을 겪은 후에는 다음과 같이 철저한 반공주의자로 변신한 모습을 보여준다.

> 일본, 인도, 영국 등에서 아직도 공산주의에 대하여 어느 정도 동정적으로 평가하는 사람들이 많다. 그러나 그들은 아직도 경험해보지 못했기 때문에 '감상적인' 장난을 즐기는 것이다. '공포'와 '숙청'과 전혀 '자유가 거부된' 그들 밑에서 자유인으로 어찌 어찌 살기를 바라는 것은 망상이다. 우리가 만일 '인간'이라는 의식이 있다면 무엇을 운위하기 전에 벌써 '질식'해버리지 않을 수 없는 고장이 그들의 '산하'인 까닭이다.[6]

한국교회의 반공주의는 월남한 기독교인들에 의해 더욱 강화되고 고착되었다. 일제하 개신교는 서북 지방에 교세가 편중되어 있었는데 한국전쟁을 전후하여 이들 개신교인의 3분의 1 정도가 월남한 것으로 알려져 있다. 이들은 공산당의 탄압을 직접 체험했기 때문에 반공 의식이 어느 사회 집단보다 강렬했다. 그리고 이들이 이후 한국교회에서 공고한 기반을 구축함으로써 한국교회의 반공주의는 더욱 강화되었.

종전 후 미국은 막대한 원조 물자를 한국에 제공했는데 민간 부분의 원조는 거의 대부분 교회를 통해 이루어졌다. 미국 장로교 해외 선교부는 1950년부터 1954년까지 약 180만 달러, 미국 연합 감리교회는 160만 달러를 각각 모금하여 한국교회에 제공했다. 예루살렘에서 여리고로 내려가다가 '강도 만난 사람'이 한국교회라면, 그를 도와준 '선한 사마리아 사람'은 바로 미국 교회였던 것이다.

이처럼 한국 기독교는 한국전쟁을 전후하여 반공·친미 의식을 깊이 내재화하고, 그 정서를 지난 50년간 철옹성처럼 유지해온 독특한 역사적 경험을 가지고 있다. 그렇기 때문에 최근 '반미', '주한미군 철수' 같은 진보 진영의 구호에 한국 기독교가 심한 알레르기 반응을 보이는 것은 지극히 자연스러운 일이라 할 수 있다. 이제 한국 기독교는 사회 속에서 매해 3·1절 구국대회 같은 반공 집회를 주도할 수 있는 유일한 세력으로 자리매김하고 있는 것이다.

한국 기독교는 한국전쟁을 거치고, 그 후 군사독재 시절을 거치면서도 한결같이 "공산당보다는 군사독재가 낫다"라는 선택을 해온 독특한 보수적 신앙 공동체다. 그 결과 한국교회는 군사독재 시절에는 저항 세력이었으며 문민정부 이후의 민주화 시대에는 새로운 대안적 정치 세력으로 등장한 이른바 '민주화 세대'로부터, 반(反)민주적이고 반인권적이며, 분단 고착을 지향하는 냉전적 사고를 가진 수구 보수 집단, 심지어 반통일 세력으로까지 백안시당하는 상황에 몰려 있다.

지난 50년간의 첨예한 냉전적 상황에서 한국 보수 기독교는 반공주의를 거의 신앙의 수준으로까지 내면화해왔다. 그런데 1990년대에 세계 역사에 휘몰아친 공산주의의 몰락으로 시작된 냉전 해체라는 새로운 상황과, 그로 말미암은 민족주의의 부활에 따른 변화, 즉 북한과의 대화를 통한 남북 재통합 논의는 한국 보수 교회의 입장에서 볼 때 지극히 적응하기 어려운 새로운 상황인 것이다.

한국 보수 기독교는 '평화통일'보다는 '멸공통일'에 더 익숙하고, '평화공존'보다는 '흡수통일'을 더 선호하며, '화해 협력'보다는 '고립 붕괴'를 무의식적으로 희망하는 경향을 갖는 '전투적 유신론에 입각한 기독교 승리주의', '힘에 의한 통일론' 혹은 '증오의 영성'에 더 깊이 고착되어 있다.

그래서 과거 부시 미 행정부 초기에 검토했던 북핵 시설 폭격 등의 대북 강경 정책에 대해 일부 기독교 인사들이 이를 노골적으로 환영하는 동시에, 남한이 전쟁의 피해를 보지 않게 되기를 바라는 지극히 이율배반적이고도 비현실적인 환상을 품는 이중적 태도를 갖게 된 것이다. 그렇기 때문에 2000년 6·15남북공동성명 이후에 형성된 새 기류, 즉 '반북주의'와 '반공주의'가 분리되기 시작한 새로운 흐름에 제대로 반응하지 못하는 경직된 모습을 보이고 있다. 즉 북한 주민에 대해서는 민족애에 기초하여 우호적이며 인도적인 정책을 쓰면서 과거의 무조건적인 '반북주의'를 극복해나가는 한편, 장기적으로는 '북한의 공산주의 체제'를 변화시키고 미국과의 관계 개선을 주선함으로써 본격적인 개혁 개방에 나서게 하여 중국식 사회주의나 자본주의화된 사회주의 또는 서구 자본주의 체제로의 재편으로까지 나가게 하는 단계적 정책(Soft or Hard landing)에 대해 한국교회의 보수 세력은 잘 적응하지 못하는 것이다. 특히 지난 이명박 정부의 강경한 대북 정책의 기조 속에서 터져나온 천안함 사건과 연평도 포격 사건 등의 긴장 국면 속에서 한국교회의 보수 세력은 과거의 반공주의 기독교의 한계를 다시 드러내는 경직성을 보였다. 그 결과 한반도 평화를 갈구하는 새로운 전후 평화 세대를 창조적으로 견인해내는 사회적 지도력을 상실하고 말았다.

이제 우리 한국교회는 한국전쟁이라는 과거의 특수한 역사적 경험에 기초한 냉전 시대의 극단적인 반공 이데올로기를 점차 상대화시켜야 할 변화의 시점에 와 있다. 역사적 증오를 종말론적 증오로까지 끌어 올렸던 과거의 극우적 신앙에서, 점차 새로이 전개되는 민족 재통합의 역사적 과정에서 새롭게 민족 화해의 신앙으로 변화해야 할 중요한 시점에 선 것이다. 그러므로 우리는 한국 기독교가 과거의 역사적 경험을 아가페의 복음으로 초월적으로 극복하여 새 시대에 맞는 새 부대를 갖춘 공동체로 거듭남으로써 민족 화해와 통일 한국의 새 시대를 능동적으로 준비하는 교회가 되기를 간절히 소망해야 한다.

2.2. 하나님 나라의 평화신학의 정립

오랫동안 한국교회의 보수주의자들은 평화통일이라는 개념보다는 '승공통일', '북진통일론' 또는 '흡수통일론'에 매력을 느껴왔다. 그러나 이런 통일론은 어디까지나 힘(Power)의 우위에 바탕을 둔 것이었다. 곧 군사력의 우위나 경제력의 우위를 바탕으로 하여 상대방의 존재를 인정하지 않거나 또는 상대방이 붕괴된다는 전제하에서 전개해온 통일론이었다. 그러나 지금은 양상이 아주 달라졌다. 이승만, 박정희, 전두환, 노태우 정권하에서 위세를 떨쳤던 '기존의 통일론'과는 달리 전쟁 없는 통일론, 즉 북한의 체제와 정권의 존립을 위협하지 않고 상호 공존·공영하며 이루어가는 '평화통일론'이 대세로 정착한 것이다. 이미 미·중·러·일 주변 강대국과 김대중, 노무현 정부, 심지어 이명박 정부조차도 명분상으로는 북한 정권을 위협하거나 도태시키지 않을 뿐만 아니라 오히려 평화통일의 파트너로 삼아야 한다는 국제사회 내부의 인식을 공유시키는 데 노력해왔다. 더 나아가 박근혜 정부는 대북 정책을 추진함에 있어 지난 이명박 정권의 '공영'이라는 실용적 가치보다는 좀더 현실적인 '신뢰'라는 가치를 내세우고 있다. 그러나 실제로는 아직도 '평화'라고 하는 하나님 나라의 가치에는 근접하지 못하고 있는 실정이다. 더욱이 한반도에서의 전쟁 위기를 극단적으로 가속화시키고 있는 현 김정은 체제의 북한 정권에 대해서 우리 남한 국민들이 과연 어떻게 평가하고, 또 앞으로 어떻게 대응해야 할 것인지에 대해 아직 국민적 합의가 도출되지 못한 실정이다. 지금은 먼저 우리 내부의 의견 통일이 시급한 상황이다. 이런 '남남, 남북 갈등'의 이중적 상황에서 우리 한국 그리스도인들은 과연 어떻게 행동해야 할 것인가?

1) 평화의 정신이 우선되어야 한다. 우리 그리스도인들은 그동안 감상적인 차원에서 "우리의 소원은 통일"이라고 노래했고 기도했다. 그러나 이제는 스스로 냉정하게 질문해보아야 한다. 과연 성경은 우리의 기도의 최고 우선순위가 정말 통일이라고 말하고 있는가? 결코 그렇지 않다. 주님은 우리에게 "너희는 먼저 그의 나라와 그의 의를 구하라"라고 했다. 즉 '민족의 통일'보다도 '하나님의 통치'가 기도의 우선순위이어야 하며, 이것이 먼저 실현될 때 모든 것, 곧 지상의 모든 필요인 의식주, 사회·정치·경제적인 욕구들, 심지어 통일까지도 더해주신다는 것이다. 이렇게 성경은 하나님의 다스림이 우리의 삶 속에서 먼저 이루어질 때 그분이 통일을 우리에게 선물로 더하여주신다고 가르친다.

2) 이처럼 통일이 우리의 노력이나 애씀 혹은 공로의 결과로 주어

지는 것이 아니라 전적으로 하나님의 은혜의 결과로 주어지는 '선물'인 것을 우리는 다시 되새겨야 한다. 만일 통일을 우리의 노력과 공로의 결과물이라고 생각한다면, 통일 한국의 과정에서 누가 더 많이 노력했고 또 누가 더 많은 공을 쌓았는가에 따라 통일의 주도권을 쥐려고 하는 주도권(initiative) 경쟁이 일어날 것이며, 이것은 통일 과정에서 또 다른 분열과 대립, 그리고 힘의 우열에 기초한 새로운 갈등을 불러일으킬 것이다. 과거 정권이 바뀔 때마다 지난 정권의 통일 정책을 원점으로 되돌리고 폄하하는 태도가 통일 주도권을 특정 정파가 장악하려는 정치적 의도에서 반복되었다. 그러나 우리에게는 통일이 어떤 특정 정파의 노력과 공로의 결과로 주어진다고 하는 소종파적 인식보다도 하나님의 선물로서의 통일을 구하는 대승적 겸손이 일관되게 필요하다. 그때 비로소 통일 정책은 정파를 넘어서서 온 민족이 다 함께 동의하는 평화의 과정(peaceful-process)을 형성하게 될 것이다.

3) 그렇다면 한민족 위에 하나님의 통치가 이루어질 때 무엇이 먼저 실현될까? 성경은 하나님이 통치의 결과가 샬롬(Shalom)이라는 역동적인 상태로 나타난다고 말한다. 이 평화는 힘이 강한 자가 약한 자를 완전히 복종시켜 지배했을 때 나타나는 '힘의 평화'도 아니요, 강한 악의 세력 앞에 약한 선의 세력이 침묵했을 때 나타나는 '불의의 평화'도 아니요, 오직 '힘' 대신에 '사랑', 그리고 '불의' 대신에 '공의'가 함께 조화된 '하나님의 평화'(Shalom)다. 이 과정에서 북한 정권도 향후 의로운 방향으로 좀더 개혁되거나, 아니면 이 하나님의 평화에 역행하다가 스스로 붕괴되는 결과를 맞이할 것이다.

이처럼 하나님 나라의 우선순위가 통일이 아니라 샬롬이라는 사실을 전제할 때, 우리는 통일보다 먼저 평화를 이루는 자로 하나님과 민족 앞에 서야 한다. 즉 평화를 통일보다 먼저 구하고, 그것이 먼저 실현되는 과정이 우리에게 필요하다. 이런 측면에서 우리는 통일의 정신이 평화이어야 하고, 통일의 과정이 군사력이나 경제력 같은 힘의 우위에 바탕을 둔 과정이 아니라 서로의 존재를 인정하고 각자의 가치와 체제를 존중하며, 상호 공존·공영의 길로 나아가는 평화의 과정이어야 한다는 것을 염두에 두어야 한다. 이처럼 통일의 정신도 평화이고 과정도 평화이기 때문에 통일의 결과도 평화이어야 한다는 것을 우리는 마음에 새겨야 한다.

4) 한반도 통일의 결과가 민족 내부의 화해와 평화를 더욱 풍성하게 하고 국제사회의 평화 질서 정착에 기여하는 것으로 드러날 때에 우리는 세계 평화에 기여하는 '한반도 평화', 즉 하나님 나라의 평화를 이루게 된다. 이런 측면에서 우리는 모든 통일이 선이라고 주장할 수 없다. 남북 예멘처럼 통일 후에 또 다른 내전을 불러일으키는 통일이나 혹은 남북의 지역 갈등을 증폭시키는 분열적 통일은 결코 선이 아니다. 통일 독일처럼 동·서독 주민 사이에 깊은 사회적·심리적 불평등 현상을 오랫동안 불러일으킨 흡수통일도 결코 우리의 대안은 아니다. 한반도의 통일 과정은 오직 정의를 향한 개혁과 평화를 향한 개방을 실현하는 하나님의 샬롬의 실현 과정이어야 한다.

우리는 '화평케 하는 자'(Peace maker)로 부르심을 받았다. 한국교회와 그리스도인들은 남북 사이의 군사적 대치와 이념적 갈등, 자본주의 문화와 사회주의 문화의 삶의 방식의 이질성을 증폭시키기보다는, 원수까지도 용서하는 사랑의 정신을 가지고 서로의 인간성 속에 내재해 있는 하나님의 형상의 동질성을 찾아내며 한민족으로서의 문화적 동질성을 확대재생산함으로써, 서로가 원수가 아니라 이웃이요 형제라는 하나 됨의 정신을 풍성하게 하여 민족 동질성 회복 과정과 한민족 공동체 회복 과정에서 빛과 소금의 역할을 감당해야 한다.

5) 이때 가장 중요한 우리의 신학은 소위 통일 신학이 아니라 평화의 신학이어야 한다. 우리가 다시 갈무리해야 할 통일론도 평화통일론이어야 한다. 이 평화통일론은 백범 김구, 죽산 조봉암에 의해 주창되었으나 오히려 이승만 정권하에서 반공주의 통일론 혹은 승공주의 통일론에 의해 좌절되었고, 결국 두 사람 모두 공산주의자로 몰려 암살 혹은 모살당하는 비극을 겪었다. 그러나 시대의 변화 속에서 평화통일론은 노태우 정권 때부터 새로운 대세로 자리하게 되었으며, 지난 20년 동안 한반도 내부의 통일 논의에서 아주 중요한 기틀을 얻었다.

통일이 우리의 노력이나 공로의 결과가 아니라 오직 하나님의 은총으로 주어지는 선물이라는 겸허한 인식이 한국교회 위에 더욱 확산될 때만이 우리는 이 평화의 선물을 온전히 키워나갈 수 있다.

그렇다면 미래의 어느 순간에 남북한을 가로막는 방벽이 무너져 남북한 주민들이 왕래하는 통일이 가시화될 때, 과연 한국교회는 곳곳에서 생겨날 갈등과 오해와 원한을 끌어안고 함께 울며 진정으로 하나 되는 해원의 장을 마련할 수 있는 평화의 영성을 갖고 있는가?

권력과 자본이 앞장서서 통일의 과정을 기득권 세력에게 유리한 방향으로 끌고 가고 그 과정에서 자존심의 심각한 상처를 입고 뒤처지게 될 많은 북한 사람들에게 남한 교회는 새로운 희망과 안식, 평화의 메시지를 줄 수 있을까? 아니면 권력과 자본 못지않게 영역 확장의 욕심에 사로잡힌 종교 세력으로서의 모습을 보이게 될까?

한국교회가 이런 질문들에 대해 심각하게 고민하면서 '화평케 하는 자'로서의 사명을 감당할 때, 비로소 통일은 평화를 가져오는 방향으로 이루어질 것이다. 그러므로 이제부터는 "우리의 소원은 통일"이라고 말하기 이전에 먼저 '평화'라고 기도하자. 지금부터라도 한국교회는 북한 정권에 대한 국내의 여러 이견과 갈등을 치유하면서 평화통일에 대한 여론 주도자로서의 역할을 감당하여 '화평케 하는 자'로 하나님과 민족 앞에 담대히 서야 한다.

2.3. 한반도 평화 정책의 선결 과제: 핵 평화주의

지난 2천 년간 기독교는 전쟁에 대해 두 가지 전통을 고수했다. 즉 '평화 지킴'(Peace keeping)을 강조하는 정당 전쟁론(Just War theory)과, '화평케 함'(Peace-making)을 강조하는 평화주의(Pacifism)의 입장으로 나뉘어 있었다. 그러나 핵무기의 등장 이후에는 이 두 입장이 상당 부분 서로 통합되는 방향으로 흘러간다. 이렇게 통합된 입장을 핵 평화주의(Nuclear Pacifism)라고 부른다. 이 입장은 '핵무기 보유를 통해서 (핵)전쟁을 억제하는 것(Peace-keeper의 입장)'에는 반대하지 않지만, '핵무기 사용은 결코 정당화될 수 없다'라고 주장한다. 그리고 핵무기를 보유하는 것을 궁극적으로 핵무기의 상호 폐기로 나아가기 위한 과정적 수단으로 인정한다(현실적 평화주의, 라인홀드 니버의 초기 입장).

이 입장은 비록 잠정적으로 핵의 보유를 묵인하지만 그것의 사용을 결코 정당화하지 않는다. 그것은 핵이 결국 인류의 공멸을 초래한다는 근본적인 이유 때문이기도 하지만, 핵무기는 성격상 무제한적이고 무차별적이기 때문에 민간인과 군인, 군사 시설과 비군사 시설을 구별하여 공격하는 것이 불가능해서 정당 전쟁의 조건을 만족시킬 수 없기 때문이다. 핵에 관한 한 현실적 평화주의자였던 라인홀드 니버(Reinhold Niebuhr)도 초기에는 과정적 수단으로서의 핵무기 보유를 인정했지만, 후기에는 아예 과정적 수단으로도 핵무기를 보유해서는 안 된다는 절대 평화주의로 입장을 바꾸었다. 그렇기 때문에 이 입장은 '비록 핵 공격을 받았다 하더라도 핵 보복 공격을 해서는 안 된다'라고 일관되게 주장한다. 그 이유는 핵 보복 공격을 해도 승리를 달성할 수 없고, 정당 전쟁의 기준[7]을 만족시킬 수 없으며, 결국은 다 함께 공멸하기 때문이다.

핵무기를 사용하게 되면 무고한 시민은 물론이거니와 태어나지 않은 생명과 생태계에 이르기까지 피해 규모가 실로 엄청나기에, 핵전쟁은 모두가 다 피해자와 패자가 될 뿐, 누구도 승자가 될 수 없다. 따라서 우리 그리스도인들은 현시점에서 '북한 핵의 폐기'를 위해 노력해야 할 뿐만 아니라 '동북아의 핵 폐기', 더 나아가 '전 지구촌의 핵 폐기'를 위해 기도하며 애써야 한다. 사실 현실적으로 한반도 비핵화는 주변 4국이 모두 통일 한국에 요구하는 통일의 선결 과제다. 주변 4국 중 어느 국가도 미래의 통일 한국이 핵을 보유한 군사 강국으로 일어나기를 원하지 않는다. 이것은 이미 독일 통일 과정에서 명백히 드러났다. 서독은 동독을 흡수 통일하는 과정에서 미·소·영·불 등 주변 국가들에게 통일 독일이 영구적으로 비핵국가가 될 것을 약속해야 했다. 그리고 실제로 비핵화 선언을 한 이후에야 비로소 독일 통일이 허락되었다. 결국 한반도 비핵화 선언은 한반도 통일의 선결 과제로서 국제사회에서 필수적으로 요구될 것이기 때문에 미리 핵 평화주의 입장에 근거하여 일관성 있게 한반도 비핵화 통일 정책을 세움으로써 주변 강대국들과 국제사회의 신뢰를 획득하는 것이 바람직하다.

3. 맺음말: 통일 한국의 비전인 동북아 중추 국가론

> 묵시가 없으면 백성이 방자히 행하거니와 율법을 지키는 자는 복이 있느니라(잠 29:18)

2011년 IMF의 자료에 의하면 한·중·일 3개국의 GDP는 14조 달러로 세계 GDP의 22.5퍼센트를 차지한다. 유럽연합(EU)의 24.7퍼센트, 북·미 자유무역협정기구(NAFTA)의 36퍼센트에 비하면 아직 열세지만, 향후 성장 잠재력을 감안할 때 앞으로 5-10년 안에 세계 경제의 중심축 중의 하나로 성장하리라고 전망되고 있다. 이와 같은 동북아 경제 중심권을 형성하기 위해, 이들 3개국 정상들은 2000년 11월 24일 싱가포르에서 '무역과 투자영역의 협력'에 대해 2001년부터 연구하기로 하고, 매년 한 차례의 정상 회담을 갖기로 했으며, 월드컵의 해인 2002년을 '3개국 교류의 해'로 이미 결정하여 시행했다.

이들 3개국은 각각 세계 2위(중국), 3위(일본), 15위(한국)의 GDP 규모를 갖고 있으면서도 지역 협력체의 부재로 인해 지난 금융위기 및 미국발 월 가 신용위기 때에 적절하게 대처하지 못했다는 공감대를 가지고 있다. 또한 자원, 노동, 산업구조상의 상호 보완이 필요하다는 인식 아래 동북아 경제 공동체를 형성하기 위한 3국 협력 모형에 깊은 관심을 기울이고 있다. 여기에 러시아와 몽고까지도 가세한 모형이 형성되면, 가히 세계 속의 동북아 시대가 본격적으로 가동되는 것이다.

그러나 이와 같은 '경제 중심의 동북아론'에 환영과 기대를 표하기 전에 먼저 선결해야 할 과제가 있다. 그것은 한반도 평화다. 한반도에서 남북이 상호 협력하지 못한 채 신 냉전 체제가 구축된다면 동북아 경제 공동체는 한낱 꿈으로 끝나고 말 것이다. 특히 지난 천안함 사건과 연평도 포격 사건 그리고 최근의 남북 간 군사적 대결 국면을 통해 한·미·일 미사일방어체제를 강화하려는 미국과, 이에 강한 반대 의사를 표명하고 있는 중국은 각각 한반도의 남과 북을 매개로 하여 새로운 군사 대결 국면을 형성하고 있다. 이와 같이 동북아 지역에서 이 지역의 집단 안보를 심각하게 위협할 신 냉전 체제가 한반도의 허리를 관통할 때에는, 한반도 평화는 물론 동북아 평화, 그리고 거기에 기초한 동북아 경제 공동체의 성장은 신기루에 불과하게 된다.

그렇다면 우리 한국교회가 하나님께 한반도의 통일보다 먼저 구해야 할 것이 있다. 그것은 이미 말한 것처럼 바로 동북아 지역에서 이루어질 '하나님의 나라와 의'이며, 또 그 결과로서의 '하나님의 평화(Shalom)'의 실현이다. '동북아 평화 정착'은 '동북아 경제성장'보다 더 우선적으로 추구되어야 할 우리 그리스도인들의 핵심 가치다. '동북아 평화' 없이 '동북아 경제협력'이 이루어질 수 없다는 것을 우리 모두가 주지해야 한다. 21세기 동북아 지역에서의 '이코노헤게모니'(Econo-hegemony)는 바로 평화다.

따라서 한국의 그리스도인들은 '한반도 평화'야말로 동북아 시대를 여는 결정적인 열쇠라는 것을 분명히 인식해야 한다. 동시에 '한반도 평화통일'이야말로, 한국이 동북아 경제권에서 동북아 중추국가(Hub State)로 기능하는 데 가장 시급한 선결 과제임을 인식해야 한다. 과거 노무현 정부는 대내외적으로 동북아 중심국가론이라는 미래 비전을 제시했다가 주변 국가들로부터 별로 환영을 받지 못했다. 이 '중심'이라는 개념 속에 각국의 이해가 엇갈리는 요소가 숨어 있기 때문이다. 실상 중국과 일본, 미국과 러시아 모두 자신이 동북아 경제권에서의 '중심국가' 노릇을 할 수 있기를 꿈꾸고 있기 때문에, 노무현 정부의 동북아 중심국가론은 자칫 잘못하면 통일 한국이 또 다른 동북아 패권국가 중의 하나로 발돋움하려는 위험한 시도로 오해될 수 있다.

그러므로 동북아 평화에 기여하는 통일 한국의 국가 비전은 동북아 중심국가보다는 동북아 중추국가(Hub State)를 지향하는 것이 가장 현실적인 대안이다. 이것은 한반도를 동북아 경제권을 관통하는 금융, 물류, 정보, 문화의 신경망(神經網) 국가로 만드는 것이다. 주변의 모든 국가가 통일 한국을 동북아 경제와 문화의 허브로 인식하게 함으로써 막대한 재화를 투자하게 만드는 것이다. 한미 FTA와 한중 FTA, 한일 FTA, 한러 FTA, 한유 FTA 등은 동북아 지역의 모든 금융, 물류, 정보의 이동이 한반도를 매개로 해서 이루어지도록 하는 아주 중요한 미래 자원이다. 한반도가 비핵화 지대로, 또 통일 한국이 주변 강국의 어느 한 국가에 종속되지 않는 '영세중립국'이 되어 주변국들의 상호 이익을 창출하는 평화 국가가 된다는 신뢰를 주변 강국에게 심어주어야 한다. 가령 유럽의 작은 국가인 벨기에가 영세중립국으로서의 위치를 확고히 하면서 유럽 경제의 모든 금융과 정보의 신경망이 브뤼셀을 중심으로 형성된 것과 유사한 과정을 밟아나가야 한다.

유럽의 강대국들이 벨기에를 폭격하면 유럽 전체가 공멸한다고 인식하는 것처럼, 동북아의 모든 국가가 한반도에서의 전쟁이 동북아 경제권의 공멸이라는 참혹한 결과를 초래한다는 것을 인식하도록, 통일 한국을 동북아 허브국가로 새롭게 빚어가야 한다. 핵 없이 한반도에 평화를 정착시키자는 이런 통일 한국의 평화 비전이 전체 국민 사이에서, 그리고 여야를 넘어선 정치 지도자들 사이에서, 더 나아가 남북의 정치 세력 사이에서 공유될 때 한반도 평화는 비로소 이루어진다.

하나님의 나라가 한반도에서 하나님 나라의 평화(Shalom)로 열매 맺을 때, 이 평화 한국은 동북아 평화와 세계 평화의 기초가 되어 이 땅에 하나님의 나라가 실현되게 하는 도구로 쓰임 받을 것이다. 특히 이를 위해 우리 기독교인들이 '하나님의 샬롬'의 정신으로 '종교 교류의 확대'를 적극적으로 실현하고, '민족 동질성 회복 과정'에 깊이 기여하며, 적극적인 인도주의와 아가페 정신의 실천으로 정부 당사자의 정권 이기주의와 민족주의적 편협성의 한계를 넘어서는 세계 평화에 기여하는 '한민족 공동체 형성', 더 나아가 '동북아 평화 공동체 실현'에 힘써 노력해야 한다. 이것이 이 시대 한반도에서 우리가 구해야 할 하나님 나라의 비전이다.

그런즉 너희는 먼저 그의 나라와 그의 의를 구하라 그리하면 이 모든 것을 너희에게 더하시리라(마 6:33).

주

1) 하웃즈바르트, 『현대·우상·이데올로기』, IVP, 1993, 19쪽.
2) 같은 책, 20쪽.
3) 같은 책, 26-27쪽.
4) 『朝鮮예수敎聯合公議會會錄』, 1982, 52쪽 ; 전택부, 『한국에큐메니칼 운동사』, 대한기독교서회, 140-141쪽.
5) 김양선, 『한국 기독교 해방 십년사』, 대한예수교장로회 총회 종교 교육부, 1956, 141-142쪽.
6) 이진구, "한국 개신교와 친미 반공 이데올로기", 「아웃사이더」 제12호, 2003/4, 29쪽.
7) 정당 전쟁론(Just war theory)의 조건과 기준: 폴 램지(Paul Ramsey)와 제임스 터너 존슨(James Turner Johnson) 같은 현대 학자들은 일단 전쟁이 수행되었을 때, 한 국가의 공격 행위가 정당화될 수 있는 기준을 연구했다. 그리고 전쟁 개시의 정당성(jus ad bellum, justice toward war)과 전쟁 행위의 정당성(jus in bello, justice in war)에 대한 다음과 같은 8가지 기준을 제시하고 있다. ① 정당한 원인(just cause). 공격당한 나라를 침략에서 보호하는 방어 전쟁이다. ② 정당한 의도(just intent). 복수와 상대방의 파멸이 아니라 파괴된 평화를 회복하려는 의도다. ③ 최후 수단(the last resort). 전쟁은 어떤 방법으로도 평화를 회복할 수 없을 때 마지막 수단으로 행해져야 한다. ④ 합법적 권위(lawful authority)를 지닌 정부에 의해 공적으로 선포(official declaration)되어야 한다. 전쟁은 결코 사적인 집단이 행해서는 안 된다. ⑤ 전쟁을 수행할 때는 승리의 가능성(feasibility of victory)이 있어야 한다. 전쟁을 수행함으로써 유발하는 고통과 악을 훨씬 능가하는 선이 도출될 수 있어야 한다. ⑥ 전쟁 행위의 정당성에 관한 것으로 제한된 목표(limited objectives)에 공격이 허용되어야 한다. 전쟁의 의도가 궁극적으로 평화를 회복하는 것이라면, 결코 그 나라가 일어설 수 없을 정도로 사회의 간접 자산을 마비시키고 파괴해서는 안 된다. ⑦ 민간인은 철저히 공격에서 배제되어야 한다(non-combatants immunity). ⑧ 공격은 자국이 당한 피해를 능가하지 않는 범위 내에서 행해져야 한다(proportionate means). 그러나 역사상 지상에서 벌어진 현실 전쟁의 99%가 이 범주에 해당되지 않았다. 역사상 이 개념에 딱 맞았던 전쟁은 거의 없었다. 즉 정당 전쟁의 이론은 지극히 관념적이며 이 8가지 전제는 비현실적이다. 설령 정당 전쟁으로 인정받았다 할지라도 우리 그리스도인들은 '그리스도의 제자의 신분'으로가 아니라 오직 '세속 시민의 자격'으로만, 또 '평화 수호 및 유지의 명분'(Peace-keeper)으로만 극히 제한적으로 참여할 수 있다.

참고문헌

하웃즈바르트, 『현대·우상·이데올로기』, IVP, 1993.
김양선, 『한국 기독교 해방 십년사』, 대한예수교장로회총회 종교교육부, 1956.

이진구, "한국 개신교와 친미 반공 이데올로기", 「아웃사이더」 제12호, 2003/4.
전택부, 『한국에큐메니칼 운동사』, 대한기독교서회, 1979.
『朝鮮예수敎聯合公議會會錄』, 1982.

조동준

서울대학교 정치외교학부 교수
Pennsylvania State University 정치학 박사
대표적 저술로 *Bargaining, Nuclear Proliferation, and Inter-state Dispute*(공저), "'인류공동의 유산'의 국제제도화 과정: 심해저 관리를 중심으로"가 있다.

4장 평화협정 논의의 역사적 전개와 분열된 한국사회

조동준

1. 들어가며

한국에서 평화협정을 둘러싼 논쟁이 재점화된 듯하다. 2013년 2-5월의 급박했던 한반도의 위기가 상대적으로 수그러들면서, 평화협정 체결을 둘러싼 다양한 움직임이 드러나고 있다. 북한이 한국 정부에 대한 비난 수위를 유지하는 상황에서,[1] 박근혜 대통령은 대선 공약인 한반도 신뢰프로세스를 국제사회에 설파하고 있다.[2] 사회 각계에서는 평화협정을 둘러싼 이념 분화가 선명해지고 있다. 2013년 6월 19일에 중도 보수-진보 성향의 인사 66명이 '평화와 통일을 위한 국민통합 선언문'을 발표하면서 "대북 정책과 통일에 대한 의견 차이를 극복하는 국민통합이 절실하다"라고 호소했지만,[3] 진보 진영과 보수 진영은 상이한 목소리를 내고 있다. 반전평화운동을 벌이는 진보 진영에서는 평화협정 체결과 비핵화 방안을 공개적으로 논의하는 반면,[4] 보수 진영은 평화협정 논의 자체를 기피한다.[5] 지난 2-5월 한반도 위기가 고조되었을 당시,

평화협정을 둘러싸고 벌어졌던 정치권의 이견이 시민사회에서도 그대로 드러난다.[6]

한국 기독교 안에서도 평화협정을 둘러싸고 세워진 대립각이 만만치 않다. 2013년 10월 31일부터 11월 8일까지 부산에서 열렸던 제10차 세계교회협의회(WCC) 총회를 앞두고, 한국 기독교계는 평화협정과 북한 인권에 대한 이견을 보이면서 WCC 한국준비위원회와 WCC 대책위원회로 양분되었다.[7] 2011년 2월 WCC 중앙위원회는 일치, 평화, 정의를 연결하고 한국의 통일 문제와 아시아의 정의와 평화 문제를 적극 반영하여 "생명의 하나님, 우리를 정의와 평화로 이끄소서!"라는 표어를 정했다.[8] WCC 총회에 적극적으로 참여하는 한국기독교교회협의회는 남북한을 잇는 평화열차를 운행하고 남북한 평화협정체결을 의제로 삼을 계획을 가지고 있었다.[9] 반면 보수 성향의 교단은 WCC에 반대하는 입장을 보이거나, 북한 인권을 주요 의제로 다루어야 한다는 입장을 보인다.[10] 현재로서는 양측의 입장 차이가 너무 선명하여 쉽게 타협점을 찾기 어려워 보인다.

이 글은 평화협정 논쟁을 객관적으로 이해할 수 있도록 도움을 주기 위한 목적을 가진다. 이 글은 구체적으로 세 부분으로 나뉘어져 있다. 첫째, 1953년 한국전쟁을 멈추게 한 정전협정이 평화협정 체결로 귀결되지 않는 과정을 정리한다. 1953년 한국전쟁 당사자들은 전쟁을 멈추면서 3개월 안에 고위 정치 회담을 개최하여 한국문제를 평화적으로 해결하기로 합의했지만, 평화협정 체결을 위한 합의점을 찾지 못했다. 이후 1954년 4월 제네바에서 한국 문제를 협의하기 위한 회의가 열렸지만 역시 합의에 이르지 못했다. 둘째, 평화협정 체결을 둘러싼 남북한의 입장을 정리한다. 남북한은 오랫동안 평화에 대해 상이한 견해를 가지고 있었으며, 평화 자체를 목적으로 하기보다는 특정 목적을 달성하기 위한 전술적 수단으로 평화협정을 이용했다. 셋째, 평화협정을 둘러싼 각 정파, 사회 세력, 기독교 교단 간 입장 차이를 정리한다. 이 작업은 평화협정을 둘러싼 여러 세력의 입장 차이를 드러냄으로써 평화협정에 투사된 이념적 왜곡을 제거하는 데 도움을 주려는 목적을 가진다.

2. 정전협정에 따른 불안한 휴전 상태

1950년 6월 25일에 일어난 북한의 남침은 남북 당사자뿐 아니라 18개 외국군이 참전하는 대규모 전쟁으로 비화했다. 1951년 3월 중국군의 4차 전역이 실패로 끝나면서 전선이 교착되자, 교전 당사자는 종전을 모색하기 시작했다. 정전협상은 1951년 7월 10일 시작되어 포로 송환 문제를 둘러싸고 난항을 겪다 1953년 7월 27일에야 최종 타결되었다. 이후 한국 문제의 평화적 해결을 위한 협상에서 교전 당사자가 합의점에 이르지 못했으며, 지금까지도 한반도에서 불안한 정전협상이 유지되고 있다. 여기서는 정전협상이 평화협정으로 귀착되지 못하게 된 과정을 기술할 것이다.

2.1. 정전협정과 고위 정치 회담

한국정전협정은 국가가 아닌 교전 단체의 대표 간에 맺은 약속이다. 국제연합군을 대표하여 미국 육군대장 마크 W. 클라크, 북한군 최고사령관 김일성, 중국 지원군 사령관 팽덕회가 한반도에서 충돌을 정지하는 협정을 체결했다. 중국 지원군은 법률상 중국의 정규군이 아니었기 때문에 국가가 아닌 교전 단체로서 협정을 체결할 수밖에 없었다. 정전협정은 군사분계선, 정전 상태 유지를 위한 장치(군사정전위원회와 중립국감독위원회), 포로 교환을 규정했다. 교전 당사자는 불안전한 정전 상태를 종결하고 한국 문제를 평화적 해결을 모색하기 위해 아래의 조항에 합의했다.

> 한국 문제의 평화적 해결을 보장하기 위하여 쌍방 군사령관은 쌍방의 관계 각국 정부에 정전협정이 조인되고 효력이 발생한 후 3개월 내에 각기 대표를 파견하여 쌍방의 한 급 높은 정치 회의를 소집하고, 한국으로부터의 모든 외국 군대의 철거 및 한국 문제의 평화적 해결 등 문제들을 협의할 것을 건의한다(4조 쌍방의 정부에게 건의 60항).

상기 조항은 외국군 철수에 대한 상이한 의견을 절충했다. 정전협상에서 국제연합군은 외국군 철수가 정전협상 이후 논의되어야 한다는 입장을 가진 반면, 공산군 측은 즉각적 외국군 철수를 주장했다. 양측의 입장 차이가 확인된 상태에서, 공산군 측이 1952년 2월 6일 정전회담 발효 후 3개월 이내에 고위 정치 회담을 열어 외국군 철수와 한반도 문제의 평화적 해결을 다루자고 제안했다. 이에 국제연합군 측이 한국의 참여를 덧붙였고, 공산군측이 이를 수용했다. 정치 회담의 속성에 대하여 구체적 합의가 없었지만, 정전협상을 빠르게 끝내려는 압박으로 인해 2월 18일 정전협정과 고위 정치 회담으로 이어지는 2단계 안이 채택되었다.

정전협정-고위 정치 회담으로 구성된 2단계 안은 국제연합의 추인을 받았다. 1953년 8월 28일 국제연합 총회는 고위 정치 회담의 참가국과 고위 정치 회담 개최에 관해 중요한 권고안을 아래와 같이 제시했다.

(a) 한국과 국제연합군을 구성하기 위하여 군대를 파견한 국가 가운데 고위 정치 회담에 참여하길 원하는 국가가 참가한다. 참가국은 [국제연합군의 일원이 아니라] 독자적으로 행동하며, 결정과 합의에 구속을 받는다.
(b) 미국은 (a) 세부 항에 언급된 국가와 협의한 후, 상대방(공산군 측)과 1953년 10월 28일 이전에 서로에게 만족스러운 날짜와 장소에서 협상이 이루어지도록 한다(UNGA Res 711(VII) A, 28 August 1953, 5항). 만약 상대방(공산군 측)이 원한다면, 소련도 고위 정치 회담에 참여하도록 권고한다(UNGA Res(VII) B, 28 Ausgust 1953).

국제연합 결의안 711(VII)은 국제연합군의 대표로 미국을 지정하고, 한국이 고위 정치 회담의 당사자임을 명확히 했다. 또한 중국과 북한이 합의를 한다면, 소련도 고위 정치 회담에 참여할 수 있다고 했다. 이로써 한국 문제를 협의하기 위한 참가자가 확정된 셈이다. 당시 미국이 국제연합 총회에서 다수의 지지를 얻어낼 수 있었기 때문에, 공산군 측(중국과 북한)의 반대에도 불구하고 소련을 고위 정치 회담의 참가국으로 정하는 결의안을 만들어낼 수 있었다. 이는 국제연합에서 중국의 고립을 확인하는 계기였다.

고위 정치 회담을 준비하기 위한 예비 회담이 1953년 판문점에서 열렸는데, 이 자리에서 참가국 문제가 쟁점으로 대두되었다. 공산군 측은 버마, 인도, 파키스탄, 소련 등이 중립국으로 참가해야 한다고 주장했다. 또한 한국 문제와 무관하게 국제연합이 중국의 대표권을 대만에서 중화인민공화국으로 변경할 것과, 북한에 대한 무역 제한을 해제할 것 등을 요구했다. 한반도에서 흘린 피에 상응하는 대가로 국제사회로부터 인정을 얻으려는 중국의 요구가 예비 회담에 투영된 것이다. 미국은 공산군 측의 주장을 수용할 수 없다는 입장을 밝혔고, 12월 31일 예비회담은 고위 정치 회담 재개를 결정하지 못하고 무산되었다.

참가국과 의제를 둘러싼 이견은 1954년 1월 25일부터 2월 18일 베를린에서 미국, 영국, 프랑스, 소련의 외상 간 협의로 일단 봉합되었다. 이들 4개국 외상은 오스트리아에서 적군의 철수, 베트남 문제, 한국 문제를 일괄적으로 협의했는데, 오스트리아 중립을 전제 조건으로 적군의 철수에 합의했다. 또한 베트남 문제와 한국 문제를 해결하기 위해 1954년 4월 26일 제네바에서 회의를 개최하기로 합의했다. 중국은 4강 중 일국(소련을 의미함)에 의해 초청된 자격으로 고위 정치 회담에 참여하는데, 중국의 고위 정치 회담 참여가 외교적 승인을 의미하지 않는다는 단서 조항을 두었다. 이 단서 조항은 한국 문제에 있어 중국이 주요 외부 세력이라는 중국의 입장과 부합하지 않았다.

2.2. 제네바 회의

제네바 회의의 쟁점은 크게 두 가지로 나뉜다. 첫째, 한국과 북한의 정통성에 관한 논란이었다. 한국은 국제연합의 감시 아래 북한에서 자유선거를 실시하여 통일 정부가 구성되어야 한다는 입장을 밝혔다. 한국의 주장은 국제연합총회 결의안 112A(UNGA A/Res/112A, 14 November 1947)와 국제연합총회 결의안 195(UNGA A/Res/195, 12 December 1948)에 기반한다. 국제연합총회 결의안 112A는 한국 문제를 국제연합에서 협의하는 과정에 한국 대표단(representatives)을 공정하게 선출하기 위하여 국제연합 한국임시위원회(UN Temporary Commission on Korea)를 구성한다고 결정했고, 국제연합총회 결의안 195는 대한민국(Republic of Korea)이 국제연합 한국임시위원회가 관찰했고 선거 감시를 실시한 지역(한국 인구의 과반 이상이 거주하는 지역)을 관할하는 합법 정부라고 했다. 따라서 한국은 북한 지역에서 1948년 5·10선거가 치러지지 않았으며 북한 지역의 대표 선출을 위해 100석을 남겨두었으니, 그 공석을 채우기 위한 선거만 치르면 된다고 주장했다. 반면 북한은 한국 국회, 북한 최고인민회의, 남북한 사회단체 대표로 구성된 '전한국위원회'(All-Korean Commission)를 구성하여, 남북한 경제·문화 교류를 준비하자고 했다. 이는 북한의 최고인민회의가 북한은 물론 한국에서 합법적 선거를 통해 선출된 대의원으로 구성되었으며, 한국 국회만이 합법성을 주장할 수 없다는 의미를 담고 있었다.

둘째, 외국군 철수 시한이다. 한국은 북한에서 국제연합의 감시 아래 선거가 실시되기 전 중국군이 철수해야 한다고 주장했다. 이 주장은 국제연합군이 방어적 성격을 가지기 때문에, 국제연합군이 철수될 필요가 없다는 의미를 내포하고 있었다. 반면 북한은 '전 한국위원회' 결정을 합의한 후 6개월 안에 모든 외국군이 한반도에서 철수해야 한다고 제안했다. 이런 제안은 북한의 입장에서는 중국군과 국제연합군이 동일 지위를 가지고 있다는 의미를 암시했다.

제네바 회의 참가국은 남북한 동시선거안을 한국과 북한에게 압박했다. 5월 5일 미국은 국제연합군 구성에 참여한 14개 국가(남아프리카공화국은 불참)와 협의를 마친 후, '남북한 동시선거 + 통일정부 구성, 1년 이내 외국군 동시 철수'를 제안했다.[11] 한국은 국제연합군에게 '북한에서 국제연합의 감시 아래 자유총선거, 한국에서 대한민국 헌법 절차에 의한 자유선거 실시'와 '선거 1개월 전 중국군 철수'로 일부 수정된 안을 제시했다.[12] 북한도 국제사회의 압박을 수용하여 동수의 공산국가와 비공산국가로 구성된 중립국 감시단의 감시 아래 남북한 동시선거안을 제시했다. 북한의 제안은 일부 양보를 담고 있지만, 국제연합의 권위를 인정할 수 없다는 뜻을 내포하고 있었다.

양측의 입장 차이가 절충될 수 없다고 판단한 국제연합 측은 제네바 회의를 종결하기로 결정했다. 공산군 측이 국제기구의 감시 아래서 남북한 동시선거, 선거 준비를 위한 기구 설치, 외국군 철수, 한국의 평화적 발전을 위한 협조 등을 담은 결의안을 채택하자고 제안했지만, 국제연합군 측은 실질적 합의가 없는 원칙은 무의미하다는 입장을 밝혔다. 공산군 측은 추후 협상을 일정이라도 잡자고 제안했지만, 국제연합군 측은 이마저 거부했다. 제네바 회의에서는 남북한 정부의 권위, 국제연합의 지위, 외국군 철수와 관련하여 절충점이 없다는 점이 확인되었다.

3. 평화협정을 둘러싼 남북한 논쟁의 역사

1954년에 개최된 제네바 회의의 실패 이후, 한반도 평화협정 논의는 수면 아래로 사라졌다. 한국에서는 북진통일론이 유지되고 있었고, 북한은 민주기지론에 기반한 전후 복구에 주요 역량을 투입하고 있었다. 남북한 간의 평화협정 논쟁은 1970년대 데탕트 국면에서 재점화되었다. 곧 미중 간 화해의 국면에서 한국과 북한은 본심을 감춘 채 평화공세를 전개했다. 양측의 논쟁은 지금도 현재 진행형이다.

3.1. 북한의 평화공세 vs. 남한의 북진통일론

6·25전쟁이 끝난 후, 남북은 평화체제에 있어 상이한 궤적을 보였다. 한국은 북진통일론을 제창했다. 이승만 대통령은 제네바 회의 이전에 "평화적인 노력(제네바 회의를 의미)이 실패한다면 군사적으로 한국을 통일하도록 허용될 것을 원한다"라고 하면서, 국군의 전력 증강에 필요한 무기, 군수물자, 해공의 엄호 등을 미국에 요청했다.[13] 제네바 회의의 실패 이후 이승만 대통령은 "북진통일이 대한민국의 변함없는 지상명령이며 정의와 자유의 대의에 입각한 민족적 숙원"이라고 정의하며, "미국을 비롯한 연합국이 한국에게 북진통일을 허용하는 날에는 촌각의 유예 없이 원래의 통일 계획을 실천할 것"이라고 단언했다.[14] 그는 "국제연합군이 우리에게 허락해 우리 국군이 나가서 싸울 기회를 주고 자기들은 뒤에 앉아서 물자와 도의상 원조만 해주면 우리나라의 통일은 머지않아 성취된다"라는 생각을 가지고 있었다.[15] 북진통일은 이승만 대통령 재임 기간 동안 상수였다.[16]

반면 북한은 평화공세를 벌였다. 1954년 10월 30일에 열린 북한 최고인민회의 제1기 8차 회의에서 남북한의 경제 및 문화 교류·통상·통행·서신 거래 문제를 논의하자는 호소문이 있었고, 1955년 8월 14일에 김일성은 8·15해방 10주년 경축대회 연설에서 남북 교류를 제안했다. 1956년 4월 28일에는 조선노동당이 정전협정을 평화협정으로 전환하자고 제안했다. 구체적으로는 ① 미국과 한국의 군사물자 반입 중지, ② 미국과 한국의 군비 확장 중지, ③ 미국과 한국의 군사분계선에서의 도발 행위 중지, ④ 남북한 간 무력불행사 선포 등을 언급했다. 1959년 10월 26일에 북한의 부수상 남일은 최고인민회의 제2기 6차 보고를 통해 "황폐화된 남조선 농촌"을 위해 화학비료와 공개 공사에 필요한 기재·설비를 공급할 의사를 밝혔고, 남북조선 경제발전 및 교류상설위원회를 조직하자고 제안했다.

북한의 평화공세는 4·19혁명 이후 더욱 심화되었다. 1960년 4월 27일 제 정당·사회단체지도자 연석회의에서는 남북한 간 장벽을 제거하고, 남북한 간 자유로운 내왕과 서신 거래를 허용하고, 한국의 경제를 복구하고, 한국의 민생을 안정하기 위한 대책을 강구하자고 제안했다. 1960년 8월 14일에 김일성은 연방제를 제안하면서, 한국에 현존하는 정치제도를 존속시키고, 남북한 정부의 독자적 활동을 보장하며, 남북한 정부 대표로 구성되는 최고민족위원회 조직, 남북한 간 경제·문화발전을 통일적으로 조절하자는 안을 언급했다.

북한의 평화공세는 전술적이었다. 1956년에 벌어진 북한의 평화협정 공세는 1956년 1월부터 본격화된 전술핵무기 도입과 관련되어 있다고 추정된다. 미국은 1956년 1월부터 전술핵무기 도입을 논의했고,

렘니처(Lyman Lemnitzer) 국제연합군 사령관이 그 안을 건의했다. 국제연합군은 중립국감독위원회에 통고하지 않고 전술핵무기를 도입했다. 1957년 5월에 델러스 국무장관은 "더욱 현대적이고 더욱 효과적인 무기"를 한국에 배치할 것을 고려한다고 했고, 윌슨 국방장관은 핵능력을 구비한 통상 무기가 여기에 포함된다고 구체화했다.[17] 따라서 핵무기와 최신 핵무기가 도입된다는 정보를 입수한 북한이 평화협정 체결로 전술핵무기의 한반도 배치를 막으려 했다고 추정된다.

    1960년의 북한의 평화공세는 세 가지에 기반한다고 추정된다. 첫째, 당시 북한은 전후 복구가 거의 완료되어 한국에 비하여 경제적 우위를 누리고 있었다. 이런 상황에서 남북한 교류가 이루어진다면, 북한의 경제적 우위를 활용하여 한국에 친북적 사회 세력을 심을 수 있었다. 북한이 "자신감 있고 포용성이 있는 제의"를 한 배경에는 경제성장이 뒷받침되어 있었다.[18] 둘째, 4·19혁명 후 통일 논의가 한국에서 봇물처럼 전개되었기 때문이다.[19] 당시 혁신 세력으로 불리던 사회 세력은 보수 세력을 반(反)통일 세력으로 몰아붙이고, 북한의 통일과 평화협정 논의에 동조하는 듯한 모습을 보였다. 한국에서 전개되던 사회운동이 북한에게는 유리한 환경으로 인식되었을 개연성이 크다. 셋째, 1956년 '8월 종파사건'을 거치면서 중국군이 철수하기로 결정되었다. 친중 성향을 보이던 연안파가 김일성 일파를 몰아내기 위한 음모를 진행하는 과정에서 중국군의 주둔이 배후 영향력처럼 작동했기 때문이다.[20] 북한 지역에 잔류하던 중국군 14개 사단이 1958년에 일거에 철수하자 북한은 안보 위기를 경험했다.

3.2. 3대혁명역량강화 vs. 선(先)경제건설 후(後)통일 논의

1961년 5·16사태 후 등장한 박정희 행정부는 경제 우선 노선을 채택했다. 박정희 행정부는 반공을 제1 국시로 정하고, 남북협상론이나 중립화통일론을 불법화시켰다. "공업 입국의 조국 근대화"가 1960년대 이루어져야 통일의 기반이 조성된다고 하면서, "통일의 길이 경제건설이며 민주 역량의 배양"이라고 정의했다.[21] 이런 이유로 평화협정과 통일에 관한 논의가 한국에서 수면 아래로 내려갔다. 한국 정부의 통일방안은 1954년에 열린 제네바 회의에서 실현 불가능하다고 판명된 '국제연합 감시 아래서 자유선거'로 고정되었다.[22] 북한의 공세를 막아낼 수 있을 때까지 한국은 경제발전에 많은 자원을 투여하기로 결정했다. 이로써 평화협정 논의가 끼어들 여지가 완전히 사라졌다.

박정희 행정부의 등장은 북한의 대남 정책에 큰 영향을 미쳤다. 한국에 강력한 반공 정권이 등장한 것은 한국 내에서의 혁명역량의 약화를 의미했다. 4·19혁명 이후 조성된 국면에 등장했던 혁신 세력이 군사정권에 의해 철저히 무력화되었다. 또한 박정희 행정부의 경제개발 정책의 성공은 북한의 상대적 우위를 조금씩 약화시켰다. 1962년 이후 월남 파병을 매개로 하여 한미 밀월이 시작되자, 미국이 한국에게 주는 원조가 늘어났다. 더 나아가 한일 관계 정상화까지 모색하면서 한·미·일 삼각 협력 체제가 구축되었다. 이를 통해 한국이 미국과 일본으로부터 더 많은 지원을 받고, 세계 자본주의 체제로 본격적으로 편입되었다. 군사분계선 이남 상황은 북한에게 불리하게 전개되었다.

또한 군사분계선 이북 상황도 북한에게 유리하지 않았다. 1958년의 중국군 철수 이후 북한과 중국의 관계는 쉽게 복원되지 않았다. 북한은

1960년대 소련의 평화공존론을 수정주의라고 비판했고, 1962년 쿠바 미사일 위기를 겪으면서 구소련과의 갈등을 경험했다. 북한은 "미제를 반대하는 민족해방투쟁의 연결선상에 있다"라고 하면서 쿠바를 지지했다.[23] 이에 소련은 군사원조 삭감 조치를 취했다.[24] 중소 갈등도 북한에게 큰 부담이었다. 1954년부터 시작된 중소 이념 논쟁은 시간이 흐르면서 점차 격화되었다. 양국 간 분쟁이 발생하면, 양국과 동맹 관계를 맺고 있던 북한은 원하지 않는 전쟁에 연루될 수도 있었다.[25]

북한의 전략적 선택은 3대혁명역량강화였다. 북한은 한국의 공산화를 이루기 위해서 북한의 혁명역량을 강화하고, 한국에서 북한을 지지하는 세력을 확대하며, 국제사회로부터 북한의 지지를 확보함으로 한국이 국제사회로부터 지원을 받을 수 있는 통로를 차단하려고 했다. 이런 3대혁명역량강화는 세 가지로 표출되었다. 첫째, 국방경제 병진노선이다. 북한은 1964년부터 국방비를 증액함으로써 중국군 철수 후

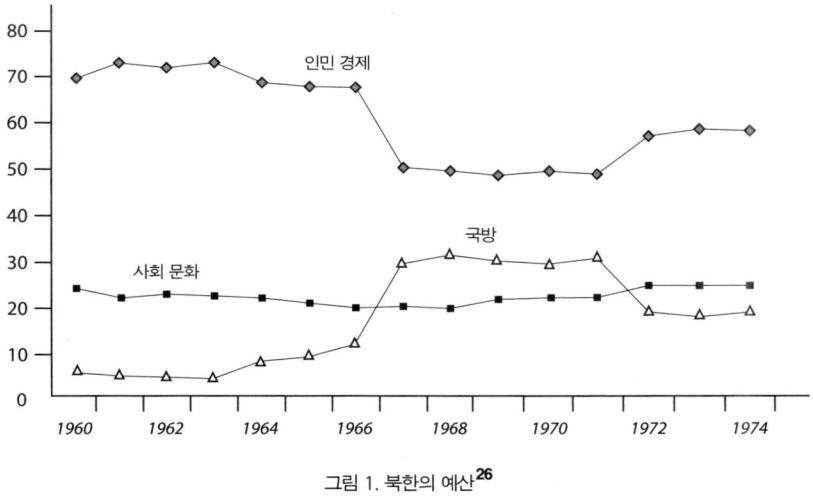

그림 1. 북한의 예산[26]

전력 공백을 메우려고 했다. 북한이 전후 복구에 국가적 역량을 쏟던 시기가 이제 끝났다. 1962년에 북한이 천명한 국방에서의 자주가 구체화되었다. 북한의 병진노선은 한반도 군비경쟁의 시작점이었다.

둘째, 한국에서 혁명역량을 강화하기 위해 지하당을 구축하고, 게릴라전을 전개하기 위해 무장 게릴라를 침투시켰다. 이는 박정희 행정부의 반공 정책으로 한국에서 사라진 친북 역량을 강화시키기 위한 선택이었다. 북한의 게릴라 침투는 1963년부터 증가하기 시작하여 1968년에 절정에 도달했다. 특히 삼척·울진 지구에 침투한 게릴라는 장기간 주둔하면서 유격전을 벌이려고 했지만, 협소한 배후지, 한국군의 진압 능력 등으로 인해 실패한다. 이후 북한은 한국에서의 혁명역량을 강화하기 위해 지하당 구축에 집중한다. 1968년에 일어난 통일혁명당 사건은 간첩에 의해 포섭된 인사들이 초기 지하당 수준까지 조직을 확대

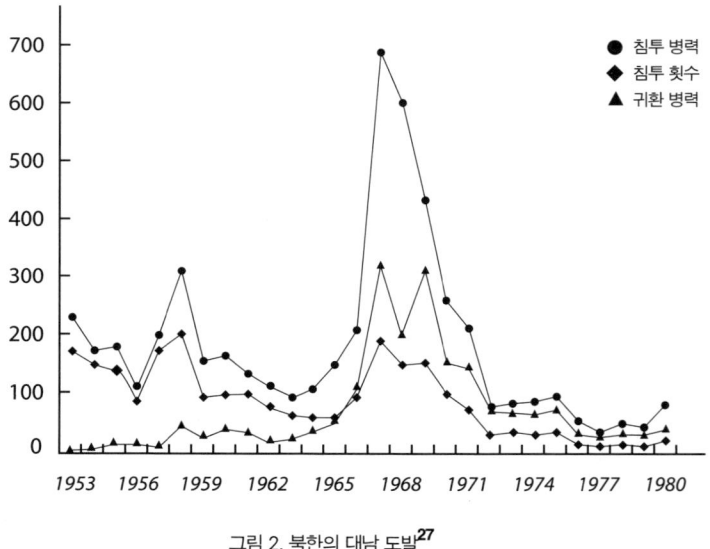

그림 2. 북한의 대남 도발[27]

한 경우였다.

셋째, 해외의 혁명역량강화 노력은 비동맹 외교로 이어졌다. 1960년대 신생국이 대거 등장하면서 국제 무대에서의 비동맹 국가의 영향력도 강화되었다. 북한은 비동맹 국가와 수교를 맺음으로써 국제사회의 지지를 얻으려고 했다. 비동맹 외교에서 우위를 점한 북한은 국제연합으로 외교 대결의 장소를 옮겼다. 남북한 간의 외교 전쟁이 진행되었다.

평화협정과 직접 관련하여 1970년대 북한은 공세적 입장을 취했다.[28] 1962년 6월 21일 북한 최고인민회의는 한국 국가재건 최고회의 및 여러 사회단체에게 남북 무력불행사 협약 체결을 촉구했다. 1963년 9월 8일에는 북한 최고인민회의 상임위원장 최용건이 다시 남북 불가침협정 체결을 제의했다. 1971년 4월 12일에 북한 외무상 허담은 '8개 항목 평화통일 방안'을 제의했다. 8개 항목 가운데, 한국에서 외국군 철수(1항), 외국군 철수 후 남북한 10만 명 병력 유지(2항)는 평화협정에서 다룰 수 있는 내용이었다. 7·4공동성명 후 북한은 공세적으로 ① 무력 증강과 군비경쟁 중지, ② 남북한군 10만 명 상한선 유지, ③ 외국으로부터 무기, 작전 장비 및 군수물자 반입 금지, ④ 외국군 철수, ⑤ 이상의 문제를 해결하고 남북한 무력행사를 하지 않는 평화협정 체결을 제안했다.

1974년부터 북한은 평화협정의 상대방을 한국에서 미국으로 바꾸었다. 1974년 3월 25일 북한 최고인민회의는 미국 의회에 편지를 보내는 방식으로 3자 회담을 제안했다. 북한이 3자 회담을 제안한 이유는 아래와 같다.

오늘 남조선에서 군사 통수권을 가지고 있는 것은 남조선 당국자들이 아니라 미군 사령관이라는 것은 세상이 다 아는 사실이다. 군사 통수권을 갖지 못한 남조선 당국자들이 남조선에 미국 군대를 그냥 남겨둔 채 불가침조약을 맺자고 하는 것은 평화에 대한 아무런 담보도 할 수 없는 빈말 공부에 지나지 않으며 따라서 논의할 가치조차 없는 것이다.[29]

북한은 북미 평화협정의 의제로 ① 북미 간 불가침, ② 무력 증강과 군비경쟁 중지, 한국으로 무기, 작전 장비, 군수물자 유입 금지, ③ 국제연합사령부 해체와 외국군 철수, ④ 외국군 철수 후 재배치 금지 등이 예상된다는 입장을 밝힌 후, 이를 지속적으로 요구했다. 북한은 평화협정을 맺으려는 이유가 한반도에서 긴장 상태의 격화를 막고 공고한 평화를 보장하기 위함이라고 외형적으로 밝히지만, 실제 초점은 주한미군 철수, 한국에 대한 군사원조 차단에 맞추어져 있었다.[30]

평화협정을 체결하는 과정에서, 북한이 한국과 맺는 협정과 북한이 미국과 맺는 협상은 차원을 달리했다. 북한은 미국과는 평화협정을 맺는 반면 한국과는 낮은 차원의 불가침선언과 군비축소를 위한 협정을 맺으려 했다. 북한은 3자 회담에서 다루어져야 할 내용을 아래와 같이 정리했다.

평화협정에는 한국전쟁의 종결을 법적으로 공식 선포하고, 정전을 공고한 평화에로 전환시키며, 모든 외국 군대를 철수시키는 데 대한 문제를 포함할 수 있을 것이며, 불가침선언에는 북과 남이 서로 상대방을 반대하여 무력행사를 하지 않을 것이며, 쌍방의 군대를 축감하는 데 대한

문제를 포함시킬 수 있을 것이다.[31]

우리와 미국과의 평화협정에는 주로 미국과 핵무기를 비롯한 군사 장비를 철수시키고 공고한 평화를 보장하는 조건에 관한 문제들이 포함될 수 있을 것이며, 북과 남 사이의 불가침선언에는 남북이 서로 상대방을 반대하여 무력행사를 하지 말며, 군비를 축소하는 데 대한 문제들이 포함될 수 있는 것으로 본다.[32]

1970-1980년대에 진행된 북한의 평화협정 공세는 북한의 3대혁명역량강화 중 남한 내 혁명역량강화를 위한 조건을 마련하고, 한국이 해외로부터 지원을 받지 못하게 만드는 목적을 가지고 있었다. 평화협정 공세 국면에서 남북한 간 협력이 진행되면 한국은 더 이상 반공을 국시로 내세워 민주화를 염원하는 사회 세력을 탄압할 수 없었다. 그렇게 된다면 북한에 대해 우호적인 사회 세력이 활동할 수 있는 공간이 마련될 수 있었다. 또한 북미 평화협정으로 한국에 대한 군사원조와 안전보장이 약화되면, 궁극적으로 북한의 해외 혁명역량강화로 이어지게 되었다.

한국 정부는 1960-1980년대 선(先)경제건설-북한의 도발 중지에 초점을 맞추었다. 무장 공비 남파가 1969년부터 줄어들었지만, 한국 정부는 김일성 회갑을 서울에서 열겠다는 북한의 위협을 심각하게 받아들였다. 이 안보 불안 상황에서 한국 정부는 중화학공업 육성에 초점을 맞추었다. 박정희 대통령은 "1970년대 말 조국 근대화 작업이 일단 매듭지어졌다.…우리의 경제가 어느 정도 자립을 하고, 국방에 있어서도 우리의 자주적인 능력을 갖추게 되고, 기타 모든 분야에서 통일에 대한 고지를 우리가 먼저 전부 점령해버리게 되면, 그 다음부터 통일 문제는 완전히 우리가 주도권을 장악하게 되는 것"이라고 하면서, "우리 국민 전체가 통일에 보다 빨리 접근하는 유일한 길은 오직 건설"이라고 했다.[33] 7·4남북공동성명이 나온 후에도 선경제건설 노선은 지속된다. 박정희 대통령은 "국력이 탄탄히 다져졌을 때 비로소 우람한 통일의 거목은 그 뿌리를 마음껏 내리고 영원한 발전을 기약할 수 있게 됩니다"라고 하면서, 북한을 압도할 경제력 양성에 초점을 맞추겠다는 의사를 내비쳤다.[34]

1970년 8·15선언부터 한국의 평화공세는 전술적 성격을 띠었다. 한국의 대화 표명이 북한의 군사적 도발을 억제하는 효과를 가질 수 있다는 참모의 의견을 수용하여, 박정희 대통령은 대북 평화공세를 시도한다. 박정희 대통령은 1972년 1월 11일 연두 기자회견에서 "민주주의와 공산 독재의 그 어느 체제가 국민을 더 잘살게 할 수 있으며, 더 잘살 수 있는 여건을 가진 사회인가를 입증하는 개발과 건설과 창조의 경쟁"을 제안하면서, 평화협정 논의에 앞서 "제일 선행되어야 할 조건은 북한 공산 집단이 전 세계를 향해 무력적화통일을 폐기하겠다는 확실한 약속"이라고 했다.[35]

1970년대에 한국 정부는 단계적 남북대화를 주장했다. 한국 정부는 남북대화의 조건으로 북한의 도발 중단을 촉구했다.[36] 북한의 도발 방지에 초점을 맞추던 한국 정부의 입장은 단계적 평화통일론으로 진화했다. 1974년, 남북한의 상호 평화공세 국면에서 한국 정부는 평화통일 3단계 기본 원칙을 밝혔다. 첫째 단계는 한반도에서 평화 정착을 위한 상호불가침 협정 체결, 둘째 단계는 남북한 간 상호 문호 개방, 신뢰 회복을 위한 남북대화의 성실한 진행, 다각적인 교류와 협력, 셋째 단계는 토착 인구 비례에 의한 남북한 자유선거 실시로서 통일로 가는 길을 정리했다. 이처럼 한국은 평화협정을 실질적으로 지킬 수 있는 환경이 먼저 조성되어야 하며, 통일은 먼 미래에나 가능한 일이라는 입장을 견지했다.

이를 정리하면, 1970년대 중반의 한국 정부의 평화공세는 북한의 도발을 막기 위한 전술적 선택이었다. 북한을 경제적으로 압도하기 위해서는 3차 5개년 경제개발계획을 성공시켜야 하는데, 이 기간 동안 경제건설에 집중할 수 있기 위해서는 북한의 도발이 억제되어야 했다.[37] 그리하여 북한의 무력 도발을 막을 능력이 구비되지 못한 상태에서, 한국 정부는 북한의 도발 중단을 선결 조건으로 평화협정, 더 나아가 통일을 위한 움직임을 보일 수 있다고 했다.

한국 정부가 평화공세를 전술적으로 활용했다는 주장은 1970년대 후반 들어 더욱 명확해진다. 제3차 5개년 경제개발을 마칠 즈음, 박정희 대통령은 자신감을 갖고 적극적으로 평화공세를 벌였다. 1976년에 박정희 대통령은 적화통일이 "허황된 망상", "잠꼬대"라고 하면서, 북한의 무모한 모험이 성공할 기회가 지나갔다고 주장했다. 그는 "이제 남은 길은 우리가 싫든 좋든 남북이 서로 대화를 통해서 쉬운 일부터 하나하나 해결해나가면서 이 땅에 평화를 정착시키는 데 남과 북이 다 같이 노력하는 길"밖에 없으니, "통일이 될 수 있는 여건을 하나하나 같이 협력해서 만들어나가자"고 제안했다.[38]

1977년에 박정희 대통령은 17년 전 북한으로부터 쌀 제공 제의를 받았던 수모를 드디어 갚을 수 있었다. 박정희 대통령은 1977년 1월 12일 연두 기자회견에서 식량을 북한에 제공할 의사가 있음을 밝혔다. 대통령은 아래와 같이 말하면서, 남북한 힘의 관계가 역전되었음을 주장했다.

> 북한 공산주의자들은 아마 남한에서 미군만 철수한다면, 당장 하루아침에 모든 것이 자기들 뜻대로 척척 간단히 될 것처럼 착각하고 있는 것 같은데, 그것은 그들의 큰 오산이요, 환상이라는 것을 이제는 알아야 할 것입니다. 이것은 결코 우리가 무슨 허세를 부리는 것이 아닙니다. 그동안 우리도 우리의 생존을 위해서, 우리가 살기 위해서 지난 10여 년 동안 참기 어려운 것을 참아가면서 그야말로 와신상담, 피나는 노력으로 우리의 힘을 기르고 국력을 배양해왔습니다. 이것은 우리가 살기 위해서는 이 길밖에 없다고 믿기 때문입니다. 적화통일에 혈안이 되어있는 북한 공산주의자들도 이 사실만은 똑똑히 알고, 만의 일이라도 오산이 없기를 바랄 따름입니다.…재작년인 75년에는 3천200만 석이 나와서 비로소 우리가 자급자족이 되었으며, 작년에는 우리가 아는 바와 같이 3천620만 석을 생산해서 완전 자급자족하고도 약간의 여분이 생겼습니다.…쌀 1천175만 석, 보리가 1천145만 석, 도합 약 2천300만 석 정도가 금년 말에 가서 여분이 생겨 내년으로 넘어갑니다.…정부가 보유하고 있는 양만 하더라도 쌀, 보리 합쳐서 약 1천500만 석 정도 입니다.

1980년대 한국 정부의 평화공세는 1970년대 3단계 통일론을 일부 수정한 형태였다. 1980년 8월 15일, 최규하 대통령은 "동족에 대한 무력 사용 포기"를 촉구했고, 5공화국은 1982년 민족화합 민주통일 방안을 천명한 이후 평화 정착을 위한 실질적 조치로서 남북한 불가침 약속과 상호 교류·협력을 촉구했다.[39] 5공화국의 평화공세는 실상은 북한의 도발 중단을 염두에 둔 전술적 선택이었다. 1986년 아시안게임과 1988년 올림픽을 앞두고 북한의 도발 중단이 필요했기 때문이다. 5공화국은 1984년 버마에서 일어난 아웅산 테러를 당하고도 북한에게 화해의 제스처를 멈추지 않았다. 시간을 벌면 벌수록 한국에게 유리해진다는 믿음을 갖고 있었기 때문이다.

3.3. 체제 보존을 위한 평화협정 제안 vs. 북한 변화를 모색하는 단계적 협력 제안

1989년부터 1991년까지 진행된 구(舊)공산권의 해체는 북한에게는 가히 메가톤급 충격이었다. 공산주의 국가와의 물물교환에 의존하던 북한 경제는 거의 마비되었다. 특히 석유를 동력으로 사용하는 경제구조를 가졌던 북한에게 석유를 구입할 수 있는 통로가 사라지자, 북한 경제에는 병목 현상이 생겼다. 국민을 먹일 식량마저 부족해졌다(그림 3.). 북한이 붕괴될 수 있다는 우려마저 나타날 정도였다. 체제 존속을 걱정해야 하는 상황에 직면하자 북한은 한국과 미국에게 일정 정도 양보함으로써 생존을 모색했다.

1991년 12월 13일 남북은 "남북 사이의 화해와 불가침 및 교류협력에 관한 합의서"에 서명했다. 북한은 오랫동안 외국군 철수, 팀스피리트 훈련 중단, 군축 등을 불가침협정의 전제조건으로 주장했지만, 상황이 다급해지자 한국 측의 요구를 거의 전적으로 수용했다. 1970년대부

터 한국이 주장하던 불가침 합의서에 합의한 북한은 한국의 단계적 평화통일안 속에 있는 교류협력에도 합의했다. 노태우 대통령이 1991년 9월 24일 국제연합총회 연설에서 밝혔던 '평화통일 3개 실천 방안'은 사실상 남북기본합의서에 담겨 있다.

그러나 남북기본합의서는 군사적 신뢰 구축을 바탕으로 한 군비감축, 군사정보 교환, 부대 훈련 통고, 기습 공격 방지를 위한 상주 감시단 파견 등 실질적 조치로 연결되지는 못했다. 또한 남북한 사이의 교류로 이어지지도 못했다. 이는 북한의 입장에서는 남북 불가침협정만 필요했지, 실질적 군축과 남북한 교류를 수용할 의사가 없었기 때문이라고 추정된다. 북한은 개방이 곧 붕괴로 이어질 수 있다고 우려했기 때문에

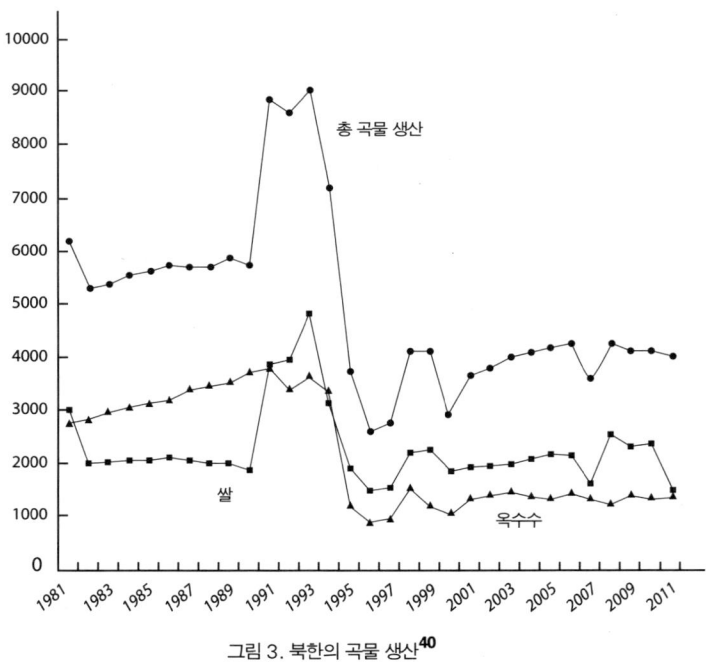

그림 3. 북한의 곡물 생산[40]

오히려 남북한 교류를 막으려고 했다. 그 결과 1992년 하반기에 들어서 남북기본합의서의 동력은 약화되었다.

남북한은 2000년대 두 차례 정상회담을 통해 한반도에 평화를 정착시킬 기회를 모색하려고 했다. 김대중-김정일 회담에서 한반도 평화에 대한 의견이 오갔으며, 2007년 노무현-김정일 정상회담에서 채택된 10·4선언에는 '종전 선언을 위한 3자 또는 4자 정상회담'을 개최하자는 제안이 담겨 있다. 2005년 6자 회담 9·19공동성명에도 '한반도의 항구적 평화체제에 관한 협상'을 가진다는 조항이 있다. 이런 식으로 한반도에서 평화가 정착될 수 있는 기회는 여러 번 있었다.

하지만 한반도에서 평화를 정착하기 위한 노력은 북한의 배신행위로 물거품이 되었다. 북한은 2006년 7월 5일의 대포동 2호 발사, 2006년 10월 9일의 1차 핵실험, 2009년 4월 5일의 광명성 2호를 탑재한 은하 3호 발사, 2009년 5월 25일의 2차 핵실험, 2012년 4월 13일의 광명성 3호를 탑재한 은하 3호 발사, 2013년 2월 12일의 3차 핵실험으로 이어지는 수순을 밟으면서 한반도를 갈등과 위기로 몰고 갔다. 이 과정에서 인공위성 발사, 국제사회의 제재, 북한의 반발, 핵실험, 북한의 평화공세로 이어지는 패턴이 세 번이나 반복되었다. 2013년 3월의 한반도 위기 상황에서 북한은 정전협정 완전 백지화 선언(3. 5.), 남북 불가침에 관한 모든 합의 폐기(3. 8.)까지 갔다.

북한과 미국 사이의 평화협정 제안은 현재 진행형이다. 북한은 1차 북핵 위기가 고조되던 1994년 4월 28일에 미국에게 평화보장체계 수립을 제안했다. 북한은 미국이 "조선 반도와 그 주변에 방대한 무력을 대대적으로 증강하면서 우리를 힘으로 위협"하며 "아시아 사회주의 압살"을 모색하고 있다고 주장하면서, 북미 적대 관계를 해소하기 위해 정전 기구를 대신하는 평화보장체계를 수립하자고 제안했다.[41] 북한은 공식적으로는 군사정전위원회와 중립국감독위원회가 작동하지 않기 때문에 새로운 제안이 필요하다고 했지만,[42] 실상은 1970년대 미국에게 제안했던 국제연합사령부 해체, 외국군 철수와 같은 허황된 의제를 뺀 상태에서, 전쟁 방지만을 구차하게 의제에 담았다.

국제사회가 북한의 제안에 대해 별다른 관심을 보이지 않자, 북한은 1995년 5월 3일 중립국감독위 사무실을 폐쇄하고 국제연합군 측 중립국감독위원회 구성원, 기자, 미군 등이 북한 측 판문점 공동경비구역에 들어오지 못하게 했으며, 비무장지대 지위 변경 등을 경고했다. 이 때문에 폴란드 대표가 본국으로 귀환했다.[43] 나아가 북한은 이 경고를 실행하여 1996년 4월 4일부터 7일 사이 공동경비구역에 중화기로 무장한 200-300명의 병력을 투입했다.[44] 아직까지도 스위스와 스웨덴이 중립국감독위원회에 계속 참여하고 있지만, 공산 측 중립국감독위원회의 활동 중단으로 중립국감독위원회가 정상적으로 작동되지 못하고 있다.

1996년 2월 22일에 북한은 평화협정을 체결하기 전 '잠정협정'을 체결하자고 미국에게 제안했다. 미국이 북한의 제안에 대해 적극적으로 반응하지 않자, 정전협정을 대신하게 될 잠정협정을 제안했다. 잠정협정은 ① 군사분계선과 비무장지대의 관리, 무장 충돌과 돌발 사건 발생 시 해결 방안, 군사공동기구의 구성과 임무 및 권한, 잠정협정의 수정 보충 등 안전질서유지와 관련된 문제를 포함하며, ② 잠정협정을 이행하기 위한 조미공동군사기구, ③ 조미공동군사기구를 설립하는 문제를 토의하기 위한 협상을 담아야 한다고 했다. 1980년대까지 북한이 주장하던 3자 회담 참여국에서 한국이 빠진 이유는, "조선의 북과 남 사이에 이미 불가침에 관한 합의서가 맺어지고 군사공동기구까지 발족한 상태"이기 때문이라고 주장했다.

북한은 한반도 위기의 주범이 미국이라고 주장하면서 미국과의 평화협정 체결을 주장한다. 특히 한반도 위기 국면이 소강상태로 접어드는 순간 평화협정 공세를 벌이곤 한다. 예를 들어 2013년 봄 한반도 위기가 잠시 소강상태로 접어들던 5월 29일에 북한 「로동신문」은 미국이 평화협정을 체결하지 않는다고 비난하면서, 미국이 한반도 위기의 주범이라고 주장했다. 곧 한반도에 "일찍이 공고한 평화체제가 수립됐더라면 비핵화 문제도 제기되지 않을 것"이라면서 위기의 원인을 불완전한 정전협정으로 돌렸다. 나아가 현재의 정전협정으로는 "새 전쟁 발발을 막을 수 없다"며 "정전체제가 하루빨리 공고한 평화체제로 대체되어야 한다"라고 보도했다.[45]

미국을 향한 북한의 평화협정 구애는 다분히 전술적 선택으로 보인다. 북한은 스스로 시작한 위기를 감당할 수 없을 만큼 확대하지 않기 위하여, 위기 후 국면에서 더욱 집중적으로 평화공세를 한다. 또한 남북한 간에 평화협정이 실질적으로 마련되어 있지 않음에도 불구하고 미국에게만 집중하는 태도를 취한다. 이런 북한의 이중적 태도는 한국군에게 작전지휘권이 완전히 환수되기 전까지는 계속 진행되리라고 예상된다.

4. 평화협정을 둘러싼 한국사회의 분열

평화협정을 둘러싼 한국 내에서의 입장 차이가 오랫동안 지속되고 있다. 정계, 시민사회, 종교계 등 여러 사회 구성원들 사이에서 평화협정 논의가 화합을 가져오기보다는 갈등을 증폭시키고 있다. 여기서는 평화협정을 둘러싼 입장 차이를 주요 정파와 기독교 교단으로 나누어 정리하고자 한다.

4.1. 정파 간 차이

2012년 대선에서 평화협정이 주요 쟁점은 아니었지만, 주요 정당은 이와 관련하여 첨예한 입장 차이를 보였다. 새누리당은 2012년 당시의 남북한 상황을 "남북한 간 일체의 공식 대화 채널 단절 및 교류·협력 중단"으로 규정하며, 이런 현상은 (북한의) 기존 합의 불이행으로 인해 초래되었고, 인도적 문제의 조속한 해결 및 호혜적 협력 사업을 재개해야 하는 요구가 증대되고 있다고 진단했다. 한편 새누리당은 정치·군사적 신뢰 구축과 사회·경제적 교류 협력의 상호 보완적 발전을 약속했다. 궁극적으로 정치적 통합에 의한 큰 통일을 지향하지만, 실질적 평화 기초로 군사 대결을 완화하고 경제 공동체를 건설하겠다고 했다.[46]

새누리당은 동북아판 헬싱키 프로세스를 제안했다. 헬싱키 프로세스가 영토 불가침, 무력 사용 금지 등 낮은 수준의 신뢰와 협력을 추구했다는 점을 고려하면, 새누리당은 남북한 상호불가침조약 준수 수준의 낮은 협력을 염두에 두고 있다고 추정할 수 있다. 실제로 지난 3월 북한이 정전협정 백지화, 남북한 불가침 관련 조항 백지화 등을 선언하면서, 새누리당의 정책 제안은 현실적 타당성을 가지고 있다고 판단된다. 새누리당은 평화협정 체결을 서두르지 않고, 무력 사용 금지 방안, 신뢰 구축 방안에 집중하고 있다고 보인다.

반면에 민주당은 북핵 문제 해결 3원칙으로 ① 북핵 불용, ② 9·19 공동성명 준수, ③ 포괄적·근본적 해결을 내세웠다. 민주당은 만약 집권을 한다면, 한반도평화구상 초안을 만들어 주변국과의 정상회담을 협의하고, 남북정상회담을 통해 실현 가능한 방안을 완성시키겠다고 약속했다.[47] 이 공약에 비추어보면 당시까지 한반도평화구상이 완성된 상태는 아니었지만, 평화협정 체결의 원칙을 국제사회와 공유하자는 목표를 설정한 듯하다. 한반도 주변 4강과 남북한이 합의할 수 있는 평화 원칙을 찾아 공표한 후, 이를 실현시키기 위한 구체적 안을 차후 모색한다는 수순을 고려한 듯하다.

통합진보당은 6·15공동성명, 10·4선언의 이행과 평화협정 체결을 공약으로 제시했다. 한반도 평화협정이 맺어지면, 한미상호방위조약을 폐기하고 주한 미군을 단계적으로 철수하겠다는 안까지 담고 있다. 또한 국제연합사령부 폐지, 작전권 전면 환수를 공약으로 내세웠다. 통합진보당이 염두에 둔 평화협정의 당사자는 남북한으로 보인다.

2013년 상반기의 한반도 위기 국면에서는 세 정당의 입장 차이가 선명하게 드러났다. 새누리당은 핵무장론까지 거론하면서 북한의 위협이 지속되는 한 평화협정은 불가하다는 입장을 보였다.[48] 반면 야권은 북한의 일방적 정전협정 백지화와 도발 위협에 대해서는 공히 반대했지만, 문제 해결 방안에서는 차이를 보였다. 민주당은 냉철한 위기관리를 주문하며 대화를 통한 문제 해결을 요구했다. 키 리졸브(Key

Resolve) 한미합동군사훈련이 위기 조성의 원인이 될 수 없다는 입장을 보이면서, 한반도 위기의 주범이 북한이라는 점을 명확히 했다.[49] 반면 통합진보당은 "대화 분위기 조성을 위하여 대북 제재와 한미합동군사훈련의 즉각 중단"을 요구하고, "불완전한 정전체제는 악순환을 되풀이"하고 있으니 "미국을 비롯한 관련국은 평화협정 체결을 위한 즉각적인 대화를 시도해야" 한다고 했다.[50]

정당 간 입장 차이는 사회 세력 간 입장 차이로 확장된다. 2013년 8월 15일에 서울광장과 서울역에서 열린 군중 시위는 평화협정을 둘러싼 한국사회 갈등과 대립의 현주소를 선명하게 보여주었다. 민주노총은 서울광장에서 8·15전국노동자대회를 진행하면서, 남북평화협정 체결을 주장했다. 반면 보수 단체는 서울역 광장에서 '반역대회 심판 8·15 국민대회'를 개최했다. 국민행동본부 등 보수 단체들은 지난 4월부터 통합진보당에 대한 '정당해산심판 청구 청원서'를 법무부에 제출할 정도다. 보수 단체들은 "휴전협정을 평화협정으로 대체하고, 주한 미군을 철수시키며, 종속적 한미동맹을 해체하자는 통합진보당의 주장이 북한의 연방제 통일 방안에 동조하는 내용"이라고 지적하며 통합진보당이 헌법을 위반하고 있다고 주장한다.[51]

4.2. 기독교 교단 간 차이

평화협정을 둘러싸고 한국 기독교계도 분열되어 있다. 보수 성향의 한기총은 북한이 "한반도 평화와 세계 평화라는 대한민국 정부와 국제사회의 기대를 저버리고 거듭되는 핵 위협으로 고립을 자초하고 있다"라고 지적하면서, 북한에게 '남북한 신뢰프로세스'의 동반자적 책임을 주문하고 있다. 또한 한국 정부가 추진하고 있는 비무장지대(DMZ) 안에 만국평화공원을 조성하자는 안을 제안했다.[52] 한기총은 노무현 행정부의 평화협정안을 반대한다는 입장을 명확히 밝힌 후, 평화협정에 대한 부정적 입장을 지속적으로 천명하고 있다. "정전협정을 평화협정으로 바꾸자는 것은 주한 미군 철수를 전제로 하는 북한의 요구 사항"이기 때문에, "북한의 주장을 놓고 토론을 벌인다는 자체가 부적절하다"라는 입장까지 나오는 실정이다.[53]

반면 기장, 한국기독교교회협의회, 한국 YMCA 등 평소 진보 성향을 보이는 기독교 교단과 단체들은 정전협정을 평화협정으로 바꾸어야 한다고 주장한다. 이들은 북한을 적으로 보는 시각이 오류를 범하고 있으며, 북한(주민)에게 하나님의 사랑을 베풀어야 한다는 입장을 보인다. 이 단체와 모임들은 2013년 10월 부산에서 열린 제10회 WCC 총회가 남북 평화협정 체결을 촉구하는 결의문을 채택해줄 것을 요청했다.[54] 이 진보적 단체들은 이 땅에서 평화를 회복하는 일에 용기를 갖자는 입장을 가진다.

주

1) "北 '박근혜 일당 분별있게 처신해라'…국방위 이어 조평통도 朴대통령 실명 비난", 「조선일보」(2013. 10. 5.); 장용훈, "北 국방위까지 대남 비난…남북 관계 경색 계속될 듯", 「연합뉴스」(2013. 10. 4.).
2) 박석민, "朴대통령 '세일즈 외교 2탄' 스타트…성과 주목", 「연합뉴스」(2013. 10. 6.); 박근혜, "드레스덴 공대 명예박사 학위 수여식 대통령 연설"(2014. 3. 28).
3) 홍세희, "각계 인사 66명 '평화와 통일 위한 국민통합 선언문' 발표", 「뉴시스」(2013. 6. 19.).
4) 김연숙, "시민단체 '북핵해결·평화체제 논의 동시 추진해야'", 「연합뉴스」(2013. 7. 25.); 강진형, "한반도 비핵화, 평화협정 실현!", 「뉴시스」(2013. 7. 16.).
5) 황성준, "평화협정에는 평화가 없다", 「뉴데일리」(2013. 7. 30.).

6) 심인성, "與 '핵 억제력 보유·핵무장 필요' 강경론 비등", 「연합뉴스」(2013. 2. 13.); 이경호, "새누리, '진보당, 사실상 北정권 편들어…현실 직시해야", 「아시아경제」(2013. 3. 8.).

7) 이용필, "코앞 다가온 WCC 총회, 여전히 찬반 나뉜 교계", 「뉴스앤조이」(2013. 9. 30.); "찬반 양론 가운데 교단 참여와 협력 일체 허용 않기로", 「성결신문」(2013. 9. 13.).

8) 고석표, "WCC 부산총회 주제 확정…생명과 정의 평화", 「CBS 노컷뉴스」(2011. 2. 23.); 최승욱, "[미리 보는 WCC 부산총회 주제] (3) 정의·평화·생명", 「국민일보」(2013. 7. 25.).

9) 송주열, "정전협정 60년, 평화협정 촉구 기독인 선언 발표", 「CBS 노컷뉴스」(2013. 7. 28.); 송조현, "WCC 평화열차 베를린서 부산까지", 「한겨레신문」(2013. 7. 29.).

10) 박재찬, "WCC 부산총회, 한국·한국교회 의제-한반도 평화, 탈북자 인권 다뤄야", 한복협 월례발표회", 「국민일보」(2012. 11. 9.); 유영대, "보수교단 인사들, WCC 반대 위해 제네바 본부로 출발", 「국민일보」(2013. 10. 3.).

11) 제네바에 파견된 한국 대표단은 이를 수용할 수 없음을 명확히 했고, 이승만 대통령은 "제네바 회의가 언제 끝날 것인가가 중요한 것이 아니라 회의가 끝난 후 공산주의자와 싸우기 위해 말보다도 더 유효한 수단을 취하는 것이 중요하다"라고 국제연합국 측 안에 맞섰다(한표욱, 『이승만과 한미외교』, 중앙일보사, 1996, 197-198쪽).

12) 1954년 5월 28일 갈홍기 당시 공보처장은 "대한민국은 이북에서만의 총선거를 주장해왔으나 이것을 고집하지 않고 UN 감시하의 총선거를 주장"한다고 했다. 그는 이 제안을 "최대의 아량으로 최종적으로 제안하는 것이다"라고 덧붙였다["통일방안 논쟁을 계속", 「경향신문」(1958. 12. 1.)].

13) "북진통일 군사원조하라", 「경향신문」(1953. 3. 26).

14) "북진통일은 지상명령", 「경향신문」(1955. 3. 27.).

15) 대통령 리승만 박사 담화집 제3호, 공보실, 1959, 55쪽.

16) 1954년 「경향신문」은 북진통일과 관련된 기사를 총 92회, 「동아일보」는 63회 게재했다. 이후 빈도수는 조금씩 줄었지만, 북진통일 찬성론은 4·19혁명 이전까지 지속적으로 등장한다.

17) 이재봉, "남한의 핵무기 배치와 북한의 핵무기 개발: 한반도 비핵화를 위하여", 「평화학연구」 9(3), 2008, 34쪽. 한국에 전술핵무기가 최초로 배치된 때는 1958년이다[Office of the Assistant to the Secretary of Defense, "History of the Custody and Deployment of Nuclear Weapons, July 1945 through September 1977" (February 1978)]; Norris, Robert S., William M. Arkin, and William Burr, 1999, "Where They Were", The Bulletin of the Atomic Scientists 55(6), 30].

18) 송대성, 『한반도 평화체제: 역사적 고찰, 가능성, 방안』, 세종연구소, 1998, 31쪽.

19) "북진통일 플래카드 들고", 「경향신문」(1950. 5. 1.); "유출유괴한 통일방안논의", 「동아일보」(1960. 7. 16.).

20) 이상숙, "1958년 북한주둔 중국인민지원군 철수의 원인과 영향: 북한의 대중국 협력 확대와 대중동원 경제노선 강화를 중심으로", 「북한연구학회보」 13(1), 2009, 89쪽.

21) 박정희, "67년도 대통령 연두교서"(1967. 1. 17.). 先경제건설론은 이미 2공화국에서 확정되었다. 윤보선 대통령은 "統韓의 서광이 비칠 때까지 오로지 남한의 경제발전에 힘쓰지 않으면 안 된다"라고 했다["준비 없는 통일은 위험", 「경향신문」(1960. 11. 19.)].
22) "통일방안원칙불변", 「경향신문」(1962. 7. 4.).
23) "쿠바 사태에 대한 정부 성명", 「로동신문」(1962. 10. 26.).
24) 한모니까, "1960년대 북한의 경제국방 병진노선의 채택과 대남정책", 「역사와 현실」 50, 2003, 142-144쪽.
25) 조동준, "'자주'의 자가당착", 「국제정치논총」 44(3), 34쪽, 2004.
26) 백환기, 『방위총서』, 국제문제연구소, 1986, 209쪽.
27) 국방부 전사편찬연구소, 『대비정규전사 II (1961-1980)』, 359-360쪽, 신오성기획사, 1998.
28) 1970년대 데탕트 국면에서 남북한의 평화공세는 평화협정 논쟁에서 분기점처럼 보이지만, 큰 틀에서 보면 북한의 3대혁명역량강화와 한국의 '선경제건설 후통일' 정책이 1960년대부터 1980년대 후반까지 부딪혔다고 해석할 수 있다.
29) 북한 최고인민회의, "대미평화협정 체결 제의"(1974. 3. 25.).
30) 북한 정부, "조선투쟁의 법적 종결을 위한 조선민주주의인민공화국의 투쟁", 『현대국제법연구』, 과학백과사전종합출판사, 158-174쪽, 1989.
31) 북한 중앙위원회 최고인민회의 상설회의 연합회의, "미정부 및 의회에 보내는 편지"(1984. 1. 10.).
32) 북한 중앙위원회 최고인민회의 상설회의 연합회의, "대남편지"(1984. 1. 10.).
33) 박정희, "연두 기자회견"(1970. 1. 9.).
34) 박정희, "8·15 경축사"(1972. 8. 15.).
35) 박정희, "연두 기자회견"(1972. 1. 11.).
36) 박정희, "6·25동란 22주년 담화"(1972. 6. 25.).
37) 박정희, "일본 「재팬타임지」 기자회견"(1975. 6. 29.). 박정희 대통령은 1981년 한국 국내총생산이 북한의 4-5배 될 것으로 예상했다.
38) 박정희, "연두 기자회견"(1976. 1. 15.).
39) 전두환, "광복절 40주년 경축사"(1985. 8. 15.).
40) WFP/FAO/UNICEF, Special Report: Rapid Food Security Assessment Mission to the Democratic People's Republic of Korea (24 March 2011), 14-16; FAO/WFP, Special Report: Crop and Food Security Assessment Mission to the Democratic People's Republic of Korea (16 November 2010), 7-8.
41) 북한 외교부, "새로운 대미 평화보장체계 수립 제의"(1994. 4. 28.).
42) 1991년 3월 한국군 장성이 정전위원회 수석대표로 임명을 받자, 북한은 정전위원회에 참여하지 않았다.

43) 1992년 체코슬로바키아가 체코 공화국과 슬로바키아 공화국으로 분리될 때, 양국 모두 중립국감독위원회 활동을 계승하지 않았다. 체코슬로바키아 대표단은 1993년 자연스럽게 중립국감독위원회에서 소멸되었다. 1995년 본국으로 되돌아간 폴란드 대표단은 폴란드 안에서 중립국감독위원회 활동을 수행하고 있다.
44) 이 사건은 한국의 총선과 연결되어 북풍 논쟁으로 이어졌다.
45) "정전체제 유지는 전쟁 기도의 산물", 「로동신문」(2013. 5. 29.).
46) 새누리당, 『세상을 바꾸는 약속, 책임 있는 변화』, Jammy, 357-360쪽, 2012.
47) 민주통합당, 『사람이 먼저인 대한민국』, 광장인쇄, 181-194쪽, 2012.
48) 심인성, 같은 기사; 이경호, 같은 기사.
49) 배민욱, "'북 도발 위협 중단해야'…해결 방법엔 온도차", 「뉴시스」(2013. 3. 11.).
50) 이정희, "한반도 위기상황 관련 통합진보당 이정희 대표 긴급 성명"(2013. 3. 6.).
51) 조성진·이화종·김병채, "'통진당 해산 심판' 청원으로 본 정당해산", 「문화일보」(2013. 9. 6.).
52) 한국기독교총연합회, "광복절 성명서"(2013. 8. 15.).
53) 김재현, "한미 기독교계, 평화협정 촉구집회 '논란'", 「연합뉴스」(2013. 5. 13.).
54) 송주열, 같은 기사.

참고문헌

- 남북지도자의 연설

  박정희, "67년도 대통령 연두교서"(1967. 1. 17.).
  박정희, "연두 기자회견"(1970. 1. 9.).
  박정희, "8·15 경축사"(1972. 8. 15.).
  박정희, "연두 기자회견"(1972. 1. 11.).
  박정희, "6·25동란 22주년 담화"(1972. 6. 25.).
  박정희, "일본 「재팬타임지」 기자회견"(1975. 6. 29.).
  박정희, "연두 기자회견"(1976. 1. 15.).
  전두환, "광복절 40주년 경축사"(1985. 8. 15.).
  박근혜, "드레스덴 공대 명예박사 학위 수여식 대통령 연설"(2014. 3. 28.).
  이정희, "한반도 위기상황 관련 통합진보당 이정희 대표 긴급 성명"(2013. 3. 6.).

- 남북한 당국/단체의 성명

  북한 최고인민회의, "대미평화협정 체결 제의"(1974. 3. 25.).
  북한 중앙위원회 최고인민회의 상설회의 연합회의, "미정부 및 의회에 보내는 편지"(1984. 1. 1.).
  북한 중앙위원회 최고인민회의 상설회의 연합회의, "대남편지"(1984. 1. 10.).

북한 외교부, "새로운 대미 평화보장체계 수립 제의"(1994. 4. 28.).
한국기독교총연합회, "광복절 성명서"(2013. 8. 15.).

- 신문

강진형, "한반도 비핵화, 평화협정 실현!", 「뉴시스」(2013. 7. 16.).
고석표, "WCC 부산총회 주제 확정…생명과 정의 평화", 「CBS 노컷뉴스」(2011. 2. 23.).
김연숙, "시민단체 '북핵해결·평화체제 논의 동시 추진해야'", 「연합뉴스」(2013. 7. 25.).
김재현, "한미 기독교계, 평화협정 촉구집회 '논란'", 「연합뉴스」(2013. 5. 13.).
박근혜, "드레스덴 공대 명예박사 학위 수여식 대통령 연설", 「매일신문」(2014. 3. 28.).
박석민, "朴대통령 '세일즈 외교 2탄' 스타트…성과 주목", 「연합뉴스」(2013. 10. 6.).
박재찬, "'WCC 부산총회, 한국·한국교회 의제: 한반도 평화, 탈북자 인권 다뤄야', 한복협 월례 발표회", 「국민일보」(2012. 11. 9.).
배민욱, "'북 도발 위협 중단해야'…해결 방법엔 온도차", 「뉴시스」(2013. 3. 11.).
송조현, "WCC 평화열차 베를린서 부산까지", 「한겨레신문」(2013. 7. 29.).
송주열, "정전협정 60년, 평화협정 촉구 기독인 선언 발표", 「CBS 노컷뉴스」(2013. 7. 28.).
심인성, "與 '핵 억제력 보유·핵무장 필요' 강경론 비등", 「연합뉴스」(2013. 2. 13.).
유영대, "보수교단 인사들, WCC 반대 위해 제네바 본부로 출발", 「국민일보」(2013. 10. 3.).
이경호, "새누리, '진보당, 사실상 北정권 편들어…현실 직시해야'", 「아시아경제」(2013. 3. 8.).
이용필, "코앞 다가온 WCC 총회, 여전히 찬반 나뉜 교계", 「뉴스앤조이」(2013. 9. 30.).
장용훈, "北 국방위까지 대남 비난…남북 관계 경색 계속될 듯", 「연합뉴스」(2013. 10. 4.).
조성진·이화종·김병채, "'통진당 해산 심판' 청원으로 본 정당해산", 「문화일보」(2013. 9. 6.).
최승욱, "[미리 보는 WCC 부산총회 주제] (3) 정의·평화·생명", 「국민일보」(2013. 7. 25.).
홍세희, "각계 인사 66명 '평화와 통일 위한 국민통합 선언문' 발표", 「뉴시스」(2013. 6. 19.).
황성준, "평화협정에는 평화가 없다", 「뉴데일리」(2013. 7. 30.).
"북진통일 군사원조하라", 「경향신문」(1953. 3. 26).
"북진통일 플래카드 들고", 「경향신문」(1950. 5. 1.).
"북진통일은 지상명령", 「경향신문」(1955. 3. 27.).
"준비 없는 통일은 위험", 「경향신문」(1960. 11. 19.).
"통일방안 논쟁을 계속", 「경향신문」(1958. 12. 1.).
"통일방안원칙불변", 「경향신문」(1962. 7. 4.).
"유출유괴한 통일방안논의", 「동아일보」(1960. 7. 16.).
"정전체제 유지는 전쟁 기도의 산물", 「로동신문」(2013. 5. 29.).
"쿠바 사태에 대한 정부 성명", 「로동신문」(1962. 10. 26.).
"찬반 양론 가운데 교단 참여와 협력 일체 허용 않기로", 「성결신문」(2013. 9. 13.).

"北 '박근혜 일당 분별있게 처신해라'…국방위 이어 조평통도 朴대통령 실명 비난", 「조선일보」 (2013. 10. 5.).

- 일반 자료

    FAO/WFP, Special Report: Crop and Food Security Assessment Mission to the Democratic People's Republic of Korea (16 November 2010). http://www.fao.org/docrep/013/al968e/al968e00.htm(최종 검색일: 2014. 6. 30.).

    Norris, Robert S., William M. Arkin, and William Burr, "Where They Were?" *Bulletin of the Atomic Scientists* 55(6):26-35, 1999.

    Office of the Assistant to the Secretary of Defense, "History of the Custody and Deployment of Nuclear Weapons (U), July 1945 through September 1977" (February 1978). http://www.dod.mil/pubs/foi/operation_and_plans/NuclearChemicalBiologicalMatters/306.pdf(최종 검색일: 2014. 6. 30.).

    WFP/FAO/UNICEF, Special Report: Rapid Food Security Assessment Mission to the Democratic People's Republic of Korea (24 March 2011). http://ko.wfp.org/sites/default/files/english_rfsa.pdf(최종 검색일: 2014. 6. 30.).

    공보실, 『대통령 리승만 박사 담화집』(제3호), 공보실, 1959.

    국방부 국방부 군사편찬 연구소, 『대비정규전사 II (1961-1980)』, 신오성기획사, 1998.

    민주통합당, 『사람이 먼저인 대한민국: 국민과의 약속 119』, 광장인쇄, 2012.

    백환기, 『방위총서』, 국제문제연구소, 1986.

    북한 정부, "조선투쟁의 법적 종결을 위한 조선민주주의인민공화국의 투쟁", 『현대국제법연구』, 평양: 과학백과사전종합출판사, 1989.

    새누리당, 『세상을 바꾸는 약속 책임 있는 변화: 제18대 대통령선거 새누리당 정책공약집』, Jammy, 2012.

    송대성, 『한반도 평화체제: 역사적 고찰, 가능성, 방안』, 세종연구소, 1998.

    이상숙, "1958년 북한주둔 중국인민지원군 철수의 원인과 영향: 북한의 대중국 협력 확대와 대중 동원 경제노선 강화를 중심으로", 「북한연구학회보」 13(1): 83-108.

    이재봉, "남한의 핵무기 배치와 북한의 핵무기 개발: 한반도 비핵화를 위하여", 「평화학연구」 9(3):23-44, 2008.

    조동준, "'자주'의 자가당착: 한반도 국제관계에서 나타난 안보모순과 동맹모순", 「국제정치논총」 44(3): 25-49, 2004.

    한모니까, "1960년대 북한의 경제국방 병진노선의 채택과 대남정책", 「역사와 현실」 50: 133-164, 2003.

    한표욱, 『이승만과 한미외교』, 중앙일보사, 1996.

고재길

장로회신학대학교 기독교와 문화 교수
독일 Humboldt 대학교 신학 박사
대표적 저서로 『본회퍼, 한국교회에 말하다』『사회주의 체제전환과 기독교』(공저)『공적신학과 공적교회』(공저)가 있다.

5장 반공 이데올로기의 문제와 화해의 신학

고재길

1. 들어가며

요즘 한국 영화는 새로운 중흥기를 맞이하고 있다. 최근 10년간 천만 명을 동원했던 영화가 아홉 편이나 된다. 이 연구의 주제와 연관하여 필자는 한국 영화 한 편을 소개하고 싶다. 2005년 8월에 개봉되어 800만 명의 관객을 영화관으로 이끌었던 〈웰컴 투 동막골〉이 바로 그 영화다. 이 영화는 한국전쟁을 배경으로 하고 있다. 한국전쟁이 한참 진행 중이던 1950년 11월, 태백산맥 자락의 함백산에 자리한 동막골에 낯선 사람들―국군 몇 명, 북한 인민군 몇 명, 미군 1명―이 들어온다. 그들은 동막골에서 서로 대립하는 가운데서도 이따금씩 화해와 협력의 분위기를 연출하며 공존한다. 한편 북한군에 의해 미군 전투기가 추락되었다고 생각한 연합군 사령부는 전투기들을 동원하여 동막골을 폭격하기로 결정한다. 그러자 동막골에 머물고 있던 이방인들은 서로 힘을 모아 인간적 순수성에 따라 자기들을 도왔던 동막골 사람들의 생명을 지켜주기로 결심한다. 영화의 마지막 장면에 이르러 국군과 인민군들은 동막골의 생존과 안전을 지키는 데는 성공하지만 자신들은 끝내 전사하고 만다. 이 영화는 이데올로기를 초월한 휴머니즘적 인간애가 가상공간―또는 동막골―에서만이라도 가능했다는 것을 전달하고 있다.

이 영화의 메시지는, 불과 수년 전에 분단 60년의 역사를 통과한 우리에게 어떤 함의를 가지고 있을까? 영화는 그저 영화일 뿐, 현실과는 어떤 연관성도 없다고 해야 하는 것일까? 아니면 영화가 보여준 이데올로기의 극복이 현실적 삶의 자리에서도 가능하다고 생각해야 하는 것일까? 그리고 만일 그것이 가능하다면 이를 위해 한국교회는 과연 무엇을 할 수 있을까? 이 연구는 이런 질문에서 시작되었다. 그러면 이제 이 질문에 대한 답을 모색해보기로 하자.

2. 냉전 이데올로기, 반공 이데올로기 그리고 한국사회

오늘날 한국사회에서 냉전 이데올로기와 반공 이데올로기는 긍정적인 면과 부정적인 면 둘 다를 가지고 있다. 즉 공산주의 이념에 반대하는 반공 이데올로기가 해방 공간에서와 한국전쟁 이후의 한국사회에서 꼭 부정적인 영향만을 끼친 것은 아니라는 것이다. 좌우 이념이 서로 극심하게 대립하던 한반도에서, 공산주의에 대해 분명한 반대 입장을 표명한 반공 이데올로기는 한국사회가 자유민주주의의 기초를 닦고 시장경제를 지향하는 국가적 틀을 세우는 데 근본적인 도움을 주었다고 볼 수도 있다. 이런 입장에서 김일영은 다음과 같이 주장한다.

후쿠야마가 말하는 '역사의 종언'에 대한 동의 여부와 무관하게 오늘날 자유민주주의와 시장경제는 아무도 부인하기 어려운 공통된 가치이자 목표가 되고 있다. 이승만 정부가 이 땅에 자유민주주의와 시장경제를 꽃피운 것은 분명 아니다. 당시 정치는 권위주의적이었고, 시장은 경제를 움직이는 부분적 메커니즘에 불과했다. 그러나 분명한 것은 권위주의가 전체주의보다 나으며, 부분적으로 작동할지라고 시장이 전면적인 통제와 계획보다는 효율적이라는 점이다. 권위주의와 부분적 시장 속에서는 자유주의와 민주주의 그리고 시장이 꽃필 여건이 만들어지지만 전체주의와 통제경제 속에서는 그마저도 불가능하다. 이 점에서 오늘날 전체주의적 북한의 곤궁은 김일성의 민주기지론에 뿌리를 두고 있고, 우리가 누리는 민주주의와 시장경제는 이승만의 단정 노선에서 출발하고 있다고 할 수 있다.[1]

그렇지만 필자는 이 글에서 반공 이데올로기의 긍정적인 면보다는 부정적 측면에 대해 집중적으로 검토할 것이다. 반공 이데올로기는 남북한의 이데올로기 대결이 가져온 결과였다.[2] 북한의 공산주의를 선택하거나 남한의 자본주의를 선택하는 일은, 특별히 한국전쟁 이후에는 자신의 삶과 죽음을 결정하는 일이 되었다. 전재호에 따르면 "해방과 한국전쟁을 겪으면서 전쟁과 학살의 매 고비마다 반공주의는 대중에게 '생존 본능'의 표현물"이 되었다.[3] 현실 정치에서 이런 맹목적 반공주의는 특정한 정치권력을 위한 이데올로기적 특성을 충분히 발휘했다. 지식사회학의 권위자인 만하임(K. Manheim)에 의하면, 일반적으로 이데올로기는 어떤 사상이나 이념을 의미한다. 그는 이데올로기의 특성을 특정 집단이 자기의 이익을 지속적으로 획득하기 위해 사용하는 지식 또는 신념의 체계로 이해한다.[4] 한국사회의 정치권력에는 이런 이데올로기적 특성이 반공주의를 통해 확실하게 나타났다고 할 수 있다. 비민주적인 권위주의에 기초한 정치권력자들은 "자신의 통치를 정당화하고 반대자를 억압하는 수단으로 반공주의를 활용"했다.[5] 예를 들면 이승만 정권은 1956년 대통령 선거에서 216만 표를 얻은 진보당의 조봉암 후보에게 간첩 혐의를 부여했다. 결국 1958년 1월 13일에 조봉암은 구속되었고 진보당은 불법 단체가 되었다. 법원은 조봉암에게 1심, 2심, 3심에서 모두 사형을 선고했고, 재심이 기각된 바로 다음날 그의 사형은 집행되었다. 군사 쿠데타로 정권을 획득한 박정희 정권하에서는 인혁당 사건이 일어났다. 인혁당 사건은 박정희 정권이 유신 체제의 유지를 위해 조작한 사건이었다. 공산주의자들이 인민혁명당을 재건하여 혁명을 모의했다는 미명하에 정치적 반대자들이 기소되었다. 대법원은 관련자 모두에게 사형을 선고했고, 선고 후 18시간 만에 그들에 대한 사형이 집행되었다. 그러나 최근 의문사진상조사위원회는 이 사건을 박정희 정권하에서 정보기관이 조작한 사건이라고 결론 내렸다.[6]

반공주의는 한국사회에서 사람들로 하여금 "현실에서 반공에 반하는 행동이나 문제 제기"를 "대한민국 체제에 대한 부정으로 간주"하도록 만들었다.[7] 또한 반공 이데올로기는 "한국인들의 사고와 행동의 영역을 제한하는 강력한 억압 기제로 작동"함으로써 한국의 자유민주주의를 왜곡된 방향으로 이끌어왔다.[8] 즉 한국사회의 반공주의는 "사회 여러 집단의 상충된 이해와 가치의 상대성을 인정하고 차이를 관용하는 자유주의"의 진정한 발전을 막고 있다고 볼 수 있다.[9] 반공 이데올로기의 영향권 아래에서 형성된 자유주의는 엄격하게 말하면 '냉전적 자유주의'였다. 그것은 자유민주주의가 내포하고 있는 본래의 자유주의의 의미보다는 북한의 공산주의에 대항하는 이데올로기로서의 의미만을 강조하고 있다. 또한 반공 이데올로기는 한국사회에서 민주주의를 '보수적 민주주의'라는 부정적인 형태로 나아가게 만들었다. 반공 이데올로기는 민주주의를 특정한 집단의 정권 유지를 위한 정치체제로 받아들이게 하고 그것을 유지하도록 만드는 부정성도 초래했다. 즉 반공 이데올로기는 사회 구성원들 간의 사상이나 이념의 차이를 존중하고 상호 공존의 환경을 받아들이는 민주적인 여건에 대해 반대하는 '보수적 민주주의'를 강화시켰다는 것이다.[10] 이와 같은 '냉전적 자유주의'와 '보수적 민주주의' 사이에서 한국사회의 분단의 시계는 이미 60년을 훌쩍 지나고 있다. 그리고 우리는 여전히 냉전 이데올로기의 현실 속에서 살고 있다.

반공 이데올로기는 한국사회의 일반 시민들의 삶까지도 왜곡시켰다.[11] 임혁백의 견해를 따르면 특별히 한국전쟁 이후의 분단 의식은 남북한의 정치·경제·군사·사회·문화의 삶의 영역 속에서 '내면화'되었다. 그 결과 한국사회의 삶의 자리에서는 공론과 소통의 여건이 마련될 수 없었다. 즉 "시민들은 '레드 콤플렉스'에 걸려 행여 반공주의의 경계를 넘지 않는가를 항상 스스로 체크하면서 소통의 대상, 내용, 범위를 결정했다. 공론의 장을 형성하는 주요 기구인 언론도 반공주의의 한계를 넘지 않도록 자기 검열을 하면서 보도하고 토론했다."[12] 이런 이유에서 한국전쟁 이후, 한국사회에서는 쌍방 간에 이루어지는 소통과 공감의 토론 문화를 형성하지 못한 채 집단적 증오심에 기초한 논쟁과 분열이 계속 일어났다고 볼 수 있다.

3. 반공 이데올로기와 한국교회

3.1. 해방 전후의 반공 이데올로기와 한국교회

사실상 해방 이전에 사회주의 또는 공산주의사상은 민족주의와 결합하여 일본 제국주의에 저항하는 주요한 수단이었다. 또한 사회주의 사상 또는 공산주의는 일제 식민지하의 상황에서 독립을 강력하게 원했던 국내 기독교 지도자들과 협력 관계를 유지하기도 했다. "일본제국주의라는 공동의 적 앞에서 사회주의자들과 기독교 지도자들 사이에 특별한 갈등은 없었다."[13] 새문안교회의 장로였던 김규식, 교회 전도사로서 사역했던 이동휘, 평양신학교와 중국 남경 금능대학에서 신학을 공부한 여운형이 대표적인 사례다. 그러나 이 두 진영 간의 갈등은 사회주의자들에 의해 '한인사회당'(1918년 6월 러시아 하바로브스크)과 '고려공산당'(1919년 4월 러시아 블라디보스톡)이 창당되면서부터 시작되었다. 왜냐하면 기독교 지도자들이 민족의 독립운동에 소극적인 태도를 보여주었기 때문이었다. 양자 간의 본격적인 갈등의 시작은 조선 공산당의 결성(1925)을 기점으로 나타났다. 기독교를 반대하는 사회주의자들은 기독교를 반대하는 강연회를 개최하거나 12월 25일을 '반(反)기독교의 날'로 정했다. 중국의 길림성과 연길현에서는 선교사와 목회자들이 공산당에 의해 살해당하는 일이 발생하기도 했다. 이런 상황 속에서 조선예수교연합공의회(장로교와 감리교의 연합기구)는 사회주의 이데올로기에 반대한다는 '사회신조'를 채택했다. "일체의 유물교육, 유물사상, 계급적 투쟁, 혁명수단에 의한 사회개조와 반동적 탄압에 반대(함)"
으로써, 이 신조는 해방 이후 한국사회의 반공 이데올로기를 형성하는
데 도움을 주었다고 볼 수 있다.[14]

해방 이후인 1945년 말부터 1946년 초에 공산주의와 개신교는 철
저하게 대립했다. 미군정과 이승만 정권 초기의 개신교 지도자들은 사
회주의에 대한 공격을 늦추지 않았으며, 다른 한편으로는 사회주의자
들에 의해 재산이나 목숨을 잃는 큰 피해를 입고는 했다. 이런 이유로
"격화되는 대립 속에서 사회주의와 기독교의 공존을 추구하던" 사람들
은 사회주의와 기독교 중에서 하나를 선택해야 하는 강요를 당했다.[15]

> 북에서는 사회주의자들의 도움을 얻어 소수의 개신교 사회주의자들이
> 빠른 속도로 종교 권력을 장악했던 반면, 남한의 소수 개신교 사회주의
> 자들은 월북하거나 폭력적으로 제거되거나 공개적으로 전향해야 했다.
> 북에서 사회주의자들과 격렬하게 갈등했던 반공주의적 다수 세력의 대
> 대적인 남하 행렬까지 이어지면서, 한국전쟁이 끝날 무렵 남한 개신교
> 는 매우 공격적인 반공주의자들의 집결지로 변모하였다.[16]

그러면 해방 이후 남한에서 압도적인 다수를 차지했던 개신교인들
이 공산주의를 반대했던 이유는 어디에 있을까? 김광수는 그 원인에
대해 이렇게 말한다.

> 공산주의는 하나님의 존재를 부인하는 무신론이다. 공산주의는 유물론
> 을 내세우면서 인간의 존엄성을 무시하고 있다. 공산주의는 종교를 인

정하지 아니하는 고로 여하한 종교도 말살당한다. 공산주의는 독재체제이기 때문에 인간의 자유를 인정하지 않는다. 공산주의가 한국을 지배하는 날에는 소련의 지배를 받게 될 것이 분명하다.[17]

여기서 우리는 한국전쟁 이후 더욱 공고하게 자리 잡게 된 냉전 이데올로기의 출발점을 보게 된다. 즉 해방 이후 반공주의적 개신교 지도자들은 소련을 세계를 적화시키려는 불순한 야욕을 지닌 '제국주의 세력'으로 규정한 반면에 자신들은 소련에 대항하는 '민족 진영' 또는 '자유 진영'으로 묘사했다. 그런 식으로 이들은 이미 "세계적 차원의 냉전 체제에 적응해갔다"라고 볼 수 있다.[18]

3.2. 한국전쟁과 한국교회의 반공 이데올로기

한국교회의 반공주의는 참혹한 한국전쟁을 경험하면서 더욱 강고해졌다. 왜냐하면 "한국전쟁을 전후하여 공산주의자들에 의해 순교하거나 실종된 성직자 혹은 지도자들이 많이 생겼는데, 밝혀진 명단만 해도 북한 교회 162명, 남한 교회 150명이었다. 또한 여러 교회에서 신도들이 공산군에 의해 집단 학살을 당한 사건도 많았고, 전쟁 기간 중에 948개 처소의 교회당과 기독교 기관 건물이 피해를 당했(기)" 때문이다.[19] 그러므로 한국전쟁 중에 북한 공산당으로부터 기독교 탄압을 경험한 남한 교회와 공산주의를 비판하고 월남한 기독교인들이 공산주의자들에 대한 적개심을 가지게 된 것은 그리 이상한 일이 아니었다. 즉 한국교회는 한국전쟁 중에 "공산 정권에 의한 피해의 체험"을 겪으면서 "경직된 이분법적 사고의 틀"을 가지게 되었으며, 이로 인해 "공산주의자는 타도의 대상"일 뿐 "민족 공동체의 운명을 함께 결정하고 평화를 이루기 위한 파트너"가 될 수 없었다.[20]

노치준은 한국전쟁 이후 더욱 강화된 반공 이데올로기가 한국교회 안에서 어떻게 나타나고 있는가에 대해서, 1950년대를 대표하는 교계 기관지 「기독공보」에서 다음과 같이 강조한다. "한국에서 기독교가 감당해야 할 가장 큰 사명은 '滅共求族 民主建國'이며 공산주의를 반대하고 기독주의를 확립하는 것"(「기독공보」, 1952. 2. 4.)이다. 또한 동구 공산주의와 연관해서는 "공산주의와 기독교 교회 간의 공존은 불가능하다"(「기독공보」, 1952. 2. 18.)라고 보았다. 휴전 직후의 사설에서는 공산주의자들을 "무신적 유물론자들이요, 그들의 광적 행동은 종교와는 영원히 융화될 수 없는 사단의 집단"(「기독공보」, 1953. 7. 20.)이라고도 했다. 따라서 이런 반공주의적 태도를 견지했던 한국교회가 '휴전 반대'와 '북진통일'의 표어를 내세우면서 대규모의 구국기독신도대회를 개최한 것은 자연스러운 결과였다.[21]

3.3. 한국전쟁 이후의 반공 이데올로기와 한국교회

한국전쟁 이후 현재에 이르기까지 한국사회와 한국교회에서는 반공 이데올로기가 더욱 확산되었고 또한 매우 부정적인 형태로 나타났다. 한국기독교협의회가 1988년에 밝힌 선언문, '민족의 통일과 평화를 위한 한국 기독교의 선언'은 여기에 대해 이렇게 정확하게 지적하고 있다.

6·25를 전후하여 북한 공산 정권과 대립했던 북한의 그리스도인들은 수난과 죽음을 겪어야 했으며, 수십만의 북한 그리스도인들이 납치되었

고, 참혹하게 처형되기도 했다. 한편 공산주의 동조자들은 이념 전쟁의 제물이 되었고, '부역자'라는 명목으로 사회에서 매장을 당하지 않으면 안 되었다. 전쟁으로 초토화된 한반도는 계속해서 동서 냉전 체제의 국제정치적 갈등과 반목에 휘둘렸으며, 이에 따라 남북한 간의 군비경쟁과 상호 불신, 상호 비방과 적대 감정도 점차로 증가되어왔다. 한반도의 평화는 파괴되었고, 민족의 화해도 불가능한 것으로 여겨지게 되었다.… 남북한의 교육과 선전은 상호 비방 일색이며, 상대방을 상호 체제 경쟁을 통하여 약화시키고 없애야 할 철천지원수로 인식하게 하고 있다. 따라서 남북한 국민들은 동족의 생활과 문화에 대하여 서로 무지할 뿐 아니라 서로 알아서는 안 되는 관계로까지 길들여져왔다. 양 체제는 같은 피를 나눈 동족을 가장 무서운 원수로 인식하게 하고 있는 것이다.[22]

위의 선언문의 내용을 배태한 일련의 사건들 중 가장 대표적인 것에 한정해서 생각해보면 아래와 같다.

1) 한국전쟁 이후 '북한에 대한 피해 의식과 적대 의식'을 구성하는 반공 이데올로기는 5·16군사쿠데타 이후로 더욱 체계적으로 강화되었다. 쿠데타의 주체들은 "반공을 제1 국시로 삼고, 지금까지 형식적이고 구호에만 그친 반공 태세를 재정비, 강화한다"라고 강조했으며 이 공약의 실천을 위해 중앙정보부를 설치하고 반공법을 제정했다.[23]

2) 이런 냉전 구조하에서 한국교회는 세계기독교교회협의회(WCC)의 용공성을 거론하면서 반공주의를 더욱 내면화한다. 중공의 국제연합 가입을 지지하고 월남 전쟁 개입에 반대하는 제4차 WCC 웁살라 총회(1968)에 대해, 한국교회는 "반공적인 의사를 대내외에 선포하고 세

계 교회에 한국교회의 결의를 재천명할 필요가 있다"라고 강하게 비판했다. 이와 같은 용공 시비는 1970년대의 도시산업선교회와 한국교회의 민주화운동에도 동일하게 적용되었다. 비록 1972년에 7·4남북공동선언이 나왔음에도 불구하고, 정권 안보 이데올로기 차원에서 반공주의는 한국사회에서 지속적으로 이용되었다.[24]

3) 물론 한국교회가 반공주의를 반성하고 자체적으로 회개하는 모습을 전혀 보이지 않았던 것은 아니다. 한국기독교협의회가 발표한 88선언에서 한국교회는 반공주의의 형성과 심화 과정에 직간접적으로 참여했던 과거의 죄를 회개하고 갱신을 약속했다. 그러나 1989년에 한국기독교총연합회가 출범됨으로써 한국교회의 보수적 반공주의가 더욱 강화된 사실에 주목할 필요가 있다. 예를 들면 2003년 1월부터 반공주의로 무장된 개신교 보수주의는 '반북 친미를 표방한 대규모 정치적 집회'를 10차례나 개최함으로써 남한 사회에서 이데올로기적 갈등을 고조시켰다.[25] 2005년 6월에는 뉴라이트 전국연합이 발족되었고, 2006년 6월에는 뉴라이트 전국연합 내 '기독교 뉴라이트'가 결성되었다. 이것에 기대어 한국기독교총연합회를 비롯한 보수적인 개신교 목회자들은 노무현 정권이 추진했던 남북정상회담(2007. 10. 4.)에 반대하는 선언을 발표했다.[26]

4. 반공 이데올로기의 극복과 화해의 신학

그렇다면 기독교 신학은 이런 반공 이데올로기를 어떻게 극복할 수 있을까? 필자는 반공 이데올로기를 극복하는 화해의 신학에 대해 독일의 개신교 목사이자 신학자인 디트리히 본회퍼(Dietrich Bonhoeffer)의 사상을 중심으로 살펴보려고 한다. 그의 화해의 신학에 비추어볼 때, 화해의 삶과 평화의 윤리를 형성하는 한국교회와 한국사회의 새로운 모습은 어떻게 나타날 수 있을까?

4.1. 그리스도의 십자가: 화해된 현실

본회퍼의 신학적 견해에 따르면, 그리스도의 십자가는 화해의 현실을 보여주는 계시적 사건이다. 아담의 범죄 이후로 하나님의 현실과 세상의 현실은 상호 간에 적대적 세력이 되었다. 그러나 그리스도의 십자가 사건 이후로 하나님의 현실과 세상의 현실은 서로 화해되었다. 즉 적대적인 관계 아래에 있었던 하나님과 세상이 예수 그리스도 안에서 화해되었다는 것이다.

> 그리스도 안에서는 하나님의 현실과 세상의 현실에 동시에 참여할 수 있는 기회가 주어진다. 만약 둘 중의 하나가 없다면, 다른 하나에 대한 참여도 이루어지지 않는다. 하나님의 현실은 전적으로 이 세상의 현실 안으로 인도함으로써 자신을 드러낸다. 하지만 세상의 현실은 언제나 하나님의 현실 안에서 이미 감당되었고, 용납되었으며, 화해되었다. 이것은 인간 예수 그리스도 안에서 일어난 하나님의 계시의 비밀이다.[27]

적대적인 관계 안에서 서로 대립했던 하나님과 이 세상은 마침내 예수 그리스도의 십자가를 통해서 화해되었다. 곧 그리스도의 십자가로 인해 하나님과 이 세상의 모든 인간이 이제부터는 화해의 현실 안에서 살게 되었다는 것이다. 이런 교의학적인 진리를 본회퍼는 기독교 윤리학의 영역에 다음과 같이 적용한다.

> 기독교 윤리학은 선의 근원이 되는 현실을 이와 다르게 말한다. 기독교 윤리학은 하나님의 현실을 존재하는 모든 것의 안과 밖에 존재하는 궁극적 현실로 생각한다. 아울러 기독교 윤리학은 현존하는 세상의 현실이 오직 하나님의 현실을 통해서만 현실성을 가진다고 생각한다.…하나님의 현실은 예수 그리스도 안에서 이 세상의 현실로 들어왔다. 하나님의 현실에 대한 질문과 세상의 현실에 대한 질문이 동시에 대답을 찾을 수 있는 장소는 오직 예수 그리스도라는 이름을 통해서만 드러난다. 이 이름 안에 하나님과 세상이 포함되어 있다. 만물이 그 안에서 유지된다(골 1:16).[28]

본회퍼의 견해를 따르면, 사람들이 이전에는 선의 근원을 인간의 현실 또는 세상의 현실 안에서 찾았다. 사람들은 선의 근원이 개인의 양심이나 추상적인 도덕적 관념 또는 윤리적 이념의 사회적 실현 안에 있다고 생각했다. 본회퍼는 이런 주장을 반대하면서 오히려 하나님의 현실 안에서 선의 근원을 찾는다. 그는 하나님의 현실이 궁극적 현실이며, 그 현실은 오직 십자가 안에서 하나님의 현실과 세상의 현실을 화해시킨 그리스도의 현실을 의미한다고 강조했다. 그러므로 본회퍼에게 그리스도의 십자가는 인간이 추구하는 철학적·윤리적 질문이나 사회적·공동체적 질문에 대한 답이 있는 장소가 된다. 본회퍼는 기독교 윤리학이 추구해야 하는 기본적인 질문을 다음과 같이 이해한다.

교의학의 문제가 예수 그리스도 안에 일어난 하나님의 계시의 현실의 진리이듯이, 기독교 윤리의 문제는 그리스도 안에서 하나님의 계시의 현실이 피조물 가운데서 '실현되는 것'(Wiklichwerden)이다. 다른 모든 윤리학에서는 당위와 존재, 이념과 실현, 동기와 결과가 뚜렷한 대답을 드러낸다면, 기독교 윤리학에서는 현실(Wirklichkeit)과 현실화(Wirklichwerden), 과거와 현재, 역사와 사건(신앙)의 연관성이 드러난다.…선에 대한 질문은 예수 그리스도 안에서 계시된 하나님의 현실에 대한 참여의 질문으로 바뀐다. 선은 이제 존재하는 것들, 예컨대 나의 본질, 나의 심정, 나의 행위 혹은 세상의 상태에 대한 평가가 아니다.… 선은 현실적인 것 자체이지, 하나님의 현실로부터 이탈된 추상적 현실이 아니다. 선은 오직 하나님 안에서만 현실성을 갖는 현실이다.[29]

본회퍼의 이런 신학적 관점을 고려할 때, 기독교 윤리의 질문은 예수 그리스도 안에 나타난 하나님의 현실이 세상의 현실 가운데서 실현(Wirklichwerden)되는 것으로 이해할 수 있다. 그리고 그리스도인들은 이제 그리스도 안에서 세상의 현실과 화해한 하나님의 현실에 참여함으로써 선의 실현에 기여할 수 있게 된다. 본회퍼는 위임론(Mandatslehre)을 가지고 "예수 그리스도 안에서 계시된 하나님의 현실에 대한 참여"가 가능하다고 말한다. 그의 위임론은 세상의 현실 가운데서 하나님의 현실을 실현시키는 선한 도구가 된다.[30] 하나님은 인간들에게 위임의 영역들을 주심으로써 그리스도의 현실이 이 땅에 실현되기를 원하신다. 가정(결혼), 노동(문화, 경제), 관헌(정부, 정치), 교회, 우정(공동체)의 영역에서 특별히 그리스도인들은 그리스도 안에 나타난 하나님의 현

실—즉, 화해의 현실—을 실현시켜나가야 한다.[31]

4.2. 그리스도인의 십자가: 화해된 현실의 실현[32]

하나님과 세상은 그리스도의 십자가를 통해 서로 화해되었다. 예수 그리스도의 십자가는 화해된 현실의 자리였다. 본회퍼는 이런 십자가의 신학적 의미가 구체적인 삶의 자리에서 실현되길 원한다. 그는 그리스도인의 삶 가운데서 화해된 현실이 다시 나타나길 바라고 있다. 본회퍼는 그의 『윤리학』에서 독일 교회가 독일 민족과 유럽의 다른 나라들에게 범한 죄에 대해 공개적으로 인정하고 회개할 것을 강조하고 있다. 본회퍼는 이런 방식으로 그의 '화해의 신학'을 구체적인 삶 속에 적용한다. 독일 교회는 나치의 만행을 하나님의 말씀에 근거하여 비판하지 못한 채 오히려 국가적 범죄 행위에 대해 침묵하고 동조했다. 독일 교회의 이런 행동은 하나님의 심판을 모면할 수 없는 중대한 죄였다. 본회퍼의 죄책에 대한 고백을 직접 들어보자.

> 교회는 세상 앞에서 예수 그리스도의 이름을 부끄러워하고, 악한 목적을 위해 이 이름을 오용하는 사람들에게 강력히 저항하지 않음으로써 예수 그리스도의 이름을 오용했음을 고백한다. 교회는 예수 그리스도의 이름 아래 일어난 폭력과 부정을 수수방관했다. 또한 교회는 가장 거룩한 이름이 공공연히 조롱당할 때에도 저항하지 않았고, 그럼으로써 조롱을 조장했다. 교회는 하나님이 자신의 이름을 오용하는 사람들을 반드시 처벌하실 것을 안다.…교회는 야만적이고 자의적인 폭력과 수많은 무고한 사람들의 육체적·정신적 고통과 억압과 증오와 살인을 보면서

도 그들을 위해 목소리를 높이지 않았고, 그들을 도울 길을 찾지 않았으며, 그들을 도우려고 달려가지 않았음을 고백한다. 교회는 가장 약하고 보잘 것 없는 예수 그리스도의 형제들의 생명을 돌보지 않았다.[33]

이런 본회퍼의 화해의 신학은 한국교회에게도 죄책에 대한 고백을 요구한다. 한국교회가 한국사회에서 반공주의를 더욱 강화시키는 일에 직간접적으로 관여해온 것은 부인할 수 없는 역사적 사실이기 때문이다. 앞에서 이미 살펴보았듯 한국기독교협의회는 '민족의 통일과 평화에 대한 한국기독교회선언'(1988. 2.)을 통해 이런 역사적 과오에 대해 회개했다.[34] 그러나 이런 회개의 선언이 있은 다음에 한국사회에서 반공 이데올로기의 부정성이 제거되거나 현저하게 약화되었다고 말하기는 어려운 것 같다. 한국사회의 갈등의 해법은 한국교회가 하나님과 민족 앞에서 진심으로 회개하고 그것에 합당한 열매를 맺는 행동에서 찾을 수 있을 것이다.

또한 본회퍼의 화해의 신학은 한국교회에게 평화의 삶을 지향할 것을 요구한다. 하나님과 세상을 화해시킨 예수 그리스도께서 인간에게 선사한 것은 평화의 삶이다. 평화의 주제는 본회퍼의 생애와 신학에서 중요한 위치를 차지한다. 나치는 폴란드를 침공함으로써(1939. 9. 30.) 제2차 세계대전을 일으켰는데, 본회퍼는 전쟁이 일어나기 전까지 화해의 가치와 평화의 삶을 강조했다. 산상수훈에 나타난 예수 그리스도의 교훈에 기초하고 있는 본회퍼의 평화윤리는 파뇌(Fanø, 덴마크의 도시) 강연에서 가장 잘 드러난다. 그는 이 연설에서, 평화의 가치를 그리스도인들에게 명하신 하나님의 계명으로 이해하고 세계의 평화는 바로 여기에서 비롯된다고 강조한다. 즉 "국제적인 평화의 질서는 오늘날 우리를 위하시는 하나님의 명령"이라는 것이다.[35] 이런 본회퍼의 평화윤리는 그리스도인이 평화를 추구하고 만드는 과정에서 자기 정체성을 발견할 수 있다는 산상수훈의 전통(마 5:9)과 무관하지 않다.

그러나 자칫하면 우리는 이 부분에서 오해를 할 수 있다. 히틀러를 암살하는 음모에 가담한 본회퍼가 평화의 윤리를 강조한 것은 이해하기 어렵고 모순되는 것이 아닌가? 이 질문 앞에서 우리는 한 가지를 정리할 필요가 있다. 본회퍼는 문자적인 의미의 절대평화주의자는 아니었다. 그는 누구보다도 평화의 가치를 소중하게 생각했을 뿐만 아니라 심지어는 인도의 간디에게 가서 비폭력주의와 평화의 삶에 대해 배우기를 원했다. 미국에 체류할 때에도 본회퍼는 프랑스인 친구 장 라세르(Jean Lasserre)와 교류하며 평화윤리의 중요성을 배우기도 했다. 그런데 중요한 것은 이 모든 것이 전쟁이 일어나기 직전까지의 일이었다는 사실이다. 제2차 세계대전이 발발하기 전까지 본회퍼는 모든 수단을 강구하여 전쟁이 일어나지 않도록 노력했다. 그러나 결국 전쟁은 일어났으며, 전쟁의 심각성을 종결시키기 위해서는 문자적 평화주의를 넘어서지 않으면 안 되었던 것이다. 이런 상황을 이해할 때 우리는 현실에 적합한 행동과 하나님 앞에서의 책임적 행동을 요구하는 본회퍼의 책임윤리를 보게 된다. 한반도 및 동북아 지역의 상황이 충분히 안정될 때까지 우리는 화해와 삶과 평화의 윤리를 계속 강조해야 한다. 모든 것을 일거에 폐허로 만들어버리는 전쟁이 발발하지 않기를 소망하면서 우리는 평화의 가치를 강조해야 하는 것이다.

5. 맺음말: 화해의 삶과 평화의 윤리를 실천하는 교회[36]

지금까지 필자는 한국사회의 반공 이데올로기의 문제를 분석하고 그 것을 극복하는 신학적 대안으로서 하나의 가능성을 본회퍼의 화해의 신학 안에서 찾아보았다. 그렇다면 이런 과정이 한국교회의 구체적인 현장과 관련해서는 어떤 함의를 가질 수 있을까? 필자는 한국교회 안에서 반공 이데올로기의 문제를 극복하고 화해의 신학을 실천하는 과정으로서 아래의 내용을 제안하고 싶다.

첫째, 한국교회는 반공 이데올로기의 부정성을 해결하지 못한 채 오히려 그것을 확대시킨 잘못을 회개하고 또 그 회개에 합당한 열매를 지속적으로 맺어야 한다. 지난 시절 분단의 역사 속에서 반공주의의 청산을 위한 노력보다는 그것의 부정적인 재생산에 기여한 역사적 과오로부터 한국교회가 완전히 벗어나기는 어렵다. 물론 이것은 한국사회에서 볼 수 있는 경험적 반공주의에 대한 무조건적인 비난이 아니다. 또한 이것은 한국전쟁을 겪으면서 북한 공산주의의 억압과 폭력을 이미 경험한 사람들의 아픈 기억을 무조건 부정하자는 것도 아니다. 오히려 더 중요한 것은 그와 같은 경험적 반공주의가 초래하는 개인적인 아픔과 사회적 아픔조차도 그리스도의 용서와 화해에 기초한 복음의 정신에 힘입어 치유되어야 한다는 사실이다.

2001년 7-8월에 실시한 설문조사(「월간조선」)에 따르면, 한국기독교협의회의 '한국기독교신학선언'(2000. 11.)에 동의하지 않는다고 대답한 사람은 전체의 79.8퍼센트였다. 그 이유는 이 선언이 한국교회를 "지나친 반공 기독교의 입장에서 북한을 기독교의 적으로 간주하는 등 남북 분단과 갈등의 심화에 한몫했던 주체로 간주했"기 때문이었다.³⁷ 개신교를 대표하는 지도자 58명 중 42명이 위와 같이 대답했는데, 이런 조사 결과는 한국교회가 냉전 이데올로기의 부정성에서 아직도 완전히 벗어나지 못했다는 것을 보여준다. 경험적 반공주의와 더불어 주의해야 할 것은 분단의 세월 속에서 학습을 통해 형성된 반공주의다. 한국교회는 이 문제의 해결을 위해서도 지속적으로 회개하고 그것에 합당한 열매를 맺도록 노력해야 한다. 이런 노력은 한국사회의 반공 이데올로기에 기초한 남남 갈등의 문제를 해결하고 한반도의 평화와 통일을 앞당기는 관용의 문화를 만드는 데 기여할 것이다.

둘째, 한국교회는 한반도와 동북아 지역의 긴장 상황에도 불구하고 지속적으로 평화를 일구어나가는 평화공동체가 되어야 한다. 그 일을 위해 한국교회는 남남 갈등, 남북 갈등, 동북아 4대국의 갈등의 구조를 화해와 평화의 구조로 변화시키는 일에 참여할 필요가 있다. 즉 한국사회의 지속적인 갈등 구조의 종결은 '화해의 삶과 평화의 윤리'를 지향하는 한국교회의 실천적인 노력을 통해 가능할 수 있다. 먼저 성경과 기독교 신학의 전통에서 말하는 화해와 평화의 삶이 각 교회의 현장에서 체계적인 교육을 통해 새로운 형태로 다시 나타나야 한다. 화해의 삶과 평화의 윤리를 지향하는 성경 공부, 세미나, 기도회, 수련회 외에도 갈등의 다양한 현장을 직접 체험하는 학습은 한반도 및 동북아 지역의 평화를 위해 필요한 도움을 줄 것이다.³⁸ 여기에 대한 구체적인 사례를 하나 말하자면, 한국교회는 이제 "오늘의 한반도 상황에서 교사, 학습자들에게 구체적인 도움을 주기 위한 보다 많은 현장 연구"³⁹에 주력해야 한다. 즉 한국교회는 한반도의 평화와 통일을 준비하기 위해

"지금까지는 학습자가 그냥 지나치거나 당연하게 받아들였던 남북의 정치적·경제적 성격을 띤 역사적 현상이나 사건에 대하여 새로운 시각을 발견하게 하고, 남북의 현실의 의미와 중요성을 분석, 비판해보고 그 대안을 구해보려는 성찰적 교육"[40]을 전개해야 한다. 물론 이런 한국교회의 교육이 교회 내부만을 중심으로 나타나서는 안 된다. 한국교회 교육은 평화를 지향하는 평화 공동체의 실제적인 모습을 교회 공간 밖에서도 보여주어야 한다. 평화 공동체를 지향하는 한국교회는 단순히 한국사회 내부의 평화만이 아니라 동북아 지역, 더 나아가서 아시아 전체의 평화를 지향하는 공동체가 되어야 한다. 이런 점에서 평화 운동을 국내외적으로 활발하게 전개했던 독일 교회의 사례는 우리에게 좋은 모범이 된다. 독일 교회는 단순히 동서독 간의 통일만을 원했던 것이 아니라 유럽 지역 전체의 평화체제의 구축을 교회의 사명으로 여기고 있었다. 독일개신교협의회는 화해의 삶과 평화의 윤리에 기초하여 전체 유럽의 통합을 추구했고, 평화 공동체를 일구어가는 교회의 삶이 말과 혀로만 아니라 행함과 진실함으로 나타나기를 추구했던 것이다.[41] 하늘의 평화를 이 세상 속에서 실현시키기 위해 지역성과 국가의 경계를 초월해서 노력했던 독일 교회의 사례로부터, 한국교회가 지향하고 추구해야 하는 평화 공동체의 삶을 예견할 수 있을 것이다.

주

1) 김일영, 『건국과 부국: 현대한국정치사 강의』, 생각의 나무, 2004, 83쪽.
2) 고재길, "한국사회의 통일문제와 기독교", 「한국기독교윤리학논총」 17집, 2012, 89-90쪽.
3) 전재호, "세계화, 정보화 시대 한국 정체성의 변화: 반공의식을 중심으로", 『세계화, 정보화, 남북한: 남북한의 국가-시민사회와 정체성』, 이매진, 2007, 249쪽; 강원택, 『통일 이후의 한국 민

주주의』, 나남, 2011, 25쪽에서 재인용.
4) 이데올로기적 특성에 대한 만하임의 분석에 대해서는 니콜라스 S. 티마세프, 조지 A. 테오도슨, 『사회학사: 사회학이론의 성격과 발전』, 풀빛, 1985, 431-449쪽.
5) 강원택, 같은 책, 25쪽.
6) 강원택, 같은 책, 26-27쪽.
7) 강원택, 같은 책, 25쪽; 고재길, 같은 책, 90-91쪽.
8) 전재호, 같은 책, 249쪽.
9) 박찬표, 『한국의 48년 체제』, 후마니타스, 2010, 69-71쪽; 강원택, 같은 책, 28-29쪽에서 재인용.
10) 강원택, 같은 책, 28-29쪽.
11) 고재길, 같은 책, 91-92쪽.
12) 임혁백, "한국에서의 불통의 정치와 소통 정치의 복원", 『한국사회의 소통위기』, 커뮤니케이션스북스, 2011, 19-20쪽.
13) 조용훈, "한국교회와 반공주의", 「기독교사회윤리」 제12집, 58쪽.
14) 조용훈, 같은 책, 58-59쪽. 윤학영, 김이주 등 4명의 선교사는 '일본의 밀정'이라는 죄목으로 죽임을 당했고 형제 사역자였던 김영진 목사와 김영국 장로는 살해되었다.
15) 강인철, "한국 개신교 반공주의의 형성과 재생산", 「역사비평」 제70집, 45쪽.
16) 강인철, 같은 책.
17) 김광수, 『한국기독교회재건사』, 기독교문사, 1981, 189쪽; 강인철, 같은 책, 45쪽에서 재인용.
18) 강인철, 같은 책, 45쪽. "남한에서는 신탁통치반대운동(반탁운동)을 통해 이런 논리가 빠르게 확산되었는데, 좌파와 우파 세력의 폭력적 충돌로 이어진 1946년 3·1절 행사에서 우파 측 행사를 개신교인들이 주도함으로써 개신교는 대표적인 반공 세력 중 하나로 남한 사회 전반에 각인되었다. 또 남한의 단독 정부 수립을 대공투쟁의 1단계 '승리'로 해석하고 정당화함으로써 남한 개신교인들은 한반도 차원의 분단 체제에도 적응해갔다."
19) 노치준, "한국전쟁이 한국교회의 성격 결정에 미친 영향", 「기독교사상」 통권 438호, 1995. 6., 13-14쪽.
20) 노치준, 같은 책, 14쪽.
21) 노치준, 같은 책.
22) 허호익, 『통일을 위한 기독교신학의 모색』, 동연, 2010, 23-24쪽.
23) 정수복, "한국전쟁이 남북한 사회에 미친 이데올로기적 영향", 「통일문제연구」 제2권 2호 (1990. 6.), 118쪽; 허호익, 같은 책, 23쪽에서 재인용.
24) 허호익, 같은 책, 24-25쪽.
25) 강인철, 『한국개신교와 반공주의』, 중심, 2006, 89쪽.
26) 허호익, 같은 책, 28쪽. 여기에 대한 사례로는 대구 유니버시아드 대회 때의 인공기 방화 사건 또는 3·1절 시청 앞 집회, 6·25국민대회에서 나타난 공격적 반공주의를 들 수 있다. 조용훈,

같은 책, 68쪽.
27) 조용훈, 같은 책, 40쪽.
28) Dietrich Bonhoeffer, *Ethik*, hg. v. E. Bethge/ I. Todt/ C. Green, DBW 6 (Gütersloh: Chr. Kaiser Verlag, 1992), 39.
29) Dietrich Bonhoeffer, 같은 책, 34쪽.
30) Gremmels, Christian/Johannsen, Friedrich/Mokrosch, Reinhold, *Dietrich Bonhoeffers Ethik, Ein Arbeitsbuch für Schule, Gemeinde und Studium* (Gütersloh: Chr. Kaiser/Gütersloher Verlahaus, 2003), 139.
31) 본회퍼는 각 위임이 하나님의 뜻을 제대로 반영하지 못할 경우 다른 위임으로부터 견제를 받을 필요가 있다고 강조한다. 이는 위임을 수행하는 자의 독선과 오류를 교정함으로써 '하나님의 위임'의 본래 기능을 회복하게 하는 견제의 기능이라고 할 수 있는데 본회퍼의 정치적 저항은 이런 맥락에서 이해될 수 있다.
32) 본회퍼, 『한국교회에 말하다』, 케노시스, 2012, 200-205쪽.
33) 본회퍼, 『기독교윤리학』, 대한기독교서회, 2010, 154-156쪽.
34) "특히 남한의 그리스도인들은 반공 이데올로기를 종교적 신념처럼 우상화하여 북한 공산 정권을 적개시한 나머지, 북한 동포들과 우리와 이념을 달리하는 동포들을 저주하기까지 하는 죄 (요 13:14-15; 4:20-21)를 범했음을 고백한다. 이것은 계명을 어긴 죄며, 분단에 의하여 고통 받았고 또 아직도 고통 받고 있는 이웃에 대하여 무관심한 죄며, 그들의 아픔을 그리스도의 사랑으로 치유하지 못한 죄(요 13:17)다"(허호익, 같은 책, 26쪽). "민족의 통일과 평화에 대한 한국기독교회선언(88선언)"의 전문은 같은 책, 404-418쪽.
35) Dietrich Bonhoeffer, *Ökumene, Universität, Pfarramt 1931-1932*, hrsg. v. E. Amelung u. C. Strohm, DBW 11 (Gütersloh: Gütersloher 1994), 338.
36) 고재길, 『본회퍼, 한국교회에 말하다』, 205-209쪽.
37) 허호익, 같은 책, 27쪽.
38) 고재길, "독일의 내적 통일과 교회의 역할", 『사회주의체제 전환과 기독교』, 한울아카데미, 2012, 111-112쪽.
39) 김성은, "6·15선언 2주년의 의의와 남북화해협력과 교회의 역할: 평화교육을 위한 기독교교육의 역할", 「신학사상」117호, 2002/여름, 104쪽.
40) 김성은, 같은 책. 학습자의 경험 중심의 교육, 현장 중심의 교육에 대한 한 예는 다음과 같다. 북한 사람들이 생각하는 평화의 개념을 이해하려고 할 때 우리는 다음 자료들을 선용할 수 있다. (1) 북한 사람 만나기: 북한, 금강산 등 북한 찾아가서 직접 경험하기. 연변, 북경 등에 북한이 직접 경영하는 식당에서 식사하기. (2) 북한에 갔다 온 사람(북한에 장단기로 주재원으로 있었거나 취업하여 북한 사람들과 공동 작업을 한 사람) 만나기. (3) 북한 공동회의 참석자, 학술, 종교, 경제 지원 등 각종 모임 참석자 만나기. (4) 북한 도서관 이용. 우리는 평화 현장 교육을

위한 안내로서 다음과 같은 제안을 선용할 수 있다. (1) 판문점 (2) 오두산 통일전망대 (3) 도라산 전망대: 북한의 생활을 볼 수 있는 최북단 기차역 전망대 (4) 북한 자료 센터: 문헌자료실, 정기간행물실, 시청각실, 북한 TV 시청실, 북한 영화 상영, 북한 실상 설명회 (5) 하나원: 경기도 안성의 북한 이탈 주민 정착 지원 사무소, 적응 상담 (6) 철원군 전적지: 6·25 전적지. 김성은, 같은 책, 112-114쪽. 이 두 가지 현장 교육 외에도 평화 교육을 위한 또 하나의 중요한 요소는 "평화 교육의 역사적 자료"다. 남북한의 분단 극복과 평화의 형성을 위한 필수적인 역사적 자료에 대해서는 김성은, 같은 책, 114ff.쪽을 참조하라.

41) 헤르만 쉐퍼, "독일의 경험: 화해 없는 통일?", 『통합적인 통일과 그리스도인의 과제』, 장로회신학대학교출판부, 1999, 49-50쪽.

참고문헌

- 단행본

Bonhoeffer, Dietrich, *Ethik*, hg. v. E. Bethge/I. Todt/C. Green, DBW 6, Güersloh: Chr. Kaiser Verlag, 1992.

──── , *Öumene, Universität, Pfarramt 1931-1932*, hrsg. v. E. Amelung u. C. Strohm, DBW 11, Güersloh: Güersloher 1994.

Gremmels, Christian/Johannsen, Friedrich/Mokrosch, Reinhold, *Dietrich Bonhoeffers Ethik, Ein Arbeitsbuch für Schule, Gemeinde und Studium*, Güersloh: Chr. Kaiser/Güersloher Verlahaus, 2003.

강인철, 『한국개신교와 반공주의』, 중심, 2006.
강원택, 『통일 이후의 한국 민주주의』, 나남, 2011.
고재길, 『본회퍼, 한국교회에 말하다』, 케노시스, 2012.
고재길 외, 『사회주의체제 전환과 기독교』, 한울아카데미, 2012.
김광수, 『한국기독교회재건사』, 기독교문사, 1981.
김일영, 『건국과 부국: 현대한국정치사 강의』, 생각의 나무, 2004.
박찬표, 『한국의 48년 체제』, 후마니타스, 2010.
전재호 외, 『세계화, 정보화, 남북한: 남북한의 국가-시민사회와 정체성』, 이매진, 2007.
임혁백 외, 『한국사회의 소통위기』, 커뮤니케이션스북스, 2011.
허호익, 『통일을 위한 기독교신학의 모색』, 동연, 2010.
본회퍼, 『기독교윤리학』, 대한기독교서회, 2010.
쉐퍼, 헤르만 외, 『통합적인 통일과 그리스도인의 과제』, 장로회신학대학교출판부, 1999.
티마세프, 니콜라스 S.·테오도슨, 조지 A., 『사회학사: 사회학이론의 성격과 발전』, 풀빛, 1985.

- 학술지

강인철, "한국 개신교 반공주의의 형성과 재생산", 「역사비평」 제70집, 45쪽.
고재길, "한국사회의 통일문제와 기독교", 「한국기독교윤리학논총」 17집, 89-90쪽, 2012.
김성은, "6·15선언 2주년의 의의와 남북화해협력과 교회의 역할: 평화교육을 위한 기독교교육의 역할", 「신학사상」 117호, 104쪽, 2002/여름.
노치준, "한국전쟁이 한국교회의 성격 결정에 미친 영향", 「기독교사상」 통권 438호, 6, 13-14쪽, 1995.
정수복, "한국전쟁이 남북한 사회에 미친 이데올로기적 영향", 「통일문제연구」 제2권 2호, 118쪽, 1996.
조용훈, "한국교회와 반공주의", 「기독교사회윤리」 제12집, 58쪽.

전우택

연세대학교 의과대학 정신건강의학과, 의학교육학과 교수
연세대학교 의학박사
중요한 저서로 『사람의 통일을 위하여』 『사람의 통일, 땅의 통일』 『통일실험, 그 7년』이 있다.

6장 북한을 이해하는 여섯 가지 키워드와 기독교적 성찰

전우택

1. 들어가며: 두 얼굴의 북한 바라보기

북한은 우리를 매우 혼란스럽게 만드는 나라다. 독도 문제에 있어서는 우리와 일치된 마음으로 일본에 대응할 수 있는 세계에서 유일한 나라다. 반대로 연평도에 대포를 쏘고 핵실험을 하는 등 한민족의 생존에 가장 큰 위협이 되는 존재이기도 하다. 극심한 식량난으로 굶어죽는 어린이들을 위해 국제사회에 지원을 요청하는 나라이자, 동시에 새로운 젊은 지도자가 유원지 시설을 만드는 데 심혈을 기울이는 것처럼 보이는 나라다. 정치범 수용소와 공개 처형이라는 세계 최악의 인권 상황을 가진 나라이자, 지도자의 죽음 앞에서 많은 인민들이 자기 부모가 죽은 것같이 대성통곡을 하는 나라다. 여타 공산주의 국가에서조차 보기 힘든 3대 세습이 버젓이 벌어지고 온 나라가 김일성, 김정일 부자 사진과 동상으로 가득 차 있는 전근대적 국가이면서, 동시에 전 세계에 디도스 공격을 감행할 만큼 IT 분야나 미사일 개발 수준이 국제적 수준에 이른

현대적 국가이기도 하다.

우리는 이런 두 얼굴의 북한을 어떻게 이해해야 하고 어떻게 그들에게 접근해야 하는가? 더욱이 이 땅의 기독교인으로서 어떻게 북한을 이해해야 하는 것일까? 이 짧은 글에서 이 거대한 주제를 다 다룰 수는 없다. 여기서는 다만 사회심리적 측면에서 북한을 이해하는 여섯 가지 키워드를 중심으로 북한을 바라본 후에, 그에 대한 기독 신앙적 해석과 접근 방법을 제안하고자 한다.

2. 북한을 이해하는 여섯 가지 키워드

복합적이고 다층적인 북한을 이해한다는 것은 그리 간단한 일이 아니다. 매우 특수한 국가로서의 북한(적 현상)을 이해할 수 있는 방법 중 하나는 북한 사회와 사람의 의식을 관통하는 키워드들을 가지고 생각해보는 것이다. 이 각각의 키워드는 그 자체로서도 의미를 가지지만, 각 키워드가 서로 연결되어 상호 작용을 일으키면서 북한적 현상을 만들어가기 때문에 이런 방법은 더욱 큰 의미를 가진다고 할 수 있다.

북한적 현상을 이해하기 위해 필자가 제안하는 여섯 가지 키워드는 다음과 같다. ① 권력욕과 그에 따른 우상화, ② 생존욕과 그에 따른 굴종, ③ 주체사상과 그에 따른 명분, ④ 인간적 도리와 그에 따른 혼동, ⑤ 통제와 그에 따른 처벌, ⑥ 계급과 그에 따른 차별.

지금부터 차례대로 이것들을 생각해보자.

2.1. 권력욕과 그에 따른 우상화

북한적 현상을 이해하는 데 가장 중요한 것은 북한 지도자들이 신봉하고 있는 공산주의 사상 또는 주체사상이 아니다. 오히려 가장 중요한 것은 북한 지도자들의 권력욕이다. 그들은 공산주의 국가를 건설하기 위해 권력을 필요로 하는 사람들이 아니라, 이미 손에 쥔 권력을 유지하기 위해 공산주의사상을 이용하는 사람들이다.

따라서 북한에서 일어나는 사건들은 기본적으로 지도자들의 절대적인 권력욕에 바탕을 두고 있다. 그들의 행동을 예측할 때 가장 먼저 고려해야 할 것 역시 그들의 권력욕이다. 예컨대 고난의 행군 시기 동안 200만의 북한 인민들이 굶어 죽어갈 때도 북한 지도층은 인민에게 식량을 공급하기 위해 노력하기보다 권력의 유지가 급선무라는 사실을 보여주었다. 이와 같이 북한 지도자들은 그들의 권력을 유지하기 위해 총구(무력)를 비롯해서 모든 도구를 이용한다. 그 도구 중 하나가 권력을 독재화하기에 가장 편리한 이데올로기인 공산주의사상이다.

이런 권력욕에 맞추어 진일보한 사상을 개발해낸 것이 지도자를 절대화시키는 도구인 주체사상이다. 주체사상을 통해 북한의 지도자는 신과 같은 존재가 되었다. 즉 지도자를 우상화한 것이다. 우상화는 지도자가 가진 권력욕의 극단적 모습이다. 그리고 그 우상화된 지도자에게 흠모의 정을 바치면서 끝없는 충성을 서약하도록 교육하고 선전하고 강제하는 것이 북한적 현상의 큰 특징이다.

2.2. 생존욕과 그에 따른 굴종

지도층에게 권력욕이 있다면 일반 인민들에게는 생존욕이 있다. 인간에게는 누구나 근본적으로 생존욕이 있지만, 북한에서는 이 욕구가 필사적으로 노력해야만 겨우 최소한으로 충족될 수 있도록 되어 있다. 국가의 배급 체계가 붕괴되고 나서 만들어진 장마당 같은 것이 대표적인 예다. 지금도 북한 당국의 입장은 인민들이 굶어 죽는 것을 피하기 위해 최소한도로 장마당을 묵인하는 정도다. 즉 장마당을 양성화해서 장사하는 사람들을 법으로 보호해주는 것이 아니다. 이런 상황에서 장마당은 장사하는 사람들을 다양한 방식으로 갈취하는 온갖 권력을 가진 자들의 먹잇감이 되고 있다. 따라서 이런 구조 안에서 장사를 한다는 것은 현 상황과 체제에서 살아남으려는 일반 인민의 생존을 위한 처절한 몸부림이자 다양한 형태의 굴종이다.

결국 북한적 현상의 상당히 많은 부분은 잔인한 권력욕과 처절한 생존욕 사이의 상호작용으로 나타난다. 지배하는 자는 권력을 유지하기 위하여 인민의 생존을 더욱 위협하고, 지배받는 자는 생존하기 위하여 자신이 할 수 있는 최대치의 굴종을 한다.

북한의 지도자들은 인민의 이런 생존욕을 충분히 인지하고 있으며, 또 그것을 적절히 이용하고 있다. 예를 들어 북한 인민의 가난과 식량난은 북한 지도자들의 가장 손쉬운 통치 도구다. 생존의 위협이 되는 가난이야말로 전체 인민을 더 굴종적으로 만든다는 것을 그들은 잘 알고 있다. 그리고 북한 인민은 굴종을 해야 그나마 생존이라도 할 수 있다는 것을 경험적으로 터득한 가운데 살아가고 있다.

북한에는 지위 고하나 계급의 높낮이 여부와 상관없이 생존을 위해 통치 체제에 충성해야 하는 절박함이 있다. 이를 위해 지배 계층의 사람들은 최고 지도자의 눈에 벗어나지 않기 위해 충성 경쟁을 벌여야 한다. 중간 계층은 혹시라도 당과 국가에 대한 충성심이 부족하다고 판명받아 하위 계층으로 추락할 것을 두려워하여 생존에 매달린다. 하위 계층은 극심한 가난과 폭력의 위협 앞에서 단지 살아남기 위해 몸부림을 치고 있는 현실이다.[1]

2.3. 주체사상과 그에 따른 명분

북한의 주체사상은 일반적인 마르크스주의가 가지고 있는 역사적 유물론 원칙과 달리, 형이상학적 차원에서 인간의 의지와 실천이 역사의 진보에서 의미 있는 유일한 특질이라고 주장한다. 주체사상은 역사적 과정에서 사전에 결정되어 있는 것은 아무것도 없으며, 인간의 개별적이고 집단적인 의지를 올바르게 집결시켜 지도하면 특별한 역사적 진보를 성취할 수 있다고 상정한다. 즉 정치화된 인간 중심적 혁명 정신을 강조하는 것이다.[2]

주체사상의 이런 사상적 특성은 물질적 풍요를 최종 목적으로 하는 것이 아니기 때문에, 오히려 물질적 빈곤을 참고 인내하도록 하는 일종의 근거를 제공한다. 곧 주체사상이야말로 북한의 경제적 상황이 나빠지는데도 불구하고 국가가 붕괴되지 않고 있는 주된 이유다. 구(舊)동독이나 소련의 경우, 경제적 상황이 나빠지면서 국가가 붕괴되었다. 이들 국가의 공산주의 이념이 사회경제적 이론에 토대를 두었기 때문이다. 그러나 북한은 국가의 존립 토대를 사회경제적 조건이 아니라 형이상학적 사상과 정신에 두었기 때문에, 경제가 어려울수록 더 정신을 앞세워 체제를 유지하고 보존하려는 힘도 커지는 특징을 갖고 있다.[3]

또한 주체사상은 공산주의가 일반적으로 가지는 '당의 지도원리'가 아닌 '지도자 지도원리'를 채택한다. 즉 권력을 당이 아니라 한 개인인 수령에게 집중시키는 원리를 강조하는 것이다. 이를 위해 최고 지도자가 과거 어떤 정치 지도자가 가졌던 권력과 권위보다도 더 큰 권력을 보유할 수 있도록 모든 것이 고안되었다. 그 극단적인 모습이 바로 우상화다. 이 우상화는 민족의 이름조차 '조선 민족'에서 '김일성 민족'으로 바꿀 정도에 이르고 있다.

이런 과정에서 북한은 전통적인 유물론적 공산주의사상과 형이상학적 정신주의, 그리고 지도자에 대한 우상화가 겹치도록 그들의 의식 구조를 만들어놓았다. 이것이 그들에게 강력한 명분을 제공하는 기전으로 작동한다. 돈의 노예가 되는 자본주의보다 그들의 공산주의 이데올로기가 더 우위에 있다는 명분, 유물론적 논리가 아닌 인간의 주체성을 강조하는 정신 우월주의가 있기 때문에 설사 자신들이 물질적으로는 남한보다 못 산다 할지라도 정신적으로 더 우월한 존재라는 명분, 이런 생각이 형이상학적 개념으로만 존재하는 것이 아니라 수령이라는 한 인간으로 '체화(體化)되고 인격화' 됨으로써 자신들은 그를 중심으로 단결할 수 있기 때문에 세계 최고의 국가이고 무적(無敵)의 국가라는 식의 명분이 있게 된다.

2.4. 인간적 도리와 그에 따른 혼동

하지만 북한 권력은 인민을 대상으로 선전 선동을 하고 교육을 할 때 주체사상을 중심으로 하지 않는다. 오히려 전통적이고 근본적인 인간의 도덕성, 즉 '인간적 도리'를 앞세우고 강조한다. 구체적으로 의리, 겸손, 정직, 타인에 대한 배려와 이해, 성실 등을 더욱 강조하는 것이다.

이것은 전통적 의미에서의 충과 효로 표현되며, 그 궁극적 대상은 당연히 수령이다.

실제로 북한의 영화나 드라마, 소설, 유행가 등을 보면, 공산주의사상과 더불어 늘 인간적 도리를 강조하는 것을 볼 수 있다. 숭고한 목표를 위해 개인의 이기심을 모두 버리고 목숨까지 기꺼이 희생하는 것이 감동적으로 그려진다. 그리고 그 과정에서 타인을 이해하고 감싸주는 것이 강조된다. 그렇기에 북한의 예술은 늘 '종교적' 특성을 가진다.

북한에서는 주체사상을 사상적으로 생각하고 평가하는 것이 허락되지 않는다. 오히려 "주체사상은 인간의 가장 근본적인 도리"라고 가르침으로써 감히 주체사상을 사상적으로 판단하지 못하도록 만들어놓았다. 이에 따라 사람들은 주체사상과 더불어 지도자를 따르는 것이 정치적 행위가 아니라 인간의 근본적 도리의 행동이라고 혼동하고 있다.

따라서 경제적으로 아무리 어렵다 할지라도 본질적으로 옳은 사회주의를 포기하는 것은, 아버지가 가난하고 무능하다고 그 아버지를 버리는 패륜 자식이나 할 일이지 인간으로서는 결코 할 수 없는 일이라는 논리가 작동된다. 그러므로 경제 문제를 정치 문제보다 우선해서 이야기하는 것이 북한에서는 이기적이고 비도덕적인 일로 비난받게 된다.

또한 이런 인간의 도리와 연결해서 강조되는 것이 민족주의다. 자기 민족을 사랑하고 아끼는 것이 인간의 근본적 도리인데, 김일성은 바로 그 민족을 위해 가장 큰 고난을 받고 승리한 사람이니, 자연히 민족을 사랑한다면 김일성을 따르는 것이 인간적인 도리라는 논리가 성립되는 것이다. 그리고 이것은 경제적 이익을 위해 주체사상을 포기하는 것은 단순히 새로운 정치사상을 받아들이는 것이 아니라 민족의 자존을 포기하고 외세에 빌붙어 먹고 살자는 것으로서, 민족에 대한 배신이며 따라서 인간적 도리에서 가장 크게 벗어나는 것이자, 나아가 김일성을 배신하는 것이라는 논리로까지 연결된다.

이런 식으로 북한은 주체사상이라는 이데올로기와 인간의 근본적인 도덕성, 그리고 김일성을 포함한 최고 지도자에 대한 충성을 하나로 연계시켜놓았다. 즉 공산 이데올로기를 따르는 것은 곧 김일성에 대해 절대적으로 충성하는 것이며 그것이 인간이 할 수 있는 최고의 도덕적 행위이고 민족을 가장 사랑하는 것이라고 만들어놓은 것이다. 이런 논리가 북한 사람들에게 많은 혼동을 주고 있다.

2.5. 통제와 그에 따른 처벌

북한적 현상의 핵심적 특징은 북한이 전체주의적 통제 사회이며, 이런 통제는 거대한 감시 및 처벌 체계에 의해 움직인다는 사실이다. 북한에서는 모든 사람의 모든 사람에 대한 병적인 감시 현상과 잔인한 처벌이 나타나고 있다.

오랜 기간에 걸쳐 인민들 간의 상호 감시가 체계적으로 이루어지다 보니, 북한 주민들은 약간만 일탈 행위를 해도 즉각적으로 고발 조치되고 있으며, 이를 위해 인민반 등의 최소 단위부터 그 이상의 조직에 이르기까지 끊임없는 감시 체제와 신고 시스템이 운영되고 있다.

이런 식의 철저한 감시와 무시무시한 처벌에 대한 두려움으로 인해 북한 사람들은 사회와 국가에 대해 소극적 반항을 하는 것조차 매우 두려워한다. 그래서 함께 있는 자리에서는 정치적 이야기를 아예 꺼내지 못한다. 그리고 그 안에는 타인을 신뢰하지 못하는 심리가 존재한다. 자연히 사회생활을 하면서도 속마음을 털어놓을 수 있는 진정성 있는 인간관계를 가지기가 어렵다. 그리고 그렇게 사는 것이 일종의 생존을 위한 처세술이 되었다.

그러나 이런 철저한 감시와 신고가 이들에게 국가에 대한 충성심이 넘쳐나기 때문에 나타나는 현상은 아니다. 북한 사람과 같이 자기의 체제에 대해 좌절한 사람들에게는, 혹시라도 다른 사회 구성원이 이 체제를 빠져나갈까 봐 서로를 의심하며 감시함으로써 전체 사회의 단결을 강화하는 비정상적 현상이 나타난다. 이는 집단생활을 하는 사교(邪敎) 집단 안에서도 나타나는 현상이다.

하지만 사람들은 스스로 감시당한다고 느끼면서 두려워하고, 자신이 의심받을 만한 요소들을 없애며, 고발에 대한 작은 보상이나 충성심을 증명해보이는 것을 목표로 오히려 무고한 사람을 고발하여 희생시킨다. 그럼으로써 사회 전체가 극도로 긴장한 가운데 끊임없이 서로가 서로를 옭아매는 결과를 초래한다.

한편 북한의 핵심 권력층이 보이는 결속 역시, 국가와 지도자에 대한 무한한 존경심과 애정에서 비롯된 충성심을 바탕으로 서로가 동지적 연대 관계로 엮여 있는 것이 아니다. 그들은 '사상', '체제' 그 자체에 대한 충성심을 가지고 있을 수는 있으나, 동료 사회 구성원들에게 그런 믿음이나 긍정적 신뢰를 가지고 있는 것은 아니다. 오히려 실상은 서로가 서로를 불신하는 가운데 끝없이 경계하며 감시하고 있다.

북한의 구성원들은 서로를 의심하고 두려워하는 동시에 강력하게 뭉쳐 다른 사람의 이탈을 방지하고, 누군가의 의지가 약해지면 상호 간에 버팀목이 되어 주는 병적인 상호 결속 현상을 나타내고 있다.[4]

2.6. 계층과 그에 따른 차별

본래 공산주의는 능력만큼 일하고 필요한 만큼 가져갈 수 있는 완전 평등이 이루어진 사회를 목표로 한다. 그러나 북한은 인류 역사상 어느 체제보다도 더 엄격하고 세분화된 계급사회를 이루고 있다. 태어난 출신 성분에 의해 이미 인생의 대부분이 결정된다. 아무리 능력이 우수해도 군 입대나 대학 입학이 불가능한 사람도 있고, 아무리 능력이 없어도 고위 간부가 되는 것이 태어날 때부터 보장된 사람도 있다.

북한 체제는 철저히 계급에 따라 사회 자원의 배분을 차별화한다. 상위 계층의 사람들은 평양에 거주하는 것부터 시작하여 모든 사회 자원을 거의 완벽하게 독점한다. 작은 권력이라도 행사할 수 있는 지위를 가지면 일반 인민의 사회적 자원을 갈취하는 것을 당연하게 여긴다.

이런 계급에 기초한 차별이 더 큰 힘을 가지는 또 다른 이유는 이것이 철저히 세습되는 시스템을 가졌다는 것이다. 최고 지도자의 자리가 세습되는 사회이니, 나머지 자리가 세습되는 것은 큰 문제도 되지 않는다. 따라서 개인은 자신의 삶의 여건을 더 낫게 만들기 위한 시도도 할 수 없거니와, 자기 자식과 그 자식의 자식들의 삶에까지 영향을 미칠 수 있는 반체제적인 행동은 엄두도 못 낼 정도로 철저히 굴종한다.

그리고 이를 강화하기 위해 북한은 엄격한 연좌제를 사용한다. 한 사람의 잘못은 그 사람에 대한 처벌로 끝나지 않고 주변의 모든 가족 전체를 똑같이 처벌하는 것이다. 따라서 결코 개인은 임의로 생각하고 행동하지 못한다. 여기에 더하여 인간의 도리, 곧 가족으로서의 도리를 강조함으로써 가족에게 피해를 줄 수 있는 체제에 대한 도전은 결코 하지 못하도록 만든다.

3. 북한을 이해하는 여섯 가지 키워드에 대한 기독교적 성찰

가난과 불평등을 포함해 인간 고통의 문제를 심각하게 인식하고 그 해결을 모색하려고 했다는 점에서, 공산주의를 신봉하는 북한과 기독교 간에는 일정 부분 공통점을 가지고 있다고도 할 수 있다. 그러나 북한의 지도자들에 의해 만들어지는 북한적 현상들은 기독교 신앙과 여러 가지 면에서 충돌한다. 여기서는 기독교적 관점에서 북한을 이해하는 여섯 가지 키워드를 생각해보고자 한다.

3.1. 권력욕과 그에 따른 우상화

성경의 십계명 중 제1계명은 다음과 같다. "너는 나 외에 다른 신들을 네게 두지 말라"(출 20:3). 신(gods)이란 '힘과 의미를 가진 절대적 존재'를 의미한다고 할 때, 십계명의 첫 계명은 인간이 자기 밖에 있는 사물이나 자기 자신을 '힘과 의미를 가진 절대적 존재'로 받는 것을 금지한다. 이런 우상화는 고대로부터 인류의 삶에 늘상 일어났던 일이다. 이런 점에서 북한의 지도자들이 자신을 우상화한 것은 인류 역사상 그다지 새롭지 않다.

　타락한 인간이 권력에 대해 가지는 욕망은 인간 스스로 통제하기가 근본적으로 어렵다. 오직 하나님 앞에서만 이 욕망은 조정될 수 있다. 여기에 대해 로이드 빌링스리(Lloyd Billingsley)는 이렇게 말한 바 있다.

　사회주의 독재정치는 국가종교(state religion)라 할 수 있다. 결국 전체주의란 권력과 통제에 관한 모든 것이다. 과학과는 거리가 먼 마르크스주의는 무한한 권력을 요구하기 위한 이론적 근거이다. 레닌이 말한 것처럼 누가 누구에게 명령을 하는가? 또는 누가 총을 혹은 권력을 가졌는가? 하는 문제가 중요하다. 이런 권력을 소유한 새로운 유물론자는 스스로 무엇이든 할 수 있다고 믿는다.[5]

북한의 지도자들은 늘 자기 힘에 도취되고 또 그것을 정당화해왔다. 이런 권력의 우상적 성격에 대해 C. S. 루이스는 다음과 같이 비판한다.

나는 한 개인이나 집단이 다른 사람들을 지배할 수 있는 권력을 위임받을 수 있을 만큼 선하다고 믿지 않는다. 따라서 나는 민주주의자라고 할 수 있다. 그리고 그런 권력에의 욕망이 클수록 이것은 지배자와 피지배자 모두에게 더욱 위험하다고 생각한다. 그러므로 신권정치는 모든 정부의 형태 중에 최악의 것이다.[6]

이처럼 기독교 신앙은 모든 형태의 우상숭배를 거부한다.

3.2. 생존욕과 그에 따른 굴종

왜 북한 당국은 기독교를 극단적으로 핍박하는가? 탈북해서 중국에서 돈을 번 후 다시 북한으로 되돌아가는 사람들을 조사할 때 왜 북한 당국은 기독교와 연계되었던 사람을 더욱 철저히 수사하고 또 그에게는 훨씬 더 가혹한 처벌을 하는가? 여러 이유가 있겠으나 근본적으로 북한 당국이 다른 북한 인민들을 다루는 방식으로는 기독교인을 다룰 수 없기 때문이다.

　기독교인은 이 땅에 살고 있지만 본질적으로 '다른 생존욕'을 가진 사람이다. 즉 이 땅에서 단순히 생존하려는 욕망에 매여 북한 체제에 굴종하는 것보다, 하나님의 뜻에 헌신하며 살다가 '하나님 나라'에 들어가기를 원하는 전혀 '다른 생존욕'을 가진 존재다. 따라서 자기 권력을 위해 인민들을 위협하고 처벌하고 죽임으로써 공포를 만들어가는 통치 도구는 기독교인에게는 별 효과가 없다.

　어쩌면 한반도 북쪽이나 남쪽에 있는 기독교인들은 스스로를 이렇게까지 인식하지 못하고 있는지도 모른다. 그러나 자신들만의 이데올로기와 자신들만의 세상을 만들어 통치하고 있는 북한 지도자들은 오히려 이런 사실을 민감하게 꿰뚫어 보고 있다.

3.3. 주체사상과 그에 따른 명분

성경은 하나님이 자신의 형상대로 인간을 창조하셨으나 인간은 그분께 순종하지 않고 스스로 하나님처럼 되기 위해 선악과를 따먹었다가 타락했다고 말한다. 또한 성경은 인간에게 나타나는 모든 문제, 즉 가난, 고난, 질병, 죽음 등의 문제가 인간이 하나님과 관계가 단절된 것으로부터 유래한다고 지적한다. 그리고 그 궁극적 해결은 인간이 다시 하나님께로 돌이켜 그분과 관계를 회복함으로써만 가능하다고 가르친다.

　그러나 하나님을 인정하지 않는 인간들은 가난과 불평등을 포함한 모든 문제를 스스로의 방식으로 해석하고, 그 해결 역시 인간의 '계몽된 의식과 의지적 실천'으로 할 수 있다는 확신을 가진다. 그 극단적인 예가 공산주의와 주체사상이다.

바울은 이런 '인간적 방법'에 의한 구원의 시도들을 향해 "하나님의 의를 모르고 자기 의를 세우려고 힘써 하나님의 의를 복종치 아니하였느니라"(롬 10:3)라고 설명한 바 있다. '자기 의'를 이루려는 인간의 시도는 '자기' 자신이 이미 악에 의해 타락한 존재이므로, 인간의 어떤 노력도 결국은 더 큰 악을 만들어내어 더 많은 고통과 고난을 만들어낼 수밖에 없다. 바로 이것이 역사가 증명하는 바다.

실제로 구(舊)소련이나 북한 공산주의 체제에서는 역사상 어느 때보다도 더 심한 만행, 반계몽주의, 분별없는 분쟁, 과거 유산의 파괴, 맹목적 숭배, 거짓과 기만적 만행, 학살과 방황 등이 인류 전체의 공익이라는 명분을 앞세워 자행되어왔다. 왜 이런 일들이 일어났을까? 여기에 대해 러시아 작가 알렉산드로 솔제니친은 이렇게 말했다. "이런 모든 일이 일어났던 것은 인간이 신을 망각했기 때문이다."

이 과정에서 가장 두드러지게 보이는 것은 목적이 모든 수단을 정당화하는 현상이다. 하웃즈바르트(1987)는 이를 이데올로기의 종교화(우상화) 현상이라고 지적한 바 있다. 그는 우상화된 이데올로기의 특징을 다음과 같이 다섯 가지로 이야기했다.[7]

① 세워놓은 목표가 비상한 중요성을 가진다. 목표가 사람을 감동시킨다.
② 수단이 전혀 제약 없이 활동한다.
③ 목적이 참된 가치 기준과 규범을 왜곡시킨다. 특히 하나님의 진리를 따라 살고 정의를 행하며 이웃을 자기 몸같이 사랑하라는 그리스도의 명령은 이런 왜곡의 주요 대상이다.

④ 목적은 지속적으로 발전하는 수단들이 제시하는 새로운 법에 모두가 적응할 것을 계속 요구한다. 환경이나 사람의 희생도 만인의 행복이라는 대의명분을 위해 불행하지만 필요한 것이라고 정당화한다.

⑤ 목적은 자체의 거짓 원수들을 창조해낸다. 목표에 장애가 되는 존재는 누구를 막론하고 반역자로 규정된다.

예수님은 형제들의 재산을 강압적으로 분배하는 일에 관여하지 않으셨다(눅 12:13). 오히려 "하나님과 재물을 겸하여 섬기지 못하느니라"(마 6:24)라는 가르침 아래, 자신을 따르고자 하는 부자 청년에게 가난한 자들에게 자신의 부를 자발적으로 나누어주라고 요청하셨다(막 10:17-31). 성경은 그리스도께서 '부요하신' 자였지만, 그를 따르는 자들을 부요케 하시기 위해 스스로 자발적으로 가난하게 되셨다고 이야기한다(고후 8:9; 롬 2:4, 9). 그리고 더 본질적으로 공산주의자들이 말하는 것처럼 인간은 떡으로만 사는 존재가 아니라 하나님의 말씀, 곧 그분과의 올바른 관계로 살아가야 하는 존재임을 선언하셨다(마 4:4).

결국 주체사상이 중시하는 물질과 정신과 지도자라는 명분은 기독교의 입장에서 볼 때는 큰 의미가 없다. 기독교는 인간의 더 본질적인 측면을 통찰하면서 그에 대한 대답을 내놓고 있다.

3.4. 인간적 도리와 그에 따른 혼동

1920년, 레닌은 다음과 같은 연설을 했다.

우리는 도덕이란 낡은 착취 사회를 타파하고 프롤레타리아 계급을 중심으로 모든 노동자를 결속시키는 일에 기여하는 것, 새로운 공산 사회를 건설하는 것이라고 규정한다. 공산주의자들은 어떤 희생이라도 감수할 준비가 되어 있어야 하며, 필요하다면 내용을 불문하고 모든 지혜와 책략과 술책에 호소하고 불법적 방법을 사용하고 은폐, 또는 왜곡시킬 각오가 되어 있어야 한다.[8]

여기서 주목할 점은 '도덕'에 대한 레닌의 규정이다. 레닌과 공산주의자들에게 인류의 보편적 도덕은 공산혁명의 성공이라는 목적에 비하면 지극히 부차적인 문제가 된다. 따라서 인류가 역사를 통해 보편적으로 받아들여 온 선과 덕목, 예를 들면 인간에 대한 존중, 자유, 사랑, 정직, 신뢰 같은 것들은 모두 정치적 상황에 따라 앞에 내세울 수도 있고 또 필요하다면 미련 없이 버릴 수도 있는, 일종의 하위 도구로서만 가치가 인정된다.

인간의 보편적인 도덕(친절, 배려, 사랑, 겸손, 정직 등)과 민족주의를 주체사상과 연결해놓고, 인간의 보편적인 선과 민족주의의 명분으로 주체사상을 정당화하는 혼동을 일으키는 북한식 시도는 과거 나치가 사용했던 방식이다. 나치의 국가사회주의 역시 민족주의와 인간의 보편적 선을 연결시켰다. 이것은 일반 사람들에게 흥분과 확신을 줄 수 있는 힘을 가진다. 그러나 기독교는 그 둘의 연결 고리가 본질적으로 잘못되었음을 지적한다.

성경은 일반계시로서의 인간의 보편적 도덕의 의미를 긍정한다. 또한 성경은 특정한 이데올로기나 체제가 인간의 도덕적 덕목을 압도하려고 하는 것에 대해 부정적이다. 더구나 이런 이데올로기가 인간을 정치적 생명체로 영원히 살도록 한다는 것은 우상화의 또 다른 모습이라고 생각한다.

3.5. 통제와 그에 따른 처벌

1961년에 발간된 소비에트연방 공산당 강령은 공산주의를 다음과 같이 규정한 바 있다.

> 공산주의는 생산수단의 공유화와 모든 사회 구성원의 완벽한 사회적 평등이라는 독보적인 형태를 지닌 무계급 사회 체계이다. 이 체계 아래서 인민의 전반적인 발전이 과학과 테크놀로지의 지속적인 진보를 통한 생산력의 증대에 의해 이루어지며 집약적인 부를 산출하는 모든 원동력이 더욱 풍성하게 솟아나며, '각자의 능력에 따라 각 사람에게서, 각자의 필요에 따라 각 사람에게'라는 대원칙이 실현될 것이다.[9]

이런 목표를 이루기 위해 공산주의가 반드시 해결해야 하는 것은 인간의 근본적인 이기심이었다. 그리고 이 이기심을 해결하기 위해 도입한 방법이 특정 집단(당)이 가지는 절대적 권력과 폭력성이었다. 때로는 그것이 직접적 폭력이 아니라 선전 선동과 같은 교육과 교양 사업의 모습을 취하기도 하지만, 그것 역시 '강제적 교육'의 한 모습이었다.

그런데 문제는 폭력성과 권력을 가진 인간이라는 존재가 자기 자신의 악으로 말미암아 결국 더 큰 불평등과 착취를 만들어내는 자기모순을 결코 극복할 수 없었다는 사실이다. 구(舊)소련은 이미 스탈린 시대에 가공할 만한 전체주의 폭력국가로 바뀌어 인류 최악의 잔인함을 보여주었다. 북한은 비록 규모 면에서는 작지만 질적인 면에서는 더 악한 모습을 보여왔다. 그것은 성경에서 나오는 '귀신 하나를 쫓아내자 그 자리에 일곱 귀신이 들어오는 것'과 같았다(마 12:43-45).

하지만 기독교는 인간이 가진 근본적인 이기심을 넘어서는 전혀 다른 방법을 제시한다. 바로 '예수 그리스도에 대한 고백으로 말미암은 성령의 역사'다. 이 복음은 통제와 감시가 아닌, 자발적 자기희생과 기쁨으로 인류가 바뀔 수 있다고 선언한다. 그리고 지금까지의 기독교 역사는 그 일이 실제로 가능함을 보여주었다.

3.6. 계급과 그에 따른 차별

공산주의와 주체사상은 겉으로는 평등을 이야기하지만, 실제로는 최고 지도자와 당의 특권적 위치를 철저히 강변한다. 또한 일반 주민들에게조차 극도로 세분화된 계급을 부여한다. 그리고 한번 정해진 계급은 후손에게까지 엄격하게 적용된다. 그 결과 차별과 계급 없는 사회를 주장하고 나선 공산주의와 북한은 인류 역사상 가장 심한 계급 사회를 만들어놓았다.

반면 초대교회 시절, 일반인들의 눈에 비친 기독교의 가장 큰 특징은 '평등'이었다. 철저한 신분 사회였던 로마제국 시대에 귀족과 평민과 노예가, 로마인과 그리스인과 유대인이, 남자와 여자가, 모두 '한 형제와 자매'로서 하나의 공동체를 이루고 함께 살아가는 모습은 당대인들에게는 충격적 사건이었다.

계급은 차별적 자원 분배를 갈망하는 사람들에 의해 만들어지고 유지된다. 그리고 그것의 유지를 위해 폭력을 포함한 모든 수단이 동원

된다. 그러나 기독교 신앙에서는 더 높은 자가 낮은 자를 섬기라고(마 23:11) 가르친다. 더 많은 능력을 가진 자가 더 많이 섬겨야 할 것을 이야기하는 것이다. 따라서 계급에 따른 사회적 자원의 차별적 분배 역시 존재할 수 없다. 이런 이유로 기독교 신앙은 북한이 사용하는 가장 근본적인 통치 도구인 계급에 대한 집착과 분배 차별에 대한 두려움을 무력화시킨다.

4. 통일을 향한 한국교회의 과제

왜 하나님은 한민족에게 분단의 고통을 주시고 현재와 같은 사회적 갈등을 주셨을까? 왜 그분은 세계의 모든 공산국가가 이미 역사의 뒤안길로 사라진 현재에도 북한만은 계속 공산주의 체제로 남아 있게 하시고, 그 결과 북한의 어린아이들을 비롯해 이천만의 사람들이 고통 중에 있게 하시며, 특히 북한의 기독교인들을 극심한 고난 속에 두시는가? 우리는 그 답을 충분히 알지 못한다. 어쩌면 그것은 하나님의 신비에 속한 일일지도 모른다. 그러나 희미하게나마 우리는 몇 가지 대답을 생각해볼 수 있다.

4.1. 북한의 고통에 대한 기독교적 이해

1) 북한은 하나님 없는 인간의 비참함을 인류에게 보여주는 살아 있는 예다. 아직도 공산주의 사상에 집착하고 있는 북한은 하나님이 아닌 인간의 힘으로는 구원이 결코 이루어질 수 없다는 것을 가장 잘 보여준다. 북한이 제아무리 자신의 사상과 지도자를 우상화해도 결국 인간이 스스

로의 힘으로는 낙원을 건설할 수 없다는 것을 전 세계에 너무도 선명하게 보여주는 것이다. 이것은 마치 율법에 대한 열심이 지나쳐 오히려 복음을 받아들일 수 없었던 유대인들의 모습과 비슷하다. 유대인들이 가장 강렬한 종교성 때문에 도리어 복음으로부터 가장 멀어져야 했던 모순을 범한 것을, 우리는 가장 종교성이 강하기에 공산주의를 버리지 못하는 북한 사람들의 모습 속에서도 동일하게 본다.

2) 북한은 남한에게 주시는 하나님의 경종이다.
기독교인들은 북한의 모습을 보면서 분노와 증오를 느끼고 어떤 식으로든 응징하려고 하는 것만으로는 북한의 문제가 해결되지 않음을 잘 알고 있다. 오히려 우리는 북한 사람들의 모습 속에서 우리 자신의 모습을 본다. 북한 주민들이 '김일성'을 우상화하는 것만큼, 우리 남한 국민들은 "돈에 대한 숭배와 이기심, 그리고 타인에 대한 무관심과 역사에 대한 책임 의식의 부재"를 우상화하며 살아가고 있기 때문이다. 따라서 우리는 북한의 모습을 보며 하나님의 자녀로서 진정으로 애통한 마음을 가져야 한다(마 5:4). 슬픔과 연민을 느끼지 못할 만큼 강퍅해진 우리 마음을 애통해하며 회개해야 한다.

그런 의미에서 북한은 남한에게 주시는 하나님의 경종이다. 설사 겉보기에는 그들의 모습이 한심스러워 보일지라도, 우리는 먼저 하나님 앞에서 우리 자신을 돌아보며 무릎 꿇고 기도하는 자세를 잃지 말아야 한다. 그런 점에서 남아프리카 공화국의 '진실과 화해위원회' 위원장이었던 데드먼즈 투투의 이야기는 우리가 어떤 태도를 지녀야 하는지를 강력하게 보여준다.

진실과 화해위원회에서 범죄자들의 이야기를 들으며 나는 우리 각자가, 우리 모두가, 끔찍한 악을 저지를 능력이 있음을 깨달았다. 그 범죄자들과 똑같은 영향을 받고 똑같은 세뇌를 당했어도 나는 절대 그들처럼 되지 않았을 거라 말할 수 있는 이가 있을까? 그들의 잘못을 너그럽게 봐주거나 못 본 체하자는 말이 아니다. 오히려 하나님의 자비로 마음을 가득 채우고, 하나님이 사랑하시는 사람 중 한 명이 그렇듯 서글픈 처지에 이르렀음을 한탄하며 함께 울자는 것이다. 우리는 값싼 신앙심에서가 아니라 진심으로 자신에게 이렇게 말해야 한다. "하나님의 은혜가 아니었다면 나도 같은 처지였을 것이다."[10]

3) 한반도의 통일은 인류의 정신적·영적 발전의 기폭제가 될 수 있다.
군사적으로는 가장 첨예한 대치 상태를 유지하고, 체제적으로는 가장 골이 깊은 증오를 발산하고 있으며, 경제적으로는 엄청난 격차가 벌어졌고, 장기간의 분단 속에서 심각한 이질화를 겪고 있는 남북한이 하나가 되는 것은 인간의 눈으로는 불가능해 보인다. 그러나 이런 불가능을 가능으로 뒤바꿀 수 있다면, 그것은 인류가 역사 속에서 체험했던 몇 번의 거대한 정신적 혁명, 예를 들어 마르틴 루터의 종교개혁, 영국과 미국의 노예해방운동, 인도의 간디의 비폭력 무저항 운동, 남아프리카 공화국의 진실과 화해위원회 활동과 같은 수준의 일에 비견될 것이다. 그리고 이 일이 기독교 신앙을 통해 이루어질 때, 그것은 인류에게 위대한 영적 대각성의 메시지를 던질 것이다.

사실 우리 한민족만이 더 특별한 고통을 더 심하게 당했다고 할 수는 없다. 인류 역사에는 우리 민족보다 더 극심한 고통을 당한 사람들의 예가 많기 때문이다. 그래서 우리 민족의 고통에만 특별한 의미를 부여하기는 어렵다. 인류 역사를 살펴볼 때 이런 고통 속에서도 인류의 정신사와 영적 역사에 큰 진전을 만들어낸 경우는 극히 소수다. 그런 의미에서 우리 민족이, 그리고 한국교회가 그 일을 잘 감당했으면 하는 것이다.

4.2. 한국교회의 과제

어느 시대건 그 시대의 문제는 인간의 죄성과 인간의 한계를 뚜렷하게 반영한다. 우리 민족의 분단과 통일의 문제도 마찬가지다. 분단의 현실 안에는 인간의 고통, 불완전성, 그리고 그 해결을 향한 오만과 독선, 증오와 잔인성 등이 복합적으로 내재해 있다. 그렇다면 이 모든 것을 극복하고 통일을 이루기 위해서 한국교회는 한반도의 분단 체제와 현실이 안고 있는 문제의 성격을 정확히 파악하고 그것을 해결하는 데 역량을 집중해야 할 것이다. 그렇다면 구체적으로 한국교회는 무엇을 해야 하는 것일까?

1) 복음에 대한 충실성이 엄격히 점검되어야 한다.

저자 미상으로 남겨져 있는 2세기경의 문서 "디오그네투스에게 보내는 서신"에는 극심한 박해를 받고 있던 초대 기독교인들을 다음과 같이 묘사한 내용이 나온다.

> 그리스도인들은 나라와 언어 혹은 풍습에 의해서 다른 사람들과 구별되지 않는다. 그들은 그들만의 지역에 살거나 어떤 이상한 방언을 말하

거나 혹은 어떤 독특한 생활양식을 가지고 있지 않다.

그들의 이 가르침은 호기심이 강한 사람들의 재능이나 사색에 의해 고안된 것이 아니었다. 그들은 어떤 사람들이 하듯이 단순히 인간적인 가르침을 전파하지 않았다. 그들은 그들에게 기회가 주어지는 곳이면 헬라의 도시와 외국의 도시, 어디에나 살았다. 그들은 의복과 음식, 그리고 삶의 다른 면들에 있어서 지방의 풍습을 따랐다. 그러나 동시에 그들은 그들 자신의 시민권의 놀랍고 유별난 형태를 우리에게 보여주고 있다.

그들은 고국에 살고 있으나 이방인이다. 시민으로서 그들은 모든 것을 다른 사람들과 함께 나눈다. 그러나 이방인처럼 모든 어려움을 겪는다. 모든 외국은 그들에게 고국과 같고, 또한 모든 고국은 외국과 같다.

그들은 다른 사람들처럼 결혼하고 자녀를 가지고 있다. 그러나 그들은 원치 않는 아기를 죽이지 않는다. 그들은 식탁에 앉아 함께 식사하지만 잠자리를 함께 하지 않는다(성적 문란이 없음을 가르킴-역자 주). 그들은 '육신'으로 존재하지만 '육신을 따라' 살지 않는다. 그들은 지상에서 그들의 생애를 보내고 있으나 하늘의 시민들이다. 그들은 제정된 법을 준수하고 또한 그들 자신의 삶에 있어서 그 법보다 탁월하다.[11]

그렇다면 과연 지금 한국의 기독교인들은 남한과 북한의 비기독교인들에게 어떤 모습으로 비춰지고 있을까?

기독교인들은 어떤 문제 앞에 직면할 때마다 신앙의 본질을 다시 점검하게 된다. 그리고 그 원칙은 분단과 통일의 문제 앞에서도 여전히 유효하다. 우리는 그리스도의 십자가 사건 앞에서 어떤 존재인가? 분단과 통일의 문제를 우리 민족에게 주신 하나님의 뜻은 무엇인가? 그리고 우리는 그것에 어떻게 응답해야 하는가?

한국교회는 세속화될수록 외형은 비대해지지만 그 실체가 한없이 작아지는 추세를 보이고 있다. 급격한 교회 성장 시기를 마감하고 이천년대에 들어서면서 한국교회는 그 수적 증가세가 눈에 띄게 하락하기 시작했다. 그러나 교회사가 보여주듯이 기독교의 생명력은 그 숫자나 세속적 힘에 있었던 적이 없었다. 오직 예수님의 복음에 충실한 정도만이 생명력의 근거였다.

한국교회는 21세기 한민족의 운명과 통일이라는 과제 앞에서 생명력을 다시 충만하게 회복해야 한다. 그리고 이를 이루기 위한 첫 번째 방법은 '복음에 대한 충실성'이 되어야 할 것이다. 어쩌면 지금 이 순간 하나님께서는 한국교회의 양적인 증가를 잠시 멈추게 하심으로써 우리로 하여금 세속화된 모습에서 벗어나 통일을 이룰 수 있는 진정한 생명력을 회복하도록 만들고 계시는지도 모른다.

2) 인간과 사회의 고통에 대한 해결책으로서 기독 신앙을 선명하게 보여주어야 한다.

한편으로 복음에 대한 충실성은 고통 받고 있는 다양한 사회 구성원에 대한 진실하고 겸손한 섬김으로 표현될 것이다. 소위 포스트모더니즘의 시대인 지금, 단순히 길거리에서 '예수 천당'을 외치거나 신앙인들끼리 모여 열렬한 찬양을 하는 방식을 통해 기독교 안으로 들어올 사람은 거의 없다. 오히려 교회 밖 세상이 원하는 진짜 교회의 모습은 진심 어린 마음으로 사회의 버림받고 소외된 자들을 묵묵히 돕는 것임을 놓치지 말아야 한다.

하지만 엄밀히 말하자면 이런 현상은 꼭 우리 시대에 이르러서 새롭게 대두된 것이 아니다. 사실상 이런 현상은 초대교회 시대부터 있었다. 기독교가 주목을 받은 것은 초대 기독교인들의 도덕적인 고상함, 구성원들 사이의 헌신적인 사랑과 섬김, 특히 가난하고 병든 자들에 대한 아낌없는 구제 때문이었다. 따라서 한국교회도 가난한 자, 거리의 가출 청소년들, 미혼모, 독거노인, 외국인 노동자, 탈북자, 전 세계의 가난한 자들, 북한 인민 등 우리 사회와 우리 시대의 가장 소외되고 어려운 사람들에게 손을 내밀어야 한다.

국민들의 복지 수요는 더욱 급증하는 반면 정부는 그 재원을 마련하지 못해 전전긍긍하고 있다. 그 와중에 사회적 약자들이 점점 더 소외되어가는 우리 사회의 현실 앞에서, 교회는 사회의 낮고 어두운 곳으로 은밀히 내려가 그들을 도움으로써 국가가 미처 다 감당하지 못하는 복지의 사각지대를 교회의 힘으로 메꿔나가야 할 것이다. 그리고 지금부터 이 훈련을 잘 감당해야 비로소 우리는 통일의 실제 시점을 하나님으로부터 허락받을 수 있을지도 모른다.

3) 통일 문제를 한국 기독교의 가장 핵심적 과제로 인식하고 행동해야 한다.
어느 시대의 교회든 신앙은 늘 당대의 문제와 함께 존재했다. 가령 일제 강점기에는 식민지 치하에서의 기독 신앙이, 한국 전쟁 시절에는 전쟁 시대의 기독 신앙이 존재했다. 그렇다면 현재는 분단과 통일의 시대이기에 기독 신앙은 분단과 통일 시대의 기독 신앙으로 존재해야 한다.

그런데 이런 분단과 통일의 문제를 다루는 데에는 인간, 역사, 세계를 뚫어 보는 통찰력이 필요하다. 더욱이 교회와 기독 신앙인들은 본질의 문제를 더 깊이 바라보아야 한다. 곧 인간의 죄성, 시대의 특징, 복음의 가르침과 그 적용, 교회와 공동체의 세워짐 등이 분단과 통일을 중심으로 이루어지는 것이 절실히 필요하다. 한국 기독교가 이 사명을 잘 감당할 때 비로소 우리 시대에 충실한 신앙을 가졌다고 평가받을 것이다.[11]

5. 맺음말

어떤 분들은 이 글이 지나치게 대결주의적이고 북한을 포용하고 받아들이는 자세를 결여하고 있다고 생각할 수 있다. 하지만 이 글의 진정한 의도는 그렇지 않다. 기독교는 항상 세상 속의 기독교로 존재해왔고, 세상의 모든 현상을 신앙적 눈으로 분석한 후 기독교의 대답이 무엇이어야 하는가를 생각하고 움직여왔다. 이것은 대결주의적인 것이 아니라 기독교 신앙의 본질적 태도와 관계한 문제다. 동시에 앞서 투투 주교의 말에서도 보았듯이, 우리는 타인의 악 앞에서 우리의 악을 보아야 한다. 그리고 하나님 앞에 겸손히 나와 '우리'(타인을 포함)의 죄를 고백하고 그를 위한 대속적 역할을 담당해야 한다. 그것이 기독교인의 태도다.

이제 한국교회는 통일이라는 과제를 통해 신앙의 의미와 목적을 다시 돌아볼 수 있게 되었다. 그리고 통일과 연관하여 이 땅의 가난한 자들에 대한 섬김, 선교에 대한 해석, 복음에 대한 이해, 젊은이들의 비전, 은퇴자들의 활동 등을 다 연결시킬 수 있는 시점에 들어섰다. 마치 이스라엘 민족이 출애굽이라는 거대한 사건을 통해 하나님을 만나고 영적인 집단으로 바뀌어갔듯이, 우리 민족은 통일이라는 지극히 험난한 과정을 통해 하나님을 만나고 영적인 집단으로 완성되어갈 것이다.

주

1) 유혜란, "탈북민을 통하여 본 북한체제-트라우마 불안연구: 현상학적 방법론을 중심으로", 연세대학교 연합신학대학원 박사논문, 2012.
2) 권헌익·정병호, 『극장국가 북한』, 창비, 2013. 213쪽.
3) 에릭 호퍼, 『맹신자들』, 궁리. 2011, 182-183쪽.
4) 로이드 빌링스리, 『마르크스주의와 기독교의 좌파들』, 신원문화사, 1986, 41쪽.
5) C. S. Lewis, "A Reply to professor Haldane", in *Of Other Worlds*, New York: Halcourt, Brace, 1967, 81쪽.
6) 하웃즈바르트, 『현대·우상·이데올로기』, IVP, 1987, 26쪽.
7) David Shub, *Lenin: A Biography*, Garden City: New York. Doubleday & Company Inc(1951), 355쪽에서 인용. 발췌된 글은 1920년에 행한 레닌의 연설문, "Lefe Wing Communism: An Infantile Disorder"에서 발췌함. 이 연설문은 V. L. Lenin, *Selected Work*, vol 3에 다시 들어갔다.
8) 제22차 공산당 전당대회에서 공산당 강령에 대해 낸 보고서 "On the Communist Program"에서 후르시쵸프가 인용. 하웃즈바르트, 같은 책, 35쪽.
9) 데드먼즈 투투, 『용서없이 미래없다』, 홍성사, 2009, 105쪽.
10) 라이온사 엮음, 『교회사핸드북』, 생명의 말씀사, 69쪽.
11) 김병로, 『남북한 교회 통일 콘서트』, 도서출판 거북선, 2006; 이문식, 『통일을 넘어 평화로』, 홍성사, 2007; 박정수, 『성서로 본 통일 신학』, 한국성서학연구소, 2010.

참고문헌

Lewis, C. S., "A Reply to professor Haldane", in *Of Other Worlds*, New York: Halcourt, Brace, 1967.
Shub, David, *Lenin: A Biography*, Garden City: New York. Doubleday & Company Inc, 1951.
권헌익·정병호, 『극장국가 북한』, 창비, 2013.
김병로, 『남북한 교회 통일 콘서트』, 도서출판 거북선, 2006.
박정수, 『성서로 본 통일 신학』, 한국성서학연구소, 2010.

유혜란, "탈북민을 통하여 본 북한체제-트라우마 불안연구: 현상학적 방법론을 중심으로", 연세대학교 연합신학대학원 박사논문, 2012.
이문식, 『통일을 넘어 평화로』, 홍성사, 2007.
라이온사 엮음, 『교회사핸드북』, 생명의 말씀사.
빌링스리, 로이드, 『마르크스주의와 기독교의 좌파들』, 신원문화사, 1986.
투투, 데드먼즈, 『용서없이 미래없다』, 홍성사, 2009.
하웃즈바르트, 『현대·우상·이데올로기』, IVP, 1987.
호퍼, 에릭, 『맹신자들』, 궁리, 2011.

심혜영

성결대학교 중어중문학과 교수
서울대학교 문학 박사
대표적 저서로 『인간, 삶, 진리: 중국 현당대 문학의 깊이』『평화와 반평화』(공저), 역서로 『붉은 수수밭』(근간)이 있다.

7장 '하나 됨'에 대한 기독 신앙적 성찰
새로운 '나'와 '우리' 정체성의 확립을 위하여

심혜영

1. 들어가며

우리는 통일을 원하는가, 우리가 원하는 통일은 어떤 통일인가, 통일의 과정은 시작된 것인가, 통일을 위해 우리는 무엇을 준비해야 하는가 등 지금까지 '통일'의 문제를 둘러싸고 다양한 학문 분야에서 여러 논의가 진행되어왔다. 그중 기독교적 관점에서 특별히 강조된 것은 '평화'와 '사람'의 통일이다. 통일은 평화의 방법으로, 평화의 가치를 실현하기 위해서만 추진되어야 하며 이 평화는 사랑과 정의, 참된 화해에 기초한 평화여야 한다는 것, 또한 통일이 서로 다른 체제와 이념과 문화 속에서 수십 년 간 살아오면서 너무나 다르게 빚어져온 두 타자 사이의 만남이라고 할 때 가장 중요한 것은 사람의 통일이라는 것이 그 핵심적인 내용이다.

이 글은 우리가 이루어가야 할 통일이 평화와 사람의 통일이어야 한다는 기본 관점을 공유하면서, 정말 통일이 이러하기 위해서는 무엇보다 '나'와 '우리'의 새로워짐이 필요하다는 입장에서 논의를 전개하고자 한다. 서로 다른 두서넛 또는 그 이상의 개체들의 만남이 참 평화의 하나 됨을 이루기 위해서는 "하나님 나라의 가치에 의해 형성되고, 참된 사회적 변혁의 기획에 동참할 능력을 갖춘 사회적 행위자로 우리 모두가 재정향"[1]되고, 아울러 "정의롭고 진실하며 평화로운 사회를 상상하고 만들어갈 수 있는 사회적 행위자들이 더욱 많아질 수 있는 문화적 분위기를 조성"[2]하는 것이 절실하게 요청되기 때문이다. 그리고 이렇게 새로운 '나'와 '우리'를 만들어가는 일은 먼저 지금의 '나'와 '우리'에 대한 깊은 성찰에서 시작되어야 한다. 서로 다른 체제와 제도하에서 그것을 지탱하는 문화와 이념을 자신의 것으로 깊이 내면화해온 두 주체의 만남이 배타적인 자기 정체성만을 내세우고 서로 간의 이질성만을 확인하면서 더 큰 갈등의 증폭으로 끝나지 않으려면, 양자 모두 현재의 나와 우리로부터의 '거리두기', 그리고 이런 거리두기 속에서 비로소 가능해지는 나와 우리 정체성의 새로운 재정립 과정이 반드시 필요하다.

이 글은 이런 문제의식을 가지고 새로운 '나' 됨과 새로운 '우리' 됨의 비전을 구체화하기 위한 탐색을 진행한다. 이를 위해 먼저 정체성과 타자성의 문제를 중심에 놓고, 배제와 포용의 공동체적 원리에 대해 깊이 있는 연구를 진행한 신학자 미로슬라브 볼프(Miroslav Volf)의 견해를 살펴볼 것이다. 볼프가 제시한 '거리두기' 개념은 새로운 나와 우리 정체성의 형성이라는 이 글의 중심 주제와 직접적으로 맞닿아 있으면서 그 내적 함의를 좀더 명료하게 이해할 수 있도록 도와준다. 이어서 볼프의 '거리두기'와 상통하는 문제의식을 실존적 차원에서 다루고 있는 몇 가지 이론과, 새로운 '나' 됨과 '우리' 됨의 원리를 제시하는 예수의 사역과 가르침에 대해 간단히 살펴본 뒤, 이 글의 주제와의 관련 속에서 볼 때 각별한 의미를 가지는 '탕자의 비유'를 중점적으로 조명해 볼 것이다. 마지막으로 분단 문제를 다룬 연극 〈목란언니〉와 영화 〈타인의 삶〉이 통일 이후에 대해 시사하는 바를 간략히 짚어보는 것으로 논의를 마무리하고자 한다.

2. 볼프의 거리두기: 떠남과 재명명

볼프는 한편으로는 냉전 종식 이후 지구 곳곳에서 발발한 무수한 민족적·인종적 갈등과 그로 인해 빚어진 피비린내 나는 충돌을 목격하면서, 다른 한편으로는 크로아티아인으로서 조국의 독립 이후 동족으로부터 "민족적 소속감과 문화적 고유성의 재천명"에 대한 강한 압박을 받고 "국가적 자아에 사로잡혀 있는 우려스러운 현상"에 직면하게 되면서 정체성과 타자성의 문제, 정체성 형성의 주요 원리로 작동하는 배제와 포용의 문제를 심층적으로 다루게 된다. 볼프의 주된 질문은 교회와 그리스도인의 정체성이 구체적인 역사와 현실 속에서 그들의 국가적·민족적·인종적 정체성과 충돌할 때, 왜 그토록 무기력하게 왜곡되고 굴절되는가 하는 것이다. 여기에 대해 볼프는 교회와 그리스도인이 "자신의 인종적·문화적 공동체의 주장 안에 갇히고", "한 하나님의 말씀을 뒤틀어 우리 자신의 집단적 이데올로기와 국가적 전략에 봉사"하게 하면서 "문화의 노예로 전락"했기 때문이라고 해석한다. "한 문화의

'소금'이 되어야 할 기독교 공동체가 자신의 문화에 포로로 잡혀 "하나님의 새로운 창조에 대한 우리의 전망을 흐리고", "자신의 문화를 심판할 수 있는 위치를 잃어버린" 것이다.³ 그렇다면 교회는 이런 문제를 해결하기 위해 어떻게 해야 하는가, 그리스도인은 자신이 속한 문화와 어떤 관계를 맺어야 하는가, 볼프는 이 문제에 대한 답을 문화로부터의 "거리두기와 소속되기 사이의 올바른 관계" 정립에서 찾는다.

볼프가 문화적 거리두기의 대표적인 성경적 사례로 드는 것이 아브라함의 '본토 아비 집을 떠남'과 사도 바울의 이방을 향한 선교다. 볼프는 이 두 사건의 '떠남'의 의미를 거리두기와 새로운 소속되기를 통한 정체성의 재정립이라는 관점에서 바라보면서 그 결론적 의미를 다음과 같이 정리한다.

> 그리스도인은 결코 먼저 아시아인이나 미국인, 크로아티아인, 러시아인, 투치족이 된 다음 그리스도인이 될 수가 없다.…하나님의 부르심에 응답하기 위해서는 모든 충성의 대상을 재조정해야 한다.…떠남은 그리스도인이 가져야 하는 정체성의 필수요소다.⁴

그리스도인이 진정한 그리스도인이 되기 위해서는 자신의 정체성을 구성하는 어떤 다른 요소보다 우위에 그리스도인이라는 정체성을 두어야 한다. 그러기 위해서는 국가적·민족적 정체성을 포함한 여타의 정체성으로부터 일정 정도 떠나는 것과, 절대적 충성의 대상을 하나님으로 맞추기 위해 부단히 초점을 재조정하는 일이 필요하다. 자기 문화로부터 떠나는 일이 중요한 이유는 그것을 통해 비로소 내 안에, 우리 안에 "타자를 받아들일 수 있는 공간"이 만들어지기 때문이다. 이렇게 수용된 타자성은 나를 "다수의 타자들이 특정한 방식으로 그 안에 반영"된 풍성한 인격으로, "보편적 인격"으로 빚어갈 수 있다. 또한 이 보편적 인격, 즉 새로운 '나' 정체성이 모여서 다수의 타자들이 자유롭게 참여하면서 역동적인 활력을 발휘할 수 있는 보편적 공동체를 형성하게 되고, 이런 보편적 공동체를 통해 다시 새로운 보편적 문화 정체성의 형성이 가능해진다.

새로운 '나'와 '우리'의 정체성, 보편적 인격과 보편적 공동체, 보편적 문화의 형성을 위해 문화적 거리두기가 중요한 또 다른 이유는, 이 거리두기를 통해 비로소 우리는 자신의 문화를 포함하여 "모든 문화 속의 악에 대해 심판"을 할 수 있는 자리로 옮겨갈 수 있고 비로소 자신이 빠져 있던 "상식의 늪"에서 빠져나와 "자아와 타자 안의 거짓, 불의, 폭력에 맞서는 싸움"을 할 수 있기 때문이다. "성령이 만들어내는 거리를 통해 자신의 자기기만, 불의, 파괴성에 대해 눈을 뜨게" 되는 것이다.

그러나 '떠남'과 '거리두기'의 중요성에 대해 언급하면서 볼프는 이 '떠남'과 '거리두기'라는 것이 어디까지나 교회와 그리스도인이 특정 문화의 포로가 되거나 그것과 결탁하여 무자각적으로 악을 행하는 일에서 탈피하여 새로운 정체성 형성을 향해 나아가기 위해 요청되는 것임을 강조한다. 이런 점에서 볼프의 거리두기는 거리두기 자체의 의미를 절대화하는 포스트모더니즘적 관점과는 근본적으로 다르다. 아브라함이 하나님의 명령에 충성하기 위해, 그분의 약속에 보다 온전히 소속되려는 분명한 목적을 위해 '본토 아비 집'을 떠났던 것처럼, 그리스도인이 자신의 문화로부터 떠나는 일은 오직 하나님 자녀로서의 온전한 정체성 정립을 위해서만 필요하다. 이런 점에서 떠남과 소속됨은 분리되지 않는다.

볼프가 이야기하는 거리두기와, 그것에 의해 가능해진 타자의 수용 및 새로운 정체성 확립의 전범은 "세리와 죄인과 함께한 예수의 식탁 공동체"에서 발견된다. 볼프는 당시 대부분의 바리새인과 서기관들을 분노하게 했던 이 파격적인 '식탁 공동체'의 실천이 바로 기존의 '우리' 정체성을 형성하고 유지·강화하는 데 핵심 기제로 작동해온 배제와 동화의 원리에 대한 근본적인 부정이요 파괴의 선언이라고 해석한다.[5] 예수는 이 파격적인 '식탁 공동체'를 통해, 스스로를 의로운 존재로 규정하면서 다른 한편으로 타자를 부정한 존재로 규정하며 그 '부정한' 타자들을 추방하고 배제하는 사회적 경계에 정면으로 도전한다. 자신만을 의롭게 여기던 유대인들이 자신만을 위해 만든 "경계 자체가 악하고 죄이며 하나님의 뜻을 벗어난 것"임을 천명한 것이다.[6] 볼프는 예수의 이런 작업을 "왜곡된 배제의 체제"에 의해 형성된 잘못된 경계를 허물고 잘못된 이름을 바로잡는 "재명명" 작업이라고 부른다. 예수는 사회적으로 형성된 잘못된 낙인들을 무효화하는 이 "재명명" 작업을 통해 "사회적 삶의 너무나도 많은 부분을 통제하는 경직된 이분법 논리를 무력하게" 만들었다.[7] 그리고 이런 예수의 작업은 다시 새로운 공동체적 정체성의 "재창조", 즉 모든 막힌 담을 헐고 모두에게 하나님의 백성, 하나님의 자녀로서의 새로운 정체성을 부여하는 작업으로 이어진다.

3. '거리두기'의 실존적·당위적 요청

볼프가 문화와 집단 정체성에 초점을 맞추어 설명하고 있는 '거리두기' 개념은, 인간이 자신을 둘러싼 환경과 조건의 규정 속에서 특정한 시공간의 역사적·사회적·문화적 제약 안에서 형성되며, 스스로 그 구성 요소가 되어 그것을 지탱하고 재생산해내는 존재라는 것을 지적해온 많은 역사학자, 철학자, 사회학자들의 문제의식과 상통한다. 알튀세르(L. Althusser)의 이데올로기 주체나 요한 갈퉁(Johan Galtung)의 문화적 폭력, 르네 지라르(René Girard)의 '모방 욕망' 개념 등이 대표적 예다. 알튀세르는 '이데올로기 주체'라는 개념을 통해 인간은 날 때부터 지배 이데올로기와 관습과 통념 안에서 태어나 자라며 형성되는 존재, 자기가 속한 체제와 이념 안에서 그것을 자기 것으로 내면화하는 가운데 '이데올로기 주체'로 호명되면서 비로소 사회적 존재로서의 자기를 정립해나가는 존재임을 지적하고 있다.[8] 이렇게 보면 나의 어떤 생각과 판단도 순수하게 나의 것일 수가 없으며, 대부분의 경우 자기가 속한 사회 안에서 규정되고 물든 것들이다. 요한 갈퉁이 말하는 '문화적 폭력'도 같은 개념이다.[9] 나와 우리는 우리가 속한 사회와 문화, 제도와 관습, 통념의 규정 안에 있고 또한 그것을 내면화하면서, 구성원 모두가 이런 문화적 폭력의 피해자인 동시에 공모자요 가해자로서 살아간다. 르네 지라르는 자본주의 사회에서 우리의 욕망이 개개인의 본능적 충동에서 비롯되는 것이 아니라 타인의 소유에 대한 모방 욕망에서 비롯되는 것임을 지적함으로써, 욕망조차도 자연적 개인에게 속한 것이 아님을 밝혀내고 있다.[10] 요컨대, 나나 우리는 자기가 속한 사회 체제의 지배 이데올로기에 종속되고, 이런 체제의 이념과 욕망을 내면화하면서 맹목적 집단 주체의 일원으로 호명되어진 존재에 불과하다는 것이다. 이런 통찰들은 모두 인간이 근본적으로 자기가 속한 사회의 이념과 제도와 문화로부터 자유로울 수 없는 존재이며, 그렇기 때문에 정의와 불의 혹은 선과 악에 대한 판단을 분명하게 내릴 수 없는 존재임을 일깨워준다.

철학자 레비나스(E. Lévinas)가 실존 주체의 존재 조건을 설명하기 위해 사용한 '자기에게 묶인 존재'라는 개념은 볼프가 말하는 '거리두기'의 당위적 요청을 보다 실존적 차원에서 생각해보도록 해준다. '자기에게 묶인 존재'란 인간이 한 개별적 실체로서 독립적으로 출현하게 되는 사건, 즉 인간이 한 개체적 인간으로서 존재하게 되는 사건 자체와 더불어 발생하는 것으로, 한 개별적 실존 주체로서의 인간이 근본적으로 자신이 타고난 기질과 본능, 자기 생존의 책임과 자기 이익에 대한 도저한 집착에서 자유로울 수 없는 존재임을 드러내준다.[11] 레비나스가 말한 것처럼, 정말로 인간은 원인을 알 수 없는 수많은 두려움과 불안 앞에서 떨며 살아가는 무력한 존재이며, 그럼에도 저마다 자기 생존의 무거운 짐을 떠안고 자신의 한계 안에서 자신에게 부여된 생존의 책임을 감당해내려고 안간힘을 쓰는 '자기에게 묶인 존재'로서 살아가고 있다. 종종 인간은 자기 자신이 누구인지 알지 못하고 자신이 하는 일을 알지 못하며, 자신의 느낌과 생각과 욕망과 두려움에 묶여 휘청거리는 존재다. 또한 낯선 존재에 대해서는 본능적으로 두려움과 배제의 충동을 느끼며 자신의 이익과 자기중심성에서 도저히 자유로워질 수 없는 존재, 목숨을 걸고 자유를 추구하는 존재이면서, 한편으로는 그 자유의 무게에 눌려 자유를 포기하기도 하고 또 다른 한편으로는 끊임없이 타인의 자유를 억압하고 타인을 지배하려는 욕망에 시달리는 모순적 존재이기도 하다. 무엇보다 인간은 많은 경우 자각되지 않는 무수한 욕망과 충동에 휩싸인 채, 타인을 향해 돌을 던지고 또 타인을 희생양으로 만들면서 자기 의를 확인하는 존재다.[12]

아도르노(T. Adorno)가 말하는 계몽이성의 능력과 한계도 같은 점을 지적하고 있다. 인간의 이성은 마치 손전등의 빛처럼 특정한 경계 안은 밝힐 수 있지만 그 대가로 경계 밖의 더 넓은 영역은 더 캄캄한 어두움으로 가려버리는 제한적인 능력이라는 것이다. 이성에 대한 아도르노의 비유적 설명은 우리의 이성에 기초한 이해와 판단이 늘 한계 안에서만 작동할 수 있으며, 그런 제한적 이성을 절대화할 때 우리는 빛의 길을 걸어가는 것이 아니라 어둠의 감옥에 갇히게 된다는 점을 다시금 깨닫게 만든다. 이처럼 현대의 무수한 실존철학자들이 우리에게 일깨우는 것은, 우리는 우리 안에서 작동하는 무의식의 기제들, 너무나도 복잡하게 얽혀 작동하는 여러 요소들과 모든 사회·역사적 문맥들을 다 꿰뚫어 알 수가 없다는 것이다. 인류 역사를 통해 우리는 인간이 옳다고 믿는 것에 대한 확고부동한 신념 때문에 저지른 무지막지한 악을 수도 없이 발견할 수 있다. 성경도 메시아의 출현과 그 구원을 간절히 기다렸던 많은 유대인들이 자기 생각에 갇혀 예수를 보지 못했고, 유대인의 선에 대한 확신이 오히려 그들의 악행의 원인이 된 사례들을 기록하고 있다.

우리는 타인에 대해 냉정한 만큼 자신에게는 냉정할 수 없는 근원적 한계를 가진 존재, "남의 눈의 티끌은 보면서 내 눈의 들보는 보지 못하는" 존재, "자신들이 하는 일을 알지 못하는" 존재다. 우리가 추구하는 정의와 사랑은 늘 우리 안에 있는 어두운 욕망과 모순적인 경향들, 타인에 대한 지배욕과 낯선 것에 대한 두려움 등과 결탁해왔다. '자기에게 묶인 존재'로서 우리는 자신에게 무엇이 옳고 그른지에 대해 정확한 판단을 내릴 능력이 없음을 인정해야 한다. 우리는 "자신의 가장 중요한 신념과 욕망이 우연적이라는 사실", 즉 그 신념과 욕망이 "시간과 우연의 범위 너머에 있는 무언가와 관련을 가지지" 않는다는 사실을 직시해야 한다.[13] 그리고 이런 인간 실존의 적나라한 모습을 직시할 때, 그런 자기 자신과 우리로부터의 거리두기는 강력한 당위적 요청이 된다. 인간이 사회적인 차원과 실존적인 차원에서 한편으로는 상황의 제약 안에서 자유롭지 못하고, 다른 한편으로는 실존적 구속에서 자유롭지 못하다면, 우리가 그런 '나'와 '우리'의 무자각적인 포로가 되지 않기 위해 그것으로부터 거리두기를 해야 한다는 것은 당위적인 요청이다.

4. 예수의 사역: 막힌 담을 허무심

볼프가 언급한 자기 실존과 문화로부터의 거리두기, 새로운 정체성 확립하기의 주제를 염두에 두고 성경을 보면 예수의 가르침과 행적의 중심에 놓여 있는 문제가 바로 이것이라는 점을 새삼 깨닫게 된다. 예수가 광야에서의 금식과 시험 이후 처음으로 선포한 "회개하라, 하나님 나라가 가까이 왔다"라는 메시지의 핵심적인 의미는, 하나님의 자녀 한 사람 한 사람이 그릇된 실존적·문화적 정체성으로부터 떠나 그분의 자녀로서의 올바른 정체성을 확립하도록 촉구하며, 개인적 차원에서의 이런 정체성 확립에 기초하여 하나님 백성으로서의 바른 공동체적 정체성을 확립하도록 요청하는 것으로 해석될 수 있다.

앞에서 언급한 예수의 '식탁 공동체'의 예에서도 볼 수 있듯, 예수의 가르침과 행동은 여러 면에서 당시 유대인들이 고수하려고 했던 질서와 원칙, 상식적 통념에 대해 근본적인 도전을 던지는 충격적인 것이었다. 그것은 혈통과 전통과 자기 의(義)에 대한 집착으로 축조된 높은 담, 금기와 배제의 기제에 의해 형성되고 유지되는 이스라엘 공동체의 폐쇄적이고 배타적인 자기 정체성에 균열을 일으키고 그것을 허무는 도전이었다.

죄인, 부정한 자, 곧 '밖'으로 내쫓긴 존재들과 식탁을 함께하며 그들을 거침없이 안으로 끌어들이는 예수의 언행은, 안팎을 구별하고 율법의 준수를 절대적인 것으로 만들면서 배제와 금기의 기제를 통해 '우리' 정체성을 안정적으로 유지하려 했던 유대인들의 믿음 체계나 삶의 방식과 정면으로 충돌했다. 예수의 가르침과 행동이 당시의 종교 지도자인 서기관이나 바리새인들에게 일으킨 갈등과 긴장은 마가복음을 비롯한 사복음서 곳곳에 뚜렷하게 나타나 있다. 한편으로는 식민 제국인 로마에 저항하는 저항적 민족주의의 성격을 띠고, 다른 한편으로는 혈통적 순수성을 강조하면서 사마리아인 등 '이방인'과의 구별을 절대화하고 또한 종교적 금기들을 내세워 정결하지 않은 죄인과 의인인 자신들을 구분 지으면서[14] 유대주의라는 높은 담을 쌓아온 유대인들에 대항하여, 예수는 유대의 종교지도자들이 고수하는 모든 경계의 벽, 금기의 규칙들을 과감하게 무너뜨리면서 자기 백성에게 그것으로부터의 '거리두기'를 요청한다.

그러나 앞서 볼프도 강조한 것처럼, 성경에서 그릇된 '우리' 정체성의 견고하고 높은 담을 부수고, 거기로부터 우리 한 사람 한 사람을 이끌어내는 예수의 사역은 곧 그렇게 분리된 나와 우리를 하나님의 자녀, 하나님의 백성으로서의 바른 정체성 안으로 귀속시키는 일로 이어진다. 창녀와 세리, 거지와 병자, 죄인과 이방인에 대한 예수의 태도는 예수의 관심이 그들의 깨어진 영혼을 살리고 무너진 내면을 회복시켜 하나님 백성의 새로운 공동체 안으로 귀속시키는 것에 있음을 분명하게 보여준다. 간음한 여인의 이야기와 선한 사마리아인의 비유는 예수가 그릇된 '나'와 '우리' 정체성을 위해 쳐진 높은 담과 경계를 허물면서 새로운 '나'와 '우리' 정체성의 재창조를 위해 제시하신 원칙들을 보여주는 대표적인 사례다.

간음하다 잡혀온 여인을 둘러싸고 벌어진 사건에서, 여인을 향해 즉각 돌을 던질 태세로 서 있는 성난 군중을 향해 예수는 "너희 중에 죄 없는 자가 먼저 돌로 치라"라고 말한다. 예수의 이 말은 '죄의 연대성'을 일깨우면서 너와 나 사이에 놓여 있던 자기 의의 굳은 담을 일순간 무너뜨리고, 타인을 향한 비난과 공격의 손가락을 자기 내면으로 향하게 한다. '모방 욕망'에 휩싸여 돌을 들고 선 군중 각자를 그런 무자각적인 자기로부터 떼어놓으면서 그 거리를 통해 자기 자신을 바라볼 수 있게 한 것이다. 갈등, 대립, 정죄, 분열이 뒤얽힌 상황 속에서 한 걸음 물러나와 비로소 바라보게 되는 것은 자신 안에 있는 죄성이다. 이 죄성에 대한 깨달음은 그들을 자신들이 돌로 치려던 여인에 대한 심판자가 아니라 같은 죄인의 자리로 되돌려놓는다. 이처럼 간음한 여인의 이야기는 자신에 대한 '거리두기'가, 타자를 자기 안으로 수용할 수 있는 공간을 만들어내고 또한 자기 안의 악을 바라볼 수 있게 한 대표적인 사례다.

선한 사마리아인의 비유에서 "네 이웃을 네 몸같이 사랑하라"라는 계명에 대해 "누가 우리의 이웃입니까?"라고 반문하는 유대인 교사에게 "사랑과 자비를 베푸는 자가 그"이니 "너희도 가서 그렇게 하라"라고 한 예수의 말은, 한편으로는 경계 지음 속에서 우리의 내적 결속과 연대성을 확인하는 메커니즘에 대한 근본적인 문제 제기인 동시에, 진정한 '우리 됨'은 오히려 이런 경계를 허물고 하나님 안에서 우리가 참된 의미의 사랑의 연대성을 확립해나가는 것이어야 함을 뚜렷하게 제시한다. 이것은 기존의 경계를 안정화하는 정태적 관념으로서의 '우리'가 아니라 이웃 사랑을 위한 노력 속에서 부단히 넓혀져가는 동태적 행위로서의 '우리 됨', 담을 치고 지키면서 주장하는 '우리'가 아니라 문을 열고 받아들이면서 새롭게 형성되어가는 '우리'를 요청한다. 이때 이 새로운 관계 맺음의 원리는 "나는 제사를 원하지 않고 자비를 원한다"라는 말에서 드러나듯이 '이웃 사랑'과 '형제 사랑'이다.

이런 관점에서 보면 산상수훈 역시 예수가 새로운 '나'와 '우리' 정체성의 형성을 위해 제시한 원리로 읽을 수 있는 여지가 충분하다. 산상수훈은 한편으로는 '나'와 '우리'의 영적 현주소를 하나님 나라의 참된 원리 안에서 투명하게 볼 수 있게 해주는 거울이면서, 동시에 새롭게 빚어질 '나'와 '우리'가 바라보며 나아가야 할 이상적인 개인적·공동체적 원리, 내가 우리 안에서 이루어가야 할 '보편적 인격'과 '보편적 공동체' 형성의 원리이기도 하다. 산상수훈은 하나님 안에서 우리가 참 하나 됨을 이루기 위해서는 마음의 청결함과 온화함, 화평케 함과 긍휼히 여김, 애통해함, 하나님 나라의 공의를 목말라하는 영적 심성이 절실하게 필요함을 깨우쳐준다. 이런 하나님 나라의 중심 원리들이 '나'와 '우리'의 삶에서 진정한 중심 원리가 될 때, 우리는 비로소 진정한 하나님의 자녀, 하나님의 백성이 될 수 있는 것이다.

5. 탕자의 비유: 남과 북의 만남

5.1. 볼프와 티머시 켈러의 해석

일반적으로 '탕자의 비유', '아버지의 사랑', '탕자의 귀환' 등의 제목으로 언급되는 누가복음 15장의 이야기는 '하나 됨'의 기독 신앙적 의미를 탐색하는 이 글의 맥락 안에서 필자에게 성경 안의 어떤 이야기보다 더 큰 울림으로 다가온다. 이 이야기는 볼프에게도 그의 '포용의 신학'을 추동하고 그 사유의 핵심을 구성하는 중요한 의미를 갖는다. 볼프는 이 이야기에 '두 팔을 벌리신 하나님 아버지'라는 제목을 붙이고, '깨어진 관계를 회복하고자 한다면 정체성이 어떻게 구성되어야 하는가?'의 문제를 중심으로 이 이야기를 분석한다.

볼프에 의하면 아버지의 두 아들은 외형적 차이에도 불구하고 공통적으로 아버지가 중심이 되어 형성해온 가정의 질서와 아버지의 정체성을 위협한 존재들이다. 둘째 아들은 아버지를 떠남으로써 아버지가 떠받치고 있던 기존의 질서를 파괴하고, 그것을 통해 그 질서 안에서 유지되던 아버지와 아들의 정체성을 위협했다. 첫째 아들은 동생의 떠남과 귀환이라는 중대한 사건의 발생과 그로 인한 상황의 변화에도 불구하고, 여전히 기존 질서의 고정된 규칙과 틀을 고수하면서 동생이 돌아온 뒤 아버지가 달라진 상황에 부응하여 새롭게 구축하려는 가정의 질서를 거부함으로써 가정-부자 관계의 정체성을 위협한다. 자신을 아들이 아니라 종으로 받아달라고 간청하는 둘째 아들의 요구와, 그런 동생을 아무런 조건 없이 환영하며 성대하게 잔치를 베풀어주는 것은 불의라고 주장하며 거부하는 첫째 아들은 표면적으로는 대립적인 위치에 있지만, 내면적으로는 주어진 도덕적 규칙이 아니라 깨어질 수 없는 부자 관계 안에서 가정의 질서를 재구성하려는 아버지의 노력을 수용하지 않는다는 점에서 동일하게 아버지를 떠나 있다.[15]

볼프는 탕자의 이야기를 이렇게 해석한 뒤, 이야기 속에 등장하는 아버지의 정체성과 관련된 중요한 질문을 던진다. 두 아들 모두에게 거부당하고, 가정의 질서가 무너지고, 그 안에서 아버지로서의 정체성이 지속적으로 심각하게 위협당하는 갈등과 혼란의 상황 속에서 아버지는 어떻게 끝까지 아버지로서의 정체성을 잃지 않으면서 부자 관계를 포기하지 않은 채, 새로운 가정의 질서 확립과 모든 관계의 온전한 복원을 위해 끝까지 노력할 수 있었을까? 그것을 가능하게 만든 원리는 무엇인가? 아버지와 아들들은 어떤 다른 원리 안에 있었던 것일까? 볼프는 이 질문에 대해 다음과 같이 답한다.

> 고정된 규칙과 안정적인 정체성의 세계는 첫째 아들의 세계다. 아버지는 이 세계를 불안정하게 만든다.…근본적으로 아버지는 규칙과 주어진 정체성에 집착하지 않고 자신의 아들들에게 관심을 집중한다.…두 아들의 삶은 너무나 복잡해서 고정된 규칙에 의해 규제될 수 없으며, 그들의 정체성은 너무나 역동적이어서 단번에 최종적으로 규정될 수 없다. 하

지만 그는 규칙과 질서를 포기하지 않는다. 아버지는 질서를 파괴하기보다 계속 재조정함으로써 그 질서가 배제의 질서가 아니라 포용의 질서가 되도록 지켜나간다. 그것이 가능했던 이유는, 자아 안에 타자의 타자성을 위한 공간을 만들고 범죄한 타자에게 돌아오라고 초대하며, 그들로 하여금 고백할 수 있도록 환대의 조건을 이루고 그들의 존재 자체를 기뻐하는, 결코 파괴할 수 없는 사랑이 그를 이끌었기 때문이다.[16]

아버지가 가정을 지키는 새로운 질서를 구축하는 일은, 한편으로는 둘째 아들의 떠남과 귀환을 통해 폐기된 질서에 집착하지 않음으로써, 다른 한편으로는 첫째 아들이 요구하는 배제의 낡은 질서를 거부함으로써 가능했다. "아버지를 거부하는 아들들에 의해서 계속 정체성을 변화시켜야 하는 이 쉽지 않은 여행"에서 아버지가 끝까지 자신의 정체성을 잃어버리지 않고, 그렇다고 아들들로부터 고립된 자기 정체성 속에 갇히지도 않으면서 오히려 두 사람 모두를 다시 아들로 회복시키고 그들이 서로를 형제로서 재발견하도록 돕는 자리에 서 있을 수 있었던 것은 둘 다에게 베푼 '낭비'적 사랑, 그 "관계의 우선성에 관한 심오한 지혜로 인해서"다. 두 아들 모두와의 관계를 포기하지 않고 끝까지 어떤 규칙보다도 그 관계의 중요성을 중심에 두었던 아버지의 사랑은, 결국 둘째 아들을 있는 그대로 수용하고 첫째 아들에게도 그 모습 그대로 잔치에 초대하는 결말 속에서 암시되는 것처럼, 새로운 가정의 질서를 구축하고 새로운 가족 구성원들의 정체성을 정립해나감으로써 깨어졌던 가정을 관계 안에서 온전히 회복시킬 가능성을 만들어낸다. 이 이야기의 마지막에서 아버지가 잔치를 베풀고 두 아들 모두를 초대하는 장면은 이런 관점에서 온전한 관계 회복의 가능성에 대한 긍정적인 메타포로 읽을 수 있다.

『마르지 않는 사랑의 샘』이라는 저서에서 탕자의 비유를 전면적으로 다루고 있는 티머시 켈러(Timothy Keller) 역시 이 비유 속에 나오는 두 아들이 본질적으로는 둘 다 아버지로부터 떠나 있음을 강조한다. 이 이야기에서 잃어버린 아들은 하나가 아니라 둘이다.[17] 이 두 아들은 당시 예수 주위에 있던 두 종류의 사람을 표상하는 동시에, 그들이 하나님으로부터 소외되는 서로 다른 두 가지 방식을 보여준다.[18] 두 아들 모두 잃어버린 아들이지만, 그 잃어버림의 정도에서 보면 둘째 아들보다 큰 아들이 훨씬 더 심각하다. 그 원인은 바로 그가 자신을 의롭다고 생각하는 데 있다. '탕자의 비유'에서 티머시 켈러는 이 점을 가장 중요하게 다룬다.

> 첫째 아들은 그 선함에도 불구하고 아버지의 사랑을 잃는 것이 아니라, 바로 그 선함 때문에 아버지의 사랑을 잃는 것이다.…그의 악행이 아니라 의로움이 그로 하여금 아버지의 잔치에 참예하지 못하게 막고 있는 것이다.[19]

둘째 아들이 아버지에게서 도망친 것은 지극히 명백하다. 둘째 아들은 말 그대로 물리적으로 그리고 도덕적으로 아버지를 떠났다. 첫째 아들은 집에 남아 있었지만 사실은 그가 동생보다도 더 아버지에게서 멀리 소외되어 있었다. 왜냐하면 자신의 진짜 상태를 보지 못하고 눈이 멀어 있었기 때문이다.[20]

티머시 켈러는 예수의 이 이야기가 둘째 아들의 파괴적인 자기중심성만이 아니라 동시에 첫째 아들의 도덕주의적 삶에 대해서도 강하게 경각심을 일깨우려 한다고 해석한다. 게다가 그 부정적인 영향력의 측면에서 보면, 둘째 아들의 잘못보다는 첫째 아들의 잘못이 훨씬 더 클 수 있다. 첫째 아들 식의 독선은 증오와 억압을 모두 진리의 이름으로 정당화하고, 용서할 줄 모르고 남을 판단하는 마음을 낳기 쉽기 때문이다. 이런 첫째 아들에게 절실하게 필요한 것은 자신도 "동생만큼이나 자기중심적이고 아버지에게 근심거리"라는 점을 깨닫고, 자신이 만든 분노의 감옥에서 벗어나 "아버지가 동생을 용서한 것과 똑같이 동생을 용서할 자유를 누리는" 것이다. 티머시 켈러가 이 이야기에서 마지막으로 강조하는 것은 "두 아들 모두 잘못되어 있음에도 불구하고 아버지는 그들 모두를 소중하게 여기며, 자신의 사랑과 잔치 속으로 돌아올 수 있도록 두 아들 모두를 초대한다"라는 점이다.

5.2. 탕자의 비유와 분단된 남과 북의 만남

떠남과 돌아옴, 무너지고 흔들리는 가정의 질서와 가족의 관계적 정체성을 온전히 회복시키기 위해 두 아들에게 아낌없이 '낭비적인' 사랑을 쏟아붓는 아버지, 이 가정이 과연 진정한 화해 안에서 사랑의 가정으로 온전히 회복될 수 있을지에 대한 답이 분명하게 제시되지 않는 열린 결말을 가진 탕자 이야기는, 여러 가지 면에서 남과 북의 분단과 이후의 만남에 대한 생각을 불러일으킨다. 둘째 아들의 떠남으로 일차적인 분리를 겪게 되고, 이후 그 사실을 기정사실화하면서 안정적인 자기 정체성을 확립하려 했던 첫째 아들은 둘째 아들의 귀환으로 안정된 질서가 흔들리는 것에 대해 당혹해하고 분노한다. 둘째 아들의 떠남과 귀환, 첫째 아들의 분노와 잔치에의 참여 거부는, 어떤 면에서 하나였던 '우리'가 전쟁을 통해 남과 북으로 분리되고 이후 분단이 남긴 상처를 안은 채 각각 서로 다른 두 길을 걸어가며 차츰차츰 그 분리 안에서 안정적인 자기 정체성을 확립해온 남과 북의 현실을 환기시킨다고 볼 수 있다. 남과 북이 각각 걸어간 길은 그 모양은 다르지만 둘 다 아버지의 집을 떠나 온전한 가정의 질서를 파괴하고 각각 다른 모양으로 멀리 간 '둘째 아들'의 길일 수 있기 때문이다. 남과 북은 서로에게 남긴 깊은 상처와 적대적 의식 속에서 각각 안정된 분단 체제의 질서를 정립해왔다. 비판적인 관점에서 보면 남한은 성공주의와 물신숭배, 시장만능주의 속에서 사람들을 살인적인 경쟁 체제로 몰아왔고, 북한은 억압적인 집단주의, 종교화된 이념, 인간의 신격화 속에서 사람들의 자유와 생존을 박탈해왔다. 이렇게 둘 다 제 갈 길을 찾아갔고, 둘 다 하나님의 품에서 멀어져갔다. 이제 이렇게 오랫동안 서로 다른 체제 속에서 살아온 남과 북의 만남은 어쩌면 서로에 대해 첫째 아들의 입장에 서서, 상대방을 둘째 아들로 규정하며 심판자의 마음으로 부정하고 정죄하며 분노하는 자리에 서는 만남이 될 수 있다. 서로의 이념에 대해, 서로의 책임에 대해, 서로의 정통성과 정당성에 대해 쌍방 모두 '자기 의'를 주장하며 타자의 불의함을 정죄하고 비난하는 첫째 아들의 자리에 설 수 있는 것이다. 그렇다면 어떻게 남과 북의 만남이 오랜 단절과 갈등의 역사 속에서 형성된 이질성과, 또 그것에서 비롯되는 상호 정죄와 비난과 분노를 극복하고 진정한 '화해와 사랑'의 만남을 이루어갈 수 있을까?

    탕자의 이야기는 남과 북이 모두 스스로를, 방탕한 둘째 아들이나 자기 의에 갇힌 첫째 아들처럼 아버지를 떠났던 존재임을 겸허하게 인정하고, 어떤 '의'보다도 가정의 온전한 하나 됨을 간절히 원하는 아버지의 마음을 이해하고, 아버지가 마련한 '사랑과 화해'의 잔치에 기쁨으로 참예하는 자리로 마음을 옮겨가야 함을 말해준다. 그렇게 하기 위해서는 먼저 우리 모두가 탕자일 수 있다는 것, 비록 회심하여 아버지 앞에 무릎을 꿇었더라도 언제든지 다시 탕자의 자리로 갈 수 있는 존재라는 것을 깊이 깨닫고 인정하는 것이 필요하다. 또한 다시 돌아온 탕자처럼, 언제든 아버지 앞에 돌아와 엎드려 그 사랑 안에서 치유되고 회복됨을 경험해야 할 것이다. 우리는 언제라도 다시 첫째 아들의 자리에 서서 자기 의와 교만에 빠져 타인에게 냉혹하고 불의한 심판자가 될 수 있는 존재이며, 그것이 너무나 자연발생적으로 일어나는 존재임을 자각하고 그때마다 그 자리에서 떠나기, 그런 자기와의 거리두기를 실천해야 한다. 또한 둘째 아들인 동시에 첫째 아들인 우리 모두는 우리가 회복해야 할 정체성이 아버지의 참 아들의 자리임을 명심해야 한다.[21] 이 참 아들의 자리는 온전한 가정의 '하나 됨'을 이루기 위해 아픔을 감수하며 넘치도록 퍼붓는 낭비하는 사랑, 두 팔을 벌리고 끝까지 기다리며 포기하지 않는 사랑 안에서 아버지가 구축한 새로운 회복의 질서, 참 평화와 사랑과 정의의 질서 안에서 기쁨으로 그 일원이 되는 자리다. 또한 그것은 큰 바위 얼굴의 이야기처럼 날마다 아버지의 마음을 닮는 것, 아버지의 마음이 우리 마음이 되는 것을 간절히 사모하여 마침내 그 마음을 닮는 꿈이 실현되기를 꿈꾸는 것이기도 하다.

6. 〈목란언니〉와 〈타인의 삶〉

연극 〈목란 언니〉와 영화 〈타인의 삶〉은 분단과 통일의 문제를 사람의 만남에 초점을 맞추면서, 서로 다른 체제와 문화 속에서 살아가던 남과 북의 만남이 가져올 두 가지 유형의 서로 다른 모습을 예상해볼 수 있게 해준다.

6.1. 〈목란언니〉

〈목란언니〉는 26세의 "건강하고 순박했던 평양 여자 조목란이 남한 사회에 와서 돈 때문에 서서히 무너져가는 모습"을 그리고 있다. 아버지 친구가 맡긴 짐을 영문도 모르고 맡아두었다가 그것이 화근이 되어 더 이상 북한에서 편안한 삶을 살 수 없게 된 목란은 부득이하게 남한으로 도피한다. 그러나 남한으로 온 목란은 북에 두고 온 어머니에 대한 절절한 그리움 때문에 다시 북한으로 돌아갈 방법을 강구하게 되고, 일자리를 구하러 다니는 와중에 룸살롱 여주인인 조대자와 그녀의 가족을 만나게 된다.

　작품의 중반에서 목란은 때 묻지 않은 순수함과 남한 사람에게서는 쉽게 볼 수 없는 소박함과 씩씩함, 북한 특유의 삶의 경험을 통해 답답하게 침체되어 있던 남한 사람들의 삶에 새로운 가능성을 만들어내는 것처럼 보인다. 북한 여성 목란의 '타자성'이 남한 사람 조대자의 자녀들에게 수용되면서, 낙심과 절망으로 무너져가던 태산에게는 실연의 상처를 딛고 일어설 힘을, 좌절 속에서 자포자기하던 태강에게는 새로운 사랑의 열정을, 소재의 빈곤으로 창작의 활로를 찾지 못하던 태양에게는 다시 왕성하게 창작 활동을 시도할 수 있는 참신한 창작의 자원을 제공한다. 그리고 북한 여성 목란에게도 남한 사람들과의 만남은 어머니를 다시 만날 수 있으리라는 희망으로 다가온다.

그러나 작품의 결말에 이르면 목란은 남한 사회의 타락한 문화, 돈과 거짓과 부패의 문화 속에서 결국 파괴되는 것으로 그려진다. 목란은 룸살롱 주인 조대자에게 오천만 원을 사기당하고 절망에 빠졌다가, 그녀의 아들 태강을 통해 간신히 오천만 원을 되돌려 받게 된다. 하지만 다시 탈북 브로커 김정일에게 그 돈을 사기당하고, 마지막에는 중국 땅에서 홍등가를 떠도는 신세로 전락한다. 작가인 막내 딸 태양은 이전에 자신이 저항했던 거짓 현실에 순응하여 소설 같은 자서전 쓰기를 수용하게 되고, 태강은 행복한 삶을 찾아 홀로 캐나다로 떠나고, 큰 아들 태산은 도주하는 어머니 조대자와 함께 정처 없는 유랑길에 오르는 것으로 작품은 끝난다. 작품의 중반에서 강하게 암시되던, 서로 다른 두 주체의 만남이 가져올 것으로 기대되었던 삶의 변화와 새로운 삶에의 희망은 결국 의미 있는 영향을 남기지 못한 채 사라져버린다. 목란이 남한 사회 안에서 만들어냈던 작은 변화와 희망의 가능한 공간은 다시 메워진다.

〈목란 언니〉는 남과 북의 만남이 이런 것이어서는 안 된다는 생각을 강하게 일으킨다. 남북의 만남은 지금 모습 그대로의 대한민국과 조선인민공화국의 만남이어서는 안 되며, 인간 내면의 어두운 욕망과 연약함이 부패하고 타락한 사회 문화의 탐욕과 결합하여 새로운 생명의 가능성을 잠식하고 파괴하는 절망적인 만남이어서도 안 된다. 경직되고 억압된 체제 속에서 이념과 체제의 노예로 길들여졌던 사람들이 그 구속을 벗어나자마자, 이제는 다시 타락하고 부패한 황금만능의 자본주의 문화의 노예로 전락하여 서로를 도구로 이용하며 파멸로 몰아가는 비인간적인 문화를 증폭시키는 그런 만남이어서는 안 된다는 각성을 다시금 강하게 일깨우는 것이다.

6.2. 〈타인의 삶〉: "아름다운 영혼을 위한 소나타"

〈타인의 삶〉은 〈목란 언니〉와는 완전히 다른 만남의 가능성을 보여주는 영화다. 영화는 분단 시절 동독의 비밀경찰 슈타지의 간부였던 비즐러가 동독의 문화계에서 주목받는 작가 드라이만의 삶을 도청하게 되는 임무를 수행하면서 겪게 되는 변화를 줄거리로 삼고 있다. 작품의 초반에 비즐러는 사회주의 체제와 이념의 진실한 신봉자, 그 체제와 이념의 정당성을 믿고 그것을 자기 것으로 확고하게 정립한 '당과 사회주의의 방패'로 등장한다. 비즐러와 그가 속한 사회의 문화 사이에는 전혀 거리가 없어 보인다. 사회적 존재로서의 비즐러에 가려 기쁨과 슬픔, 고뇌와 환희를 느끼는 한 실존적 인간으로서의 비즐러는 보이지 않는다. 자신이 속한 사회·체제·문화의 가치 수호를 위한 신념과 그것에 대한 충성 속에서 비즐러는 누구보다도 냉혹한 체제의 수호자로 살아간다.

그러나 그런 비즐러의 삶에 동요가 일고, 마치 얼음장 같던 그의 마음에 균열이 생겨나게 된다. 그 계기가 된 것은 '타인의 삶'을 깊이 들여다보는 도청이었다. 도청을 하면서 비즐러는, 작가 드라이만과 연극배우인 그의 애인 크리스타의 진실한 사랑, 체제가 부여한 권력을 탐욕의 도구로 삼고서 그 탐욕으로 둘의 진실한 사랑을 짓밟는 사회주의 권력

햄프의 추한 행태, 탐욕스런 권력자 앞에서 두려움과 불안에 떨며 자기 파멸의 길로 몰려가는 크리스타의 아픔과 스승 예르스카의 사회적 매장과 자살 앞에서 겪는 드라이만의 깊은 고뇌를 목격하게 된다. 또한 절망과 두려움에 사로잡혀 나누는 드라이만과 크리스타의 열렬한 사랑의 이야기를 듣고, 작가 드라이만의 방에서 몰래 가져온 브레히트의 시집을 읽으며, 예르스카의 죽음의 소식을 들은 드라이만이 비통한 마음으로 연주하는 베토벤의 음악을 들으면서, 메말라 있던 비즐러의 두 눈에서는 작은 눈물 방울이 새어나오게 된다. 마침내 깊이 파묻혀 있던 실존적 개인 비즐러가 조용히 일깨워지는 변화가 일어난다.

이 변화는 비즐러로 하여금 더 이상은 위선과 타락으로 오염된 체제와 이념의 비인간성을 갈등 없이 받아들일 수 없게 만든다. 자기와 자신이 속한 체제·이념·문화와의 사이에 생겨난 거리 속에서 비즐러는 자기 문화의 악을 생생하게 바라볼 수 있게 된다. 작품의 마지막 부분에서 결국 비즐러는, 협박에 굴복하여 드라이만의 비밀을 토로하고 고통스러워 하는 크리스타를 보호하기 위해, 자신의 모든 것을 걸고 드라이만의 타자기를 숨기는 일을 감행한다.

그 대가로 비즐러가 감내해야 했던 것은 비밀경찰 대위라는 고위직에서 편지 검열부라는 말단직으로 강등된 채 동서독 통일이 이루어지기까지 4년 7개월을 근무하고, 통일 이후에도 2년 동안이나 아무도 알아주지 않는 우편배달부로서의 삶을 묵묵히 살아나가는 일이었다. 영화의 후반부에서 드라이만은 통일 이후 분단 자료 보관실에서 자신의 삶에 대한 도청 기록을 샅샅이 살펴보다가 자신이 그 엄혹한 시기에 안전하게 살아남은 것이 동독의 한 슈타지의 보호 때문이라는 것을 발견하게 된다. 드라이만은 이 이야기를 책으로 쓰고 나서 거기에 스승 예르스카가 마지막으로 자신에게 준 선물인 "아름다운 영혼을 위한 소나타"의 제목을 부쳐 비즐러에게 헌정한다. 영화는 통일 독일에서 익명의 우편배달부로 살아가던 비즐러가 우연히 서점 앞을 지나가다가 드라이만의 책의 광고를 보고는 책을 한 권 사면서 "포장해드릴까요?"라고 묻는 점원의 물음에 "아니요, 이건 저를 위한 책입니다"라고 조용히 답하며 미소 짓는 장면으로 막을 내린다.

7. 맺음말

'나는 누구인가?', '우리는 누구인가?'라는 질문은 곧 '나는 나를 누구라 하는가?', '우리는 우리를 누구라 하는가?'의 물음이며, 이것은 다시 '나는 나와 우리를 어떤 원리의 거울에 비추어볼 것인가'의 물음이기도 하다. 교회와 그리스도인이 마땅히 자신을 비춰보아야 할 거울은 예수의 가르침과 그의 삶이다. 그런데 그 예수가 자신의 사역을 통해 가장 강력하게 제시한 것은 인간과 인간 사이에 잘못 놓여 있는 거대한 장벽을 헐고, 하나님의 백성이 아버지의 마음을 닮아 서로를 한 가정의 일원으로 여기며 사랑 안에서 진정한 하나 됨을 이루어가는 것이다.

'나'는 누구인가? '우리'는 누구인가? 나와 우리는 자기에게 묶인 존재, 환경 안에서 빚어지고 형성되는 존재, 제한된 이성의 빛 안에서만 초월자를 이해할 수 있는 존재다. 그럼에도 다른 한편으로 우리는 하나님의 형상을 닮고, 하나님 나라의 공의와 사랑을 간절히 열망하는 선한 의지가 있으며, 선을 행하는 가운데 크게 기뻐하는 마음을 가진 존재이기도 하다. 우리는 자기에게 묶인 존재인 동시에 그것으로부터의 초월을 꿈꾸는 존재이며, 환경으로 빚어지는 존재인 동시에 그 제약을 돌파하고 새로운 환경을 만들어나갈 수 있는 존재, 진리 안에서 자유를 꿈꾸는 존재이기도 하다.

이런 인간의 한계와 가능성을 모두 겸허하게 바라보면서 너와 내가 기존의 나와 우리로부터 거리를 두고, '나'와 '우리'의 그릇된 정체성을 벗어버리며, 너와 나 사이에 놓인 막힌 담을 헐면서 새로운 개인적·공동체적 삶의 원리들을 붙잡고 하나님 백성으로서의 새로운 정체성을 확립해나가는 일, 바로 그것이 신앙 안에서 우리가 꿈꾸는 참 평화의 '하나 됨'을 이루어나가는 길일 것이다. 집을 떠났던 둘째 아들도, 마음이 아버지를 떠난 첫째 아들도 모두 아버지의 잔치에 초대받는다는 사실이 우리의 희망이 된다.

> 모든 사람은 잘못되었고, 모든 사람은 사랑받으며, 모든 사람은 이를 인식하고 변화하도록 초대받는다.[22]

주

1) 미로슬라브 볼프, 『배제와 포용』, IVP, 1986, 186-187쪽.
2) 볼프, 같은 책, 31쪽.
3) 볼프, 같은 책, 53-55쪽, 81쪽.
4) 볼프, 같은 책, 59쪽.
5) 예수의 식탁 공동체가 가지는 의미에 대해서는 박정수, 같은 책, 114-115쪽을 참조하라.
6) 볼프, 같은 책, 110쪽.
7) 볼프, 같은 책, 111쪽.
8) 알튀세르, 『아미앙에서의 주장』, 솔, 1991.
9) 요한 갈퉁, 『평화적 수단에 의한 평화』, 들녘, 2000.

10) 르네 지라르, 『낭만적 거짓과 소설적 진실』, 한길사, 2001.
11) 엠마누엘 레비나스, 『시간과 타자』, 문예출판사, 2001.
12) '모방 욕망'과 '희생양'은 지라르 이론의 핵심 개념이다. 이와 관련된 내용으로는 필자의 "반평화적인 삶의 문화와 그 근저", 『평화와 반평화』, 프리칭 아카데미, 2013, 2쪽을 참조하라.
13) 리처드 로티, 『우연성, 아이러니, 연대성』; 『배제와 포용』, 102쪽에서 재인용.
14) 유대와 사마리아 사이의 지역적 갈등이 정치적·종교적 갈등으로 비화되고 악화되어가는 배경에 관해서는 박정수, 같은 책, 73-74쪽을 참조하라.
15) 볼프, 같은 책, 256쪽.
16) 볼프, 같은 책, 261-262쪽.
17) "전통적인 기준에서 볼 때 '나쁜' 아들과 '좋은' 아들, 두 명의 아들이 있다. 그러나 두 아들은 모두 아버지와 멀어져 있다. 두 아들을 자신이 베푸는 사랑의 잔치에 들어오게 하려면 아버지는 나가서 두 아들을 각각 초대해야만 한다. 그러므로 이 비유에 등장하는 잃어버린 아들은 한 명이 아니라 두 명인 것이다"(티머시 켈러, 『마르지 않는 사랑의 샘』, 베가북스, 2011, 44쪽).
18) 켈러, 같은 책, 13쪽.
19) 켈러, 같은 책, 44-45쪽.
20) 켈러, 같은 책, 59쪽.
21) 『탕자의 귀향』(포이에마, 2009)에서 헨리 나우웬은 우리가 작은 아들이든 큰 아들이든, 궁극적으로 우리가 도달해야 하는 곳은 아버지의 마음이라고 말한다.
22) 켈러, 같은 책, 57쪽.

참고문헌

박정수, 『성서로 본 통일신학』, 한국성서학연구소, 2010.
심혜영, "반평화적인 삶의 문화와 그 근저", 『평화와 반평화』, 프리칭 아카데미, 2013.
갈퉁, 요한, 『평화적 수단에 의한 평화』, 들녘, 2000.
나우웬, 헨리, 『탕자의 귀향』, 포이에마, 2009.
레비나스, 엠마누엘, 『시간과 타자』, 문예출판사, 2001.
볼프, 미로슬라브, 『배제와 포용』, IVP, 1986.
알튀세르, 루이, 『아미앙에서의 주장』, 솔, 1991.
지라르, 르네, 『낭만적 거짓과 소설적 진실』, 한길사, 2001.
켈러, 티머시, 『마르지 않는 사랑의 샘』, 베가북스, 2011.

임성빈

장로회신학대학교 기독교와 문화 교수
Princeton Theological Seminary 철학 박사
대표적 저서로 『21세기 문화와 기독교』 『21세기 책임윤리의 모색』, 역서로 『기독교윤리학의 역사』가 있다.

8장 세대 갈등과 통일에 대한 기독교적 성찰

임성빈

1. 들어가며

지금까지 한국사회에서 갈등의 축을 형성했던 것은 주로 정치적 이념과 경제적 계급이었다. 최근 한 조사에 따르면, 한국사회는 진보와 보수 세력 간 갈등으로 몸살을 앓고 있으며 '빈부', '정규직과 비정규직', '경영자와 노동자' 간의 갈등도 사회통합을 방해하고 있다.[1] 정치적 이념과 경제적 입장에 따라 사회적 사안을 달리 보는 것은 자연스러운 일이지만, 이를 절대화하고 매 사안마다 대립 구도로 몰고 가 상대편을 일방적으로 공격하거나 집단행동을 취하는 것은 심각한 사회 분열을 낳는다.

그런데 우리가 더욱 주목해야 할 사실은 '세대'가 사회 갈등의 새로운 축으로 등장했다는 것이다. 지금까지는 같은 이념을 공유한 사람들이 세대를 초월하여 연대해서 정치 세력을 키워나갔고, 소속된 집단의 경제적인 이해를 도모해왔다. 정치적인 선호가 영호남과 같은 지역에 따라 갈렸던 적은 있으나, 오늘날처럼 세대에 따라 정치적 사안을 바라보는 시각이 달랐던 적은 없었다. 하지만 이제 사정이 달라졌다. 특히 2012년 12월에 있었던 지난 대선은 세대 전쟁으로 불리기도 했다. 방송 3사의 출구조사에 따르면, 20대와 30대는 65.8-66.5퍼센트가 야권 후보를 지지한 반면, 50대와 60대는 각각 62.5퍼센트, 72.3퍼센트가 여권 후보를 지지했다. 젊은 세대의 투표 참여에 위기의식을 느낀 50대 이상의 세대들이 투표율을 결집시켰다고 해서 한때 우리 사회 안에서는 '노년의 반란'이란 말이 회자되기도 했다.

정치적 선택은 단순히 개인의 이념적인 선호뿐만 아니라 사회와 경제를 이해하는 방식을 드러내기 때문에 이 문제는 가볍게 볼 수 없다. 세대 간 생각은 정년 연장이나 복지 부담 같은 경제적 이슈에 대해 서로 다르며, 그동안 경제성장의 동인이 되어왔던 기업의 조직 문화에 대해서도 다르다. 몇 차례의 경제 위기를 거치면서 젊은 세대는 미래의 생계와 직결되는 문제에 더욱 민감해졌으며, 자신들이 급증하는 노년층을 부양해야 한다는 책임도 떠안고 있다는 데 상당한 부담을 느끼고 있다. 1997년 외환위기 이전에는 세대 간 갈등이 정치·문화적인 양상으로 제한되었던 반면, 이제는 경제적 차원의 주도권 투쟁으로까지 번지고 있는 것이다.

한편 한국사회에서 통일이란 정치적 이슈이자 경제적 이슈다. 통일이 정치적 이슈라는 것은, 개인이나 공동체가 어떤 정치적 이념을 지지하느냐에 따라 통일에 접근하는 방식이 달랐다는 말이다. 대북 정책이나 북한 주민의 인권에 대한 생각도 정치적 이념에 따라 판이했다. 통일이 경제적 이슈라는 것은, 통일과 관련되는 막대한 경제적인 비용과 파급효과를 현실적으로 고려하기 시작했다는 의미다. 통일비용에 대한 부담감도 통일에 대한 국민 의식에 상당한 영향을 미치게 되었다. 그러나 이와는 대조적으로 통일이 되면 국방비를 절감할 수 있다는 간단한 논리부터 시작해서 지하자원 개발이나 충분한 노동력 확보, 새로운 일자리 창출을 비롯하여 동북아에서 한반도가 차지하는 위치를 고려할 때 상당한 이익이 발생할 것으로 기대되고 있다.

이렇듯 통일이 정치적이고 경제적인 이슈임에는 틀림없다. 그러나 동시에 통일은 무엇보다 세대 간의 이슈이기도 하다. 분단과 전쟁을 경험한 세대가 있고, 산업화 시대를 거치며 반공 이데올로기로 무장한 세대가 있으며, 처음부터 이념과 무관하게 성장한 세대도 있기 때문이다. 북한 정권을 적대시하며 인도적 지원을 거부하는 대신 북한 주민들의 인권에 목소리를 높이는 세대도 있고, 정치적 타결과 해법을 모색하는 것이 우선이라 생각하는 세대도 있다. 무엇보다 막대한 통일비용을 지불해야 할 세대가 있고, 통일비용의 일부를 부담하겠지만 통일의 가장 큰 수혜자가 될 세대도 있다. 그러므로 세대별로 통일을 어떻게 생각하는지를 살피며, 이들 각 세대가 통일에 대한 관점을 다르게 가지게 된 까닭을 살피는 것은 통일 준비에 있어서 매우 중요한 과제이며 또한 의미 있는 작업이라 할 수 있다.

이 글은 다음과 같은 순서로 전개될 것이다. 먼저 동시대를 살아가는 각 세대가 통일을 어떻게 인식하고 있는가를 살피기 전에, 세대를 어떻게 구분할 수 있는지를 설명할 것이다. 이어서 세대별로 상이한 대북관과 통일에 대한 인식을 살필 것이다. 그 후 이런 차이가 나타나게 된 이유를 살피며, 통일에 대해 세대마다 상당한 의식 차이를 보이는 현실에서 교회가 어떤 역할을 해야 하는지를 모색하고 제안할 것이다.

2. 세대 구분과 세대별 특징

일반적으로 '세대'란 유년기, 청년기, 장년기, 노년기라는 생물학적인 생애 주기를 함께 거치면서 같은 역사적 사건을 경험한 사람들을 일컫는다. 여기에는 정치·경제적 사건이 세대의 의식을 구성하는 데 영향을 미치고, 어떤 문화를 향유했는가에 따라 세대별로 생각하는 방식이 달라진다. 사회학자 만하임(K. Manheim)은 세대란 "진정으로 동시대인이라는 의미를 갖도록 만들어주는 주요한 요인"이라고 했다. 사람들은 동일한 역사적 사건을 함께 겪었던 사람들과 비슷한 감정과 생각을 공유하는데 이것이 세대를 묶는 힘이 된다는 것이다. 만하임이 "역사적 경험과 의식을 공유하는 집단"으로서 세대 개념에 주목한 반면, 라이더(N. Ryder)는 세대에 대한 실증적인 연구를 위해 '동년배'(cohort)개념을 동원한다. 그는 동년배별로 끊어서 인구학적인 구성을 살피고 이들이 다른 동년배들과 어떻게 다른지를 연구할 수 있는데, 이를 통해 각 동년배별로 똑같은 사건에 어떻게 의미를 부여하는지 알 수 있다고 한다.[2]

한국의 사회학자들은 세대 구분에 있어 다소간 의견을 달리하긴 하지만, 대체로 '산업화 세대', '민주화 세대', '정보화 세대'로 구분한다. '산업화 세대'는 근대화 시대에 경제성장의 주역으로 활동했던 세대로서 현재 50대 후반 이상에 해당한다. '민주화 세대'는 군사독재를 종식시키고 민주주의가 정착할 수 있도록 애썼던 세대로 처음에는 30대와 40대를 말했으나, 이제 시간이 흘러 민주화 세대 중에는 50대 중반에 가까운 사람도 있다. '정보화 세대'는 IT 기술의 확산과 함께 성장한 20대와 30대를 가리킨다. 김문조는 '산업화 세대'를 "6·25, 4·19, 5·16 등의 국가적 대사건을 몸소 체험한 세대로서, 성장주의와 민주주의 사이에서 고민한 세대요, 가족과 국가를 위해 헌신한 세대이자, 기성세대로서의 권위를 상실하기 시작한 세대인 동시에 1997년 외환위기 이후 상시적 은퇴 압력에 직면한 세대요, 열심히 일하고도 고령화 대비에 취약한 세대이자, 정보화 및 세계화에 대한 적응력을 갖추지 못한 세대"라고 규정하고 있다. 한편 '민주화 세대'는 "민주화 운동에 참여하거나 동조해온 세대로서, 뉴 미디어를 활용한 사회 활동을 경험한 세대요, 한국적 특수성과 세계적 보편성을 동시에 추구하는 세대이자, 개인적 욕구와 공동체적 가치 사이에서 고뇌해온 세대요, 경제적 풍요와 외환위기를 동시에 체험한 세대요, 2002년 대선 이후 사회적 중심 세력으로 떠오른 세대이자, 고용 불안과 자녀 교육으로 시달리는 세대"로 설명하고 있다. 정보화 세대는 "첨단 정보통신기기의 활용을 통한 정보환경에 친숙한 세대로서, 경제발전과 민주화의 결실을 동시에 향유한 세대이자, 정치·경제적 이념보다 문화 코드로 동질감을 느끼는 세대요, 한국적 가치 규범 대신 세계적 규준을 중시하는 세대이며, 생존 문제를 넘어선 삶의 질 향상을 추구하는 세대이나, 고조되는 청년 실업의 직접적 피해 당사자"라고 보고 있다.[3]

사회학자 함인희는 기존의 세대 논의를 충분히 참고해서 한국의 세대별 역사적 경험과 가치관을 아래와 같이 정리하고 있다.[4]

		근대화/산업화 세대	386(운동권)/민주화 세대	정보화/디지털 세대
생애 주기와 역사적 경험	유년기	-군부독재 -후진국 -경제개발계획	-민주화 -고도성장기 -중진국 진입	-세계화 -고도 소비사회 진입 -OECD 국가로 진입
	청소년기	-새마을 운동 -과밀 학급, 교련 -명문 고교/ 평준화 세대 공존	-고교 평준화 정착 -학력고사 세대 -대학 입학 정원 증원	-하향 평준화 논란 -특목고 등장 -수능 세대 -독방 세대
	취업 및 외환위기 영향	-고도성장기에 취업 -외환위기 시 사오정 -상시적 은퇴 압력	-고실업사회 진입 -구조 조정, 정리 해고 일상화 -고용 불안	-청년 실업의 피해 -선진화의 꿈
	성년기	-보편혼 -제도가족	-우애가족	-만혼 및 저출산 -이혼률 증가
	의미 있는 역사적 경험	-6·25, 4·19, 5·16 등 대사건 체험 -유신 시대	-5·18광주항쟁, 1987년 민주화투쟁 -2002 대통령 선거로 부상	-경제발전과 민주화 결실 향유 -인터넷 혁명
가치관 비교	정치적 가치	-현실주의 -성장주의와 민주주의 간의 갈등 -유신의 그림자 -진보주의의 좌절 -친미반북 성향	-관념적 민중주의 -민주화의 주역 -진보의 기수 -세대 비약 달성 -친북반미 성향	-탈정치적 문화주의 -실용적 보수주의 -문화적 반미주의
	사회적 가치	-가족과 국가를 위해 헌신 -우리 의식 -권위 상실	-한국적 특수성과 세계적 보편성 추구 -개인적 욕구와 공동체적 욕구 사이의 갈등	-문화 코드로 동질감 확보 -한국적 가치보다 세계적 규준 중시

	산업화 세대	민주화 세대	정보화 세대
가족 가치	-가족보다 일이 중요 -가장 이데올로기 고수	-가족과 일 모두 중요 -가장 이데올로기 위기	-일보다 가족이 중요 -가장 이데올로기 실종 -맞벌이 부부 규범화
고령화 대비	-매우 취약	-국민연금 위기	-삶의 질 향상 추구
자녀 교육	-사교육 투자	-사교육 과잉 -기러기 부부	-출산 파업
정보화 대비	-취약	-뉴 미디어 활용	-첨단 정보통신기기 활용
소비 의식	-대량생산 대량소비 -소비 취향 없음 -저축 -노동하는 세대	-다품종 소량생산 -소비 취향 생성 -신용카드 세대 -소유하는 세대	-주문형 생산 -소비는 정체성과 지위를 상징 -소득보다 소비가 많은 세대 -접속하는 세대

'산업화 세대'는 고도성장기의 주역으로서 유신독재를 통해 정치적 민주화가 좌절되는 것을 경험했던 세대다. 그래서 이들은 정치적으로는 보수적이며 친미반북 성향을 띠고 있다. '민주화 세대'는 80년대 민주화를 성공적으로 주도했던 세력이지만, '가진 자'와 '못 가진 자' 사이에 명확한 경계를 긋고 관념적인 계급투쟁에 경도되어 있었다는 데서 '관념적 민중주의'의 한계와 '엘리트주의'를 벗어나지 못하고 있다. 그러나 이들도 정치 투쟁의 시대를 마감하고 현실로 편입되면서부터는 점차 실용주의 노선을 견지하게 된다. 정보화 세대는 자기중심적 사고방식을 학습했으며, 이념적인 잣대로 평가하기보다는 문화적이고 실용적인 관점을 취하고 있는 것이 특징이라 할 수 있다.

3. 세대별 통일 인식

앞서 밝힌 세대 구분과 각 세대별 역사적 경험과 가치관의 차이는, 각 세대들이 통일을 어떻게 인식하고 있는지를 분석하는 데 상당한 도움을 준다. 여기서는 최근에 있었던 '국민통일의식조사' 결과를 살펴보고, 이를 바탕으로 몇 가지 의미 있는 결론을 이끌어내고자 한다.

3.1. 국민통일의식조사

2013년 KBS에서 실시한 국민통일의식조사[5]는 북한에 대한 인식부터 현재의 안보 상황에 대한 인식까지 통일과 관련된 다양한 문항들을 포괄적으로 다루고 있다. 그중 세대별 통일 의식을 살피는 데 필요한 문항들을 추렸는데, 이에 대한 연령별 응답은 우리에게 통일에 대한 세대별 과제를 잘 나타내준다.

1) 북한에 대한 인식

문항) 북한의 김정은 정권과 집권 세력에 대해 어떻게 생각하십니까?
선택) 매우 반감을 느낀다, 어느 정도 반감을 느낀다, 그저 그렇다, 어느 정도 호감을 느낀다, 매우 호감을 느낀다.

북한 주민이 아니라 북한 정권에 대한 생각을 묻는 질문이었기 때문에, 모든 연령대에서 '반감을 느낀다'는 응답이 많았다. 특히 60대 이상은 80퍼센트 이상이 북한에 대해 반감을 느낀다고 답했다. 흥미로운 것은, 그 다음이 20대(76.3%)라는 것이다. 40대가 63.5퍼센트로 가장 낮았다.

문항) 북한은 남한에게 어떤 상대라고 생각하십니까?
선택) 지원 대상이다, 협력 대상이다, 경쟁 대상이다, 경계 대상이다, 적대 대상이다.

전 연령대가 북한을 '경계 대상' 또는 '적대 대상'으로 표현하고 있었으나, 이것 역시 60대 이상의 장년층(86.9%)과 20대(67.6%)가 다른 연령대에 비해 높게 나왔다. 반면 '협력 대상' 또는 '지원 대상'으로 여긴다고 답한 이는 30대가 37.7퍼센트, 40대가 36.2퍼센트에 달해, 60대(9.6%), 20대(25.6%)보다 훨씬 높았다.

문항) 북한에 대한 식량 지원은 어떻게 해야 한다고 생각하십니까?
선택) 조건부로 계속되어야 한다, 무조건 중단되어야 한다, 조건 없이 계속되어야 한다.

전반적으로 과반수의 응답자가 북한 식량 지원에 대해 무조건 지원하기보다는 조건부로 지원해야 한다고 답했다. '조건부로 계속되어야 한다'는 응답은, 20대(72.5%)와 30대(74.3%)가 다른 연령대보다 높았으나, '무조건 중단되어야 한다'는 응답은 20대(17.9%)가 60대(20.9%)의 뒤를 이었다.

문항) 금강산 관광 사업은 어떻게 해야 한다고 생각하십니까?

선택) 조건부로 계속되어야 한다, 조건 없이 계속되어야 한다, 무조건 중단되어야 한다.

역시 '조건부로 계속되어야 한다'가 압도적이었으나, '조건 없이 계속되어야 한다'도 전 연령대에서 고른 지지를 얻었다. 반면 '무조건 중단되어야 한다'의 경우 20대(18.4%)가 가장 많았다.

2) 남북통일에 대한 인식

문항) 우리나라의 통일 문제에 대해 어느 정도 관심이 있습니까?
선택) 전혀 관심이 없다, 별로 관심이 없는 편이다, 대체로 관심이 있는 편이다, 매우 관심이 있다.

통일 문제에 대한 관심은 연령대가 높을수록 커졌다. 60대 이상(79.1%)과 50대(74%), 40대(71.0%)가 통일 문제에 상당한 관심을 보인 반면, 20대(61.8%), 30대(62.7%)는 그 이상 연령대와는 상당한 차이를 보였다. 20대와 30대의 경우 전혀 관심이 없거나, 별로 관심이 없다는 답도 각각 38.2, 37.3퍼센트에 달했다.

문항) 통일에 대해 어떻게 생각하십니까?
선택) 반드시 통일이 되어야 한다, 큰 부담만 없다면 통일되는 것이 좋다, 상당 기간 현 공존 상태를 유지해야 한다, 통일이 되지 않는 편이 더 낫다.

연령대가 높을수록 '반드시 통일이 되어야 한다'는 응답이 많았다. 60대 이상은 40.9퍼센트였던 반면, 20대는 15.9퍼센트에 불과했다. 또한 20대의 경우 '통일이 되지 않는 편이 더 낫다'라고 답변한 비율이 15퍼센트에 달했다. 흥미로운 것은 '큰 부담만 없다면 통일되는 것이 좋다'라고 답변한 비율이 높다는 것이다. 20대부터 50대까지 가장 높은 응답률을 보였다.

문항) 통일을 위해 남한이 우선적으로 추진해야 할 일은 무엇이라고 생각하십니까?(택 2)
선택) 남북한 경제 교류 협력, 이산가족 왕래 및 고향 방문, 문화 교류 및 인적 교류, 남한의 경제성장, 군사적 신뢰 구축, 남북정상회담, 남한 내부의 국론 통일, 국가보안법 개정이나 폐지.

복수 응답이 가능한 이 물음에 대해서 60대는 '이산가족 왕래 및 고향 방문'(40.0%)과 '남한의 경제성장'(35.7%)에 높은 응답을 보였다. 50대는 '이산가족 왕래 및 고향 방문'(48.6%)과 '남북한 경제 교류 협력'(42.9%)을 꼽았으며, 30대와 40대는 '남북한 경제 교류 협력'(41.8, 45.2%)과 '문화 교류 및 인적 교류'(35.7, 38.9%)를 꼽았다. 반면 20대는 '이산가족 왕래 및 고향 방문'(40.1%)과 '남북한 경제 교류 협력'(37.2%)을 우선적으로 선택했으며, '군사적 신뢰 구축'(32.9%)도 상당한 비율을 차지했다.

문항) 통일이 되면 가장 좋은 점은 무엇이라고 생각하십니까?

선택) 전쟁 위협 해소, 한반도 경제성장, 군비감소로 복지 혜택 증가, 통일 한국의 국제 위상 강화

전체적으로 통일이 주는 최대 효과로는 '전쟁 위협 해소'(30.8%)를 꼽았다. '한반도 경제성장'(28.6%), '통일 한국의 국제 위상 강화'(23.4%)가 그 뒤를 이었다. 근소한 차이이긴 하지만, 30대와 60대가 '전쟁 위협 해소'를 가장 좋은 점으로 응답한 반면, 나머지 연령대는 '한반도 경제성장'을 꼽았다.

문항) 통일 과정에서 가장 우려되는 점은 무엇이라고 생각하십니까?
선택) 실업과 범죄 증가 등 사회적 혼란, 북한 주민의 대량 남한 이주, 남한 주민의 막대한 통일비용 부담, 정치·군사적 혼란, 국제 관계의 혼선.

대다수의 응답자들은 '남한 주민의 막대한 통일비용 부담'을 꼽았으며, '실업 및 범죄 증가 등 사회적 혼란'을 우려하고 있었다. 이 문항의 경우, 연령별로 의미 있는 차이를 보이지 않았다.

문항) 한반도 통일에 가장 도움이 되는 국가는 어디라고 생각하십니까?
선택) 미국, 중국, 러시아, 일본, 없다.

대체로 미국이라는 견해가 우세했는데(39.4%), 특히 20대(55.1%)와 60대(46.1%), 50대(41.8%)가 평균을 상회했다. 40대의 경우 중국(36.5%)

이라는 응답이 가장 많았다.

문항) 통일이 언제쯤 이뤄질 것으로 보십니까?
선택) 5년 이내, 5-10년 이내, 10-20년 이내, 20-30년 이내, 30년 이상, 불가능하다.

통일 시기를 '10-20년 이내'로 예상하는 응답자가 가장 많았으며, 그 다음은 '30년 이상', '20-30년 이내'가 뒤를 이었다. '10년 이내' 통일이 될 것이라는 응답은 60대 이상(25.2%), 50대(24.9%), 40대(18.3%), 30대(14.0%), 20대(12.0%)로 점차 낮아졌다.

3) 정부의 대북 정책
문항) 박근혜 정부의 대북 정책에 대해 어떻게 생각하십니까?
선택) 적극 찬성한다, 어느 정도 찬성한다, 대체로 반대한다, 적극 반대한다, 모르겠다.

정부의 대북 정책에 대해 '찬성한다'라고 응답한 비율은 80.6퍼센트였으며 반대는 17.9퍼센트였다. 흥미로운 것은 20대에서 '찬성한다'라고 응답한 경우가 80.2퍼센트에 달해 40대와 30대를 앞질렀다는 점이다.

3.2. 통일의식조사에 따른 소결론
KBS '2013 국민통일의식조사'에 의거해 다음과 같은 내용을 확인할 수 있다.

첫째, 연령대에 상관없이 북한에 대한 반감이 고조되고 있다는 사실이다. KBS 조사에 따르면, 북한에 대한 반감은 지난 4년간 조사 중에서 2013년이 가장 높은 수치를 기록했으며, 이는 천안함 사건이 있었던 2010년보다도 약 10퍼센트가 높아진 수치라고 한다. 이런 경향은 2013년 상반기에 벌어진 북한의 대남 군사적 위협이 남한 국민들에게 상당한 반감을 만들어낸 것으로 해석된다.[6] 상당수 국민들은 북한을 '경계대상' 또는 '적대 세력'으로 평가하고 있었다.

둘째, 연령대가 낮아질수록 통일에 대한 당위성이 약화되고 있었다. 연령대가 높아질수록 통일 문제에 대한 관심이 커졌으나, 2030세대의 경우에는 통일 자체에 관심이 없는 무관심층의 비율도 높았다.[7] 또한 연령대가 낮아질수록 통일 시기에 대해서도 좀더 회의적인 태도를 보이는 것으로 나타났다. 통일에 대한 문제는 연령대가 낮아질수록 현실감 있게 다가오는 주제가 아닌 것으로 보였다.

셋째, 대북관이나 통일 인식의 경우는 30대부터 60대 사이에서 의미 있는 차이를 보였다. 북한을 적대 대상으로 보는 비율이 연령대가 올라갈수록 증가한 반면, 지원 대상으로 본 경우는 연령대가 낮아질수록 증가했다. 통일의 당위성을 묻는 질문에는 '반드시 통일이 되어야 한다'라고 응답한 비율이 연령대에 비례했다.

넷째, 각각의 질문에 대해 대체적으로 30대와 40대가 비슷한 응답을 보였으며, 20대와 60대도 상당한 유사성이 있었다. 구체적으로는 미국에 대한 생각이나 남한 정부가 우선적으로 추진해야 할 일 등에서 서로 비슷한 응답을 했다.

다섯째, 20대의 대북관이 흥미롭다. 이 조사는 젊은 세대가 진보적이라는 통념을 불식시킨다. 북한 정권에 대한 반감이나 북한을 적대 대상 혹은 경계 대상으로 규정하는 것, 북한에 대한 식량 지원은 찬성하지만 조건부로 시행되어야 한다는 것 등에 있어 20대의 응답은 60대의 응답에 가까웠다. 현 박근혜 정부에 대한 평가와 통일에 도움을 줄 나라로서 미국을 꼽은 것도 다른 연령대를 앞질러 60대와 근사한 수준을 보였다. 물론 금강산 관광이 중단되어야 한다는 응답 비율도 높았다. 그러나 이것만 갖고서 20대가 60대와 비슷한 통일 의식을 보인다고 단정하기는 어렵다. 앞서 언급한 대로 통일에 대한 무관심층이 가장 많은 것도 20대이며, 통일의 당위성에 대한 인식도 60대에 비해서는 상당히 낮았다.

4. 세대 간 통일 의식의 차이 분석

앞서 연령대별로 대북관과 통일 의식이 어떻게 다른가를 살폈다. 북한의 최고 지도자가 바뀐 이후 북한 정권과 북한에 대한 국민의 적대감이 커졌으며, 한국의 대북 정책에 대한 지지도가 전반적으로 높아진 까닭은 남북 관계와 정치적인 지형의 변화에 따른 것으로 보인다. 실제로 2013년 상반기에 남북 관계가 악화되고 남북 협력 사업들이 차질을 빚으면서 북한 정권에 대한 반감이 커졌다. 이와 관련하여 전문가들은 북핵 문제의 해결이 지연되고 남북 간 군사적 충돌이 발생하면 북한 정권에 대한 부정적인 인식이 증가할 것이나, 그렇지 않다면 부정적 인식이 점차 감소할 것으로 전망하고 있다.[8]

또한 30대부터 60대까지 통일 의식에 대해 차이가 나타난 원인도

세대 간의 역사적 경험과 가치관을 비교한 기존 연구를 참고하면 어느 정도 설명된다. 6·25를 겪었던 전쟁 세대와 민주화 투쟁에 앞장섰던 세대의 정치 의식과 대북관이 차이가 있는 것은 자명하다. 고도성장을 이끌었던 산업화의 주역들과 선진국의 문턱에서 외환위기를 맞아 고용불안에 시달렸던 세대들의 경제관은 당연히 차이가 있을 수밖에 없다. 반공 이데올로기의 영향력 안에서 민족 통일을 국가적 과업으로 교육받았던 세대와, 북한에 대해 열린 자세로 접근했던 세대의 대북관과 통일 의식은 차이가 나는 것이 당연하다. 그리고 이런 세대 간의 정치적 가치와 경제적 가치의 차이는 정치적 접근과 경제적 접근이 긴밀하게 결합되어 있는 대북 정책과 통일 문제에서도 의견을 달리할 수 있다. 통상 젊은 층일수록 사회 비판 의식과 저항 정신이 살아 있고 공공사회에 대한 이상을 지니고 있다. 반면 연령대가 높아질수록 사회 현실을 수용하게 되고 안정적인 생활을 추구하는 것이 일반적이다. 따라서 세대별 역사적인 경험이 세대별 대북관과 통일 의식에 어느 정도 영향을 미쳤는지 설명이 가능하다.

그렇다면 좀더 논의가 필요한 부분은 다음의 두 가지 문제로 압축된다. 첫째, 왜 연령대가 낮아질수록 통일 문제에 무관심한가 하는 것이다. 통일을 시대의 과업으로 생각하는 기성세대와는 달리, 젊은 세대들은 통일을 현실과 동떨어진 문제로 생각하는 경향이 있다. 이들 중 상당수는 통일을 반드시 이루어져야 할 것으로, 그것도 꼭 이루어질 것으로 생각하지 않는다. 둘째, 통상적인 설명으로 해명되지 않는 20대의 정치적인 의식을 어떻게 설명할 수 있는가 하는 것이다. 한편으로는 통일에 무관심하면서도, 적어도 대북관에 있어서는 60대와 유사한 견해를 보이고 있는 20대를 이해하는 것은 새로운 다음 세대를 이해함에 있어 매우 중요한 의미를 가진다.

4.1. 왜 젊은 세대는 통일에 무관심한가?

국민들이 가진 통일의식이란 복합적 산물이다. 일반적으로 국민들이 북한의 실상, 남북한 관계, 대외 관계, 대북 정책 등에 대해 무엇을 얼마나 알고 있고 또 어떻게 느끼는가, 그리고 실제로 어떻게 행동하고 있는가를 종합적으로 보여주는 것이 바로 통일 의식이다. 그런데 이런 통일 의식은 사회 및 개인의 이념적 지평, 그리고 정치·경제적 이해관계와 긴밀하게 연결되어 있다.[9] 여기서 우리의 우선적 관심은 현재는 통일 준비의 주요한 구성원이며, 미래에는 통일의 주체가 될 젊은이들의 통일 인식의 실체에 있다. 이것은 통일에 대한 인식에 있어서 기성세대와 젊은 세대의 그것이 얼마나, 어떻게 다른 것인가를 파악하기 위함이다. 젊은이들의 통일 인식을 파악하기 위해 우리는 그들의 통일 인식 형성에 영향을 미친 사회·문화적 요인의 파악과 함께, 이런 통일 인식이 오늘의 통일 문제를 대하는 구체적 태도에 어떤 영향을 미치고 있는가를 살펴볼 것이다.

앞서 인용한 '2013 국민통일의식조사'에는 통일의 효용을 묻는 질문―'통일이 되면 가장 좋은 점이 무엇이라고 생각하십니까?'―이 있었다. 상당수 국민이 통일의 효용성으로 '전쟁 위협 해소'와 '한반도 경제성장'을 꼽았으며, 연령대별로 의미 있는 차이를 보이지는 않았다. 반면 서울대학교 통일평화연구원의 조사(2011)는 '통일의 이유'를 묻는 항목에 '같은 민족이니까'라는 선택지를 두고 있다. 흥미로운 것은 이 선택지가 포함되면서 국민의 응답이 상당히 달라졌다는 것이다. 해마다 줄어들고는 있지만, 그럼에도 '같은 민족이니까'에 대한 응답률이 '전쟁 위협을 없애기 위해'와 '선진국이 되기 위해'라는 응답률을 압도하고 있었다. 2011년의 경우에는 '같은 민족이니까'가 41.6퍼센트로 '전쟁 위협을 없애기 위해'(27.3%)와 '선진국이 되기 위해'(17.6%)보다 훨씬 높았다. 통일의 당위성을 '같은 민족의 동질성 회복'에서 찾고 있는 것이다. 그러나 이 질문에 대해서도 20대의 응답률(29.5%)은 평균보다 현저하게 낮았으며, 다른 선택지인 '전쟁 위협을 없애기 위해'(34.9%)보다도 낮았다. 이는 젊은 세대가 통일에 대해 접근하는 방식이 기성세대와 다르다는 것을 의미한다. 그들은 통일 문제를 더 이상 민족의 문제로 보지 않는다.

과거 통일에 대한 담론들은 좌우를 막론하고 민족주의를 기치로 내걸었다. 분단 후 지금까지 북한 정권을 적대적인 타자로 규정하면서도 북한 주민을 포용할 수 있었던 것은 한민족이라는 의식 때문이다. 또한 산업화를 통해 경제적 자립을 추구했던 시대에도 민족의 번영과 중흥이라는 논리를 통해 통일에 대한 논의를 이어갔다. 민주화 세력이 군사독재에 맞서 저항할 때에도 저항 담론의 중심에는 반외세와 민족 통일이 있었다. 다시 말해 한국사회에서 지배와 저항의 구도의 중심에는 항상 민족주의가 있었으며, 민족에 대한 담론들은 자연스럽게 통일에 대한 논의로 이어졌다. 그렇다면 문제는 결합과 연대의 축을 형성했던 민족주의가 젊은 세대에게도 여전히 유효한가 하는 것이다.

1990년대 이후 한국사회는 세계화가 가속화되면서 민족을 넘어선 민주주의 담론이 개발되었으며, 포스트모더니즘이라는 사회·문화적 조류가 들어왔다. 그러자 과거 산업화 시대와 민주화 시대를 견인했던 민족주의는 낡은 이론으로 평가되기 시작했다. 새롭게 민족주의를 전유하려는 노력도 있었지만,[10] 사회·문화적인 변동과 함께 민족주의는 이제 편협한 개념으로 이해되고 있는 실정이다. 더욱이 해외 이주민들이 급증하고 국제결혼이 성행하는 추세에 맞춰 시간이 갈수록 한민족이라는 의식은 약화될 전망이다. 인구학적인 구성 비율이 변화하면서부터는 타자에 대한 차별과 배제의 주된 원인이 단일민족 관념에서 비롯되었다고 보는 견해도 있고, 이주민들에 대해 한민족의 인종적 우월주의에서 원인을 찾는 경우도 있다.[11]

젊은 세대가 통일에 대해 무관심한 또 다른 이유는, 그들이 통일에 실용주의적으로 접근하는 경향이 강하다는 데서 찾을 수 있다. 앞서 언급한 것처럼, 젊은 세대가 통일을 해야 하는 이유로 제시한 것은 통일이 전쟁 위험을 감소시키고, 경제성장을 통해 선진국으로의 진입을 가능하게 하기 때문이라는 것이다. 이는 통일의 문제가 이제 더 이상 이념의 문제가 아니라 생존과 생계가 달린 현실의 문제임을 보여준다. 북한의 도발 위협으로 상당한 안보 위기감을 느낀다거나 청년 실업 등으로 사회 진출이 어려워지는 때, 통일은 전쟁 위험을 막고 경제성장을 이끌어갈 수 있는 적절한 동인이 될 수 있다. 여기서 문제는 이런 국가적 생존의 문제를 개인의 문제로 끌어올 수 있는가 하는 것이다. 2011년 통일의식조사에 따르면, 통일이 한 개인에게도 이익이 될 것이라는 응답은 22.9퍼센트에 그친 반면, 전혀 이익이 되지 않을 것이라는 응답이 77.1퍼센트에 달했다. 그렇다면 통일은 개인의 필요가 아니라 집단 혹은 공동체의 필요에 의해 달성되어야 할 과제가 된다.[12] 다시 말해 통일은 개인의 문제로 인식될 수 없다는 것이다. 그러나 통일이 개인에게 주어지는 실리적인 차원으로 인식되지 않는 한, 통일 문제는 젊은 층에게는 매우 요원한 문제가 된다.

또한 젊은 세대가 통일을 실용주의적으로 접근한다는 말은, 통일이 가져다줄 이익에 대한 평가도 중요하지만, 그보다 먼저 통일에 대한 논의가 젊은이들의 삶의 자리에서 제기될 만한 주제인가 하는 것과도 관련된다. 민족이나 국가와 같이 사람들을 결집시키고 연대하게 했던 거대담론이 사라진 시대에, 민족 전체의 문제인 통일 담론은 미시적인 개인과는 동떨어진 거대담론에 가깝다. 특별히 사회적 양극화와 청년 실업이 중요한 사회적 문제로 부상하고 여기에 대학마저 취업 준비 기관으로 전락한 시대에, 또한 민족과 민중이라는 거대담론 대신에 개인의 현실 밀착형 미시담론이 성행하는 시대에, 통일과 같은 거대담론은 고립될 수밖에 없는 현실임을 간과할 수 없다.

4.2. 왜 20대는 30대와 다른가?

최근의 통일의식조사를 살펴보면, 젊은 사람은 진보적이고 반대로 나이든 사람은 보수적이라는 통념은 어느 정도 수정이 요구된다. 성년의 초입에 있는 20대의 현실감각이 30대와 40대 못지않고, 정부에 대한 입장이나 대북관에 있어서는 60대와 비슷한 생각을 하고 있음을 보여주기 때문이다. 한국 근현대사에서 20대가 한국 현대사의 변화를 촉발했으며, 대북관이나 통일에 대한 생각에도 기성세대와 다르게 접근했다는 것을 감안하면, 오늘날 20대는 기성세대가 거쳤던 20대와는 또 다른 세대인 것이 분명하다.

기존 연구에 따르면 20대는 30대와 함께 묶여야 한다. 이들은 지금까지 한국사회가 이룩한 산업화와 민주화의 결실을 향유하는 세대이며, 반도라는 협소한 지형을 넘어 개방된 세계와 소통하는 세대이고, 새로운 첨단 매체를 적극적으로 활용하는 세대이기 때문이다. 정치·경제적으로는 세계화의 수혜를 누리는 세대이고, 문화적으로는 포스트모더니즘이라는 새로운 조류를 체화한 세대다. 세계를 이해하고 해석하는 방식, 인식의 틀과 해석의 프레임이 유별난 세대가 바로 이 세대다. 그렇다면 이들은 전통적이고 권위적인 사고방식을 지닌 기성세대와 대치하면서 수직적인 의사소통 방식에 반기를 들어야 한다. 경험의 차이가 인식의 차이를 만들고 가치관과 사고방식이 정치적인 성향으로 표출되기 때문에, '청년층은 진보, 노년층은 보수'라는 이분법으로 귀결되어야 한다. 그러나 최근의 여론조사는 다소 의외의 결과를 보여주었다. 과연 이런 현실을 어떻게 이해해야 하는가?

통일의식조사를 표면적으로 본다면 분명 20대는 60대와 정치적 성향을 같이하는 것 같다. 북한의 집권 세력에 대한 이해, 북한에 대한 규정, 한반도 통일에서 미국이 차지하는 비중, 현 정부에 대한 평가 등에서 20대는 30대보다는 오히려 60대와 비슷하다. 이는 20대의 보수화론을 지지하는 것처럼 보인다. 지난 대선에서의 투표 성향을 연구한 전문가는 20대의 보수화 경향이 뚜렷하다고 지적하고,[13] 또 20대를 '자발적 안보 보수화'[14] 세대로 보기도 한다. 2013년 「동아일보」의 통일의식조사에 따르면, 20대 응답자들은 북한의 향후 도발 전망에 대해 다른 세대보다 더 심각하게 생각하고 있었다. '실제 도발은 하지 않을 것'이라는 답변이 30.6퍼센트에 그친 반면, '무력시위'(28.8%)나 '국지 도발'

(33.9%)등을 예상한 비율이 높았으며, 이를 합친 비율은 60대(55.4%)보다 높다고 한다.[15] 분명한 것은 30대가 굳어진 진보라 한다면, 20대는 30대와는 달리 특정한 사안에 대해 보수적인 경향을 보인다는 것이다. 앞서 언급한 2013년 KBS 통일의식조사에도 흥미로운 결과가 있는데, '통일을 위해 남한이 우선적으로 추진해야 할 일'로 20대와 60대가 똑같이 '이산가족 왕래 및 고향 방문'을 꼽았다는 점이다. 그럼에도 20대가 60대와 동일한 정치적인 성향을 지녔다고 보기에는 미심쩍은 부분이 분명히 있다.

이런 20대를 어떻게 설명할 수 있을까? 1990년대 중반까지만 해도 대학 내에서 주류가 되었던 세력은 전통적인 학생운동에 가담한 이들이었다. 그러나 1990년대 중반부터 학생운동이 퇴조하고, 정치적인 쟁점보다 사회·문화적인 쟁점들이 전면에 등장하면서 변화가 시작된다. 고도 소비사회에 진입하면서 대중 소비문화가 20대를 지배한 것도 이즈음이다. 20대의 '탈정치화'가 하나의 담론처럼 부상한 것도 바로 이 때다. 라스웰(H. Lasswell)은 탈정치화를 이전에는 정치와 관계를 가진 적이 있으나 어떤 시점에서 관심을 돌리거나 관계를 끊고 비정치적 영역으로 돌아서는 일로 정의하고 있다.[16] 현실 세계의 취업 문제에 관심이 쏠린다거나, 사회 갈등을 해결하지 못하고 정쟁에 휘말린 정치권에 대한 불신, 미시적인 세계에 침투한 소비문화의 유혹 등이 탈정치화의 주된 요인으로 지적되기도 한다. 그럼에도 여전히 남아 있는 질문은 왜 20대인가 하는 것이다. 1990년대 중반 대학 생활을 했던 이들은 이제 30대 후반이다. 세계화에 대한 논란이 일기 시작하고, 자본에 의해 잠식된 대중문화를 적극적으로 향유하기 시작한 세대도 바로 1990년대에 대학 생활을 했던 세대다. 포스트모더니즘의 세례를 받고 거대담론에서 미시담론으로 관심이 옮아가기 시작한 것도 지금의 30대다. 소위 SNS라는 새로운 사회적 매체를 활용한 의사소통 방식에 가담하기 시작한 것도 지금의 20대가 아니라 30대다. 그렇다면 30대가 아닌 20대의 '자발적 보수화'나 '탈정치화'는 어떻게 설명해야 하는가?

사회·문화적으로 보면, 20대가 정치성을 포기한 것은 광범위한 개인주의가 만연하고 경쟁 구도를 자연스럽게 받아들이는 시대에서 비롯되는 현실의 압박이 크기 때문이라고 분석된다. 이 세대는 이념적·정치적 격변 없이 자랐으며, 사회 진출을 앞두고 저성장의 장벽에 가로막힌 세대다. 이념 문제를 숙고할 이유도 줄어들었으며, 당장 등록금과 아르바이트, 취업이 필수가 되었다.[17] 전통적으로 운동권은 개인을 둘러싼 현실의 문제를 구조적인 차원에서 접근하며 공동의 연대를 모색했다. 1990년대 중반만 하더라도 개인의 문제를 구조 안에서 풀어가려던 세력들이 있었으며 또 이들이 당시 20대의 정치적 성향을 주도해갔다고 한다면, 두 차례의 외환위기를 거치면서 오늘날 20대는 현실 세계의 경쟁에서 낙오할 때 감당해야 할 현실적인 어려움이 생각보다 크다는 것을 학습하게 되었고, 그 결과 취업에 더 많은 시간을 투자해야 할 현실적인 명분도 얻었다.[18] 그들에게는 정치적인 이슈조차도 경제적이고 실용적인 측면에서 접근하는 것이 필요하다.

현실이 이렇다 보니, 사회적 자립을 최우선으로 하는 20대가 경도된 것은 자기계발 이데올로기다. 이들이 현실적인 모순을 인식하고 있으면서도 거기에 철저하게 침묵하는 데에는 경쟁을 통한 끊임없는 자기계발이 자신의 사회이동을 가능하게 할 것이라는 믿음이 있기 때문

이다.[19]

한 가지 더 지적한다면, 20대는 30대와 달리 유년기부터 '탈냉전' 분위기에서 자랐다는 것이다. 학생운동이 격렬했던 1980년대에 유년기를 보냈던 30대와는 달리, 오늘날 20대는 생애 주기상 유년기가 오기 전에 이데올로기가 종언을 구하는 것을 보았다. 20대는 자신의 전 생애를 탈냉전과 함께했던 최초의 세대다. 우리 사회에서 1980년대까지 반공 이데올로기가 유효했다면, 90년대는 그 자리를 세계화와 포스트모더니즘 담론이 채우던 시대다. 따라서 이들은 현실적인 위협이 된다는 이유로 북한을 적대시하는 것이지, 북한이 사회주의라는 이념을 채택했기 때문에 적대시하는 것이 아니다. 통일의식조사에서 20대가 식량 지원 같은 인도적 지원에 관심을 나타낸 것은, 이들이 이념적인 지형에 의해 북한을 평가하고 있지 않음을 드러낸다고 할 수 있다.

4.3. 새로운 세대 지형

현재까지도 한국사회에서 통일은 민족의 숙원이자 국가적 과제다. 정치·경제적으로 본다면 통일은 전쟁에 대한 위협을 제거하고 경제성장의 새로운 전기가 될 것이며, 동북아 지역을 넘어 새로운 국제 질서를 형성하는 데 결정적인 계기가 될 것이다. 민족적으로 본다면 이산가족의 고통을 해소할 뿐 아니라 민족 문화가 중흥할 수 있는 기회이자, 혈통적 순수성을 보존해온 단일민족국가의 최종적 성취가 될 것으로 기대된다. 그러나 정치적인 이념에 따라 북한에 대한 태도와 통일에 대한 접근 방식이 다르다면 통일의 시기는 요원해질 것이다. 진보와 보수가 공동 목표인 통일을 놓고 팽팽하게 대결하기만 한다면 통일은 하나의 정치적인 명분으로 전락할 위험이 있다. 경제적인 계층이나 학벌, 이념적인 성향에 따라 통일에 대한 생각이 모두 다를 터이지만, 우리가 확인한 것은 세대와 연령별로도 통일에 접근하는 방식이 다르다는 것이다. 모든 세대가 북한 정권에 대한 경계심을 늦추지 않고 있었지만, '산업화 세대'에 해당하는 60대와 50대 후반, '민주화 세대'에 해당하는 40대와 50대 중반, '정보화 세대'에 해당하는 20대와 30대의 생각이 달랐으며, 무엇보다 연령대가 낮아질수록 통일에 대한 관심도가 낮아지는 것을 확인할 수 있었다. 통일이 공동의 과제라는 데는 모든 세대가 동의했지만, 이를 민족적 숙원이자 당위로서 받아들이는 세대가 있었던 반면, 경제적인 필요와 국가적 성장을 위해 필요하다고 보는 세대도 있었다. 과거 한국사회의 지배와 저항 구도의 중심축이 되었던 민족주의가 쇠퇴하고 탈근대적인 사조들이 이입되는 시대에, 이제 민족이나 통일과 관련한 담론들은 젊은 세대의 일상사와는 동떨어진 거대담론으로 치부되고 있다. 특히 젊은 세대의 통일 의식이 희박해지는 것은 사회적 양극화와 일자리 문제 등이 현실적인 중압감으로 다가오기 때문이다. 그 결과 한때 민족의 숙원 내지는 당위적 과제였던 통일이 연령이 낮을수록 점차 인기 없는 주제가 되고 있다.

최근 여론조사를 통해 나타난 20대의 정치적인 성향을 반가워하는 사람들도 있다. 20대가 진보적인 이념에 경도되지 않는 것을 다행으로 여기는 것이다. 그러나 이런 현상이 우리 사회의 20대가 처한 심각한 현실로부터 기인한다는 것을 읽어내야 한다. 오늘날 20대는 생존경쟁이 치열한 현실을 돌파하고 경제적으로 자립할 때까지 끊임없이 자기를 계발해야 한다는 이데올로기에 빠져 있다. 또 한 가지 우리가 유념

해야 할 것은 이들 20대가 생애 주기 전체를 탈냉전 시대에서 살아온 최초의 세대라는 사실이다. 다시 말해 20대는 향후 탈냉전, 탈민족, 탈근대 세대를 예견하게 한다. 세대가 내려갈수록 통일에 대한 관심이 희박해지고 통일에 대한 당위가 약해진다는 것은, 매우 특별한 경제적인 동인이나 현실적인 이익이 없이는 세대가 내려갈수록 통일에 대한 전망이 약해진다는 것을 의미한다. 다시 말해 통일이 요원해진다는 것이다. 정치적인 성향이 표출되는 방식이 비슷하다고 해서 통일 의식을 공유하고 있다고는 할 수 없다.

지금까지는 비록 통일 문제에 접근하는 방식이 다양하지만 이념적인 성향에 따라 크게 범주화할 수 있었다. 진보와 보수가 격렬하게 대립했지만 동일한 이념 지형 안에서는 통일에 대한 사회적 합의 기반을 마련할 수 있었다. 그러나 이제 우리는 이 시대의 새로운 갈등과 대립의 축을 의식적으로 고려하지 않을 수 없다. 역사적인 경험이 전혀 다른 새로운 세대가 이제 곧 주류로 등장할 것이기 때문이다. 그래서 이제는 진보와 보수 간의 갈등을 봉합하는 것 못지않게, 세대 간의 소통과 협력을 모색하는 것 역시 통일을 위한 중차대한 과제임을 강조하지 않을 수 없다.

5. 통일에 대한 기독교적 성찰과 교회를 위한 제언

5.1. 세대 간의 소통과 협력을 위한 신학적 토대 마련[20]

1) 신학적 토대 구축

통일을 바라보는 세대 간의 의견 차이와 갈등은 '우리는 하나'라는 민족 공동체 의식이 세대별로 각기 다른 방식으로 인식되고 표출되고 있기 때문이다. 젊은 세대일수록 우리가 '분열되어 있는 하나의 민족'이라는 인식이 희박하고, 통일에 대해서도 '당위'가 아닌 필요에 의한 '선택'으로 접근하고 있다. 이를 해결하기 위해서는 다시 강력한 민족 공동체 의식이 필요한 것이 사실이다. 그러나 탈이데올로기, 탈냉전 시대를 경험하고 '민족'보다는 '실리'가 통일에 있어서 더 중요한 의제가 된 젊은 세대에게 갑자기 강력한 민족 공동체 의식을 요구한다는 것은 쉬운 일이 아니다. 바로 이때 요청되는 것이 지금까지의 역사적 경험과 사회·문화적 이질감과 정치·경제적 인식 차이를 상대화시키면서 하나의 민족 공동체를 향한 열망을 담보해줄 수 있는 초월적인 토대다.

우리는 이런 초월적 토대를 신학적인 관점에서 발견할 수 있다. 즉 하나님이 어느 누구만의 하나님이 아니라 우리 모두의 창조자며 심판자며 구원자이시라는 사실은, 남과 북 중에 어느 한쪽 공동체의 역사, 문화와 체제만을 절대화하여 이데올로기적으로 접근하려는 유혹으로부터 우리를 자유케 한다. 또한 성육신하신 그리스도로부터 우리는 통일 준비에 임하는 이들이 가져야 할 기본적인 태도와 정신의 모형을 발견한다. 특별히 세대 간 통일에 관한 담론에 있어서 통일에 대한 의견 차이가 있다고 해서 서로를 비하하고 맹목적으로 비난하는 자세는 성육신의 정신으로 새롭게 거듭나야 할 것이다. 또한 우리는 구원의 역사를 이루어가는 과정에 있어서도, 자신을 낮추고 숨기며 약한 자와 굶주린 자와 애통해하는 자들을 불쌍히 여기는 마음에서 기적을 행하시는 예수님으로부터 통일에 임하는 자세의 모범을 발견할 수 있다.

성령과의 교제로부터 시작되며 인도되는 성화된 삶은 신앙인들로 하여금 "일상적인 삶의 거룩성과 창조의 거룩한 신비"를 새롭게 발견할 수 있도록 이끈다.[21] 예컨대 우주의 주인 되신 하나님이 우리에게 관심을 기울이고 계신다는 사실을 깨닫게 된 사람은 자연히 우주 공동체에 대해 관심을 가지고 거기에 참여하게 된다. 성령의 교제(*koinonia*)는 성령에 의해 형성된 공동체의 몇몇만이 아닌, 모든 지체들에 대한 섬김(*diakonia*)으로 인도하기 때문이다.[22] 나아가 하나님이신 성령과의 교제는 우리로 힘이 있다고 해서 남을 억압하는 삶, 즉 폭력적 무력 사용을 포기하게 함으로써 공생적인 평화의 삶으로 인도한다.[23] 우리는 성령과의 교제로부터 세대를 뛰어넘어 '평화'에 대한 공통된 관심과 목표를 가질 수 있다.

동시에 성부, 성자, 성령 되신 하나님의 삼위일체적 존재 양식은 사회 구성원들 사이에 정의로운 조화와 협동과 사랑의 관계, 즉 사회적 삼위일체의 모형을 강력히 제시해준다. 그러므로 통일에 대한 각 주체들의 인식 차이에도 불구하고 협의를 이끌어내고 소통하는 과정이 공동체 구성원들의 협동과 사랑에 바탕을 둔 정의로운 조화로 채워져야 한다는 방향성을 분명히 해준다. 성부, 성자, 성령 사이의 삼각적 관계성, 즉 삼위일체적 교제는 인간 사회의 영원한 표본으로서 기존의 모든 사회에 대한 비판의 준거가 될 수 있다.[24] 레오나드 보프(Leonard Boff)에 따르면, 개인적 차원에서의 삼위일체 곧 하나님의 형상을 따른 인간이 된다는 것은 곧 거미줄과 같이 연결된 영원하며 적극적인 관계성 안에서 사는 것을 뜻한다. 반면에 사회적 차원에서 "삼위일체의 표본을 따라 출현하게 될 사회는 친교(fellowship)와 기회의 균등과 관대함이 담보된 사회를 뜻한다."[25] "삼위일체적 삶을 산다는 것은 곧 하나님의 삶을 사는 것이다." 그것은 곧 "하나님의 집안에 있는 모든 피조물과 조화를 이루고 교제하며 함께 살아감"[26]을 의미한다. 이런 관점으로부터 우리는 다음과 같은 사실을 추론할 수 있다.

우리는 삼위일체적인 신앙을 삶으로써 "하나님이 다른 만물을 힘으로 억압하려 하지 않으며, 오히려 그 힘과 삶을 나눔으로써 공동체를 이루려 하신다는" 것을 확신할 수 있게 된다. 삼위일체 하나님의 능력은 강제적이지 않고 오히려 창조적이고 희생적이며, 다른 사람에게 힘을 불어넣어 주는 사랑이다."[27] 이제 우리는 삼위일체로 존재하며 역사하시는 하나님으로부터 다음과 같은 통일을 위한 공통된 윤리적 기준을 주장할 수 있다. "자기 나눔(self-sharing), 이웃 돌보기(other-regarding), 그리고 공동체를 형성하는 사랑(community-forming love)"[28]이 그것이다. '민족'이나 '실리'를 뛰어넘은 이런 초월적 토대는 세대 간 갈등의 주원인이 되는 이데올로기적 접근이나 실용적 접근의 한계를 벗어나 새로운 소통의 토대가 될 수 있다.

2) 기독교 윤리학적 토대 구축

신앙은 우리를 향한 하나님의 구원의 부르심으로부터 출발한다. 이때 하나님의 은혜에 대한 우리의 응답은 성령의 교제와 성화의 사역으로 인해 주도적으로, 그러나 상호 응답적으로 시작된다. 그러므로 우리의 응답은 전인적 응답이며 그 응답의 장은 하나님이 관계하시는 모든 영역, 우리의 삶의 모든 영역으로부터 전 우주적 차원에 걸쳐 이루어져야 한다.

기독교 윤리학은 우선적으로 신앙인들의 책임적 삶에 관심을 가진다. 과연 '책임'과 우리 신앙 사이에는 어떤 관계가 있는가? 한마디로 우리 신앙의 깊이와 넓이가 곧 우리의 책임으로 구체화된다고 할 수 있다. 예컨대 성령의 교제와 성화의 사역을 통해 이루어지는 매 순간의 회개는 우리로 하여금 삼위일체 하나님에 대한 좀더 온전한 이해로 인도한다. 회개를 통해 우리는 하나님이 항상 내 생각보다 크신 분임을 깨닫는 가운데 종전에 가지고 있던 나의 편견에서 비롯된 온갖 우상들을 깨부순다. 그러므로 성령의 역사는 책임 있는 그리스도인들로 하여금 우상 타파적 특성을 갖게 한다. 또한 성령과의 교제로 인해 우리가 삼위일체적 하나님께로 돌아서는 일, 즉 회개는 우리 이웃이 확대되어 가는 모습을 보여준다. 회개하기 전에는 원수였던 사람, 또는 나와는 아무런 관계가 없다고 생각되었던 사람이, 이제는 우리 아버지의 또 다른 자손이라는 점, 즉 나의 형제요 자매라는 사실을 우리가 깨달을 때 내 이웃은 더욱 확대되는 것이다. 그러므로 북한 주민은 내 원수가 아니라 '형제요 자매'다.[29]

우리가 적극적으로 지향해야 할 책임 윤리는 역사적·사회적·문화적·정치적·경제적 이질감에도 불구하고 남과 북 모두를 주관하는 하나님의 주권과, 남과 북 모든 사람의 창조주이자 남북 모두의 역사의 주관자며 구속주로서의 하나님, 즉 삼위일체 하나님을 통전적으로 신앙하는 데서 비롯되는 통일 공동체적 삶의 의식이요 양식이다. 이런 삶의 의식과 양식은 남과 북의 문제가 모두 내 문제가 되도록 하며, 그 문제에 내가 응답하도록 한다. 물론 이런 응답은 현재의 사건들 속에서 고난 받는 이들이 나와 같이 하나님의 형상대로 지음 받은 자매요 형제라는 사실과, 하나님이 우리가 그들의 고난에 동참하기를 원하신다는 해석에 의해 보다 구체화되기 시작한다.

나아가 우리의 윤리적 응답은 나 자신을 중심으로 한 것이 아니라, 예전에는 원수로 알았던 이웃을 위한 삶의 계획과 결단을 모색한다는 의미에서 항상 공적 책임의 차원을 의식해야 한다. 그리고 나의 이런 계획과 결단이 사회·윤리적인 차원에서의 책임적 윤리로 이어지기 위해서는 항상 나와 다른 너(Thou)를 포함한 다른 사회 및 종교 공동체의 구성원들의 검증과 협력, 즉 사회적 연대가 필요하다.

이런 신학적 토대를 바탕으로 기독교 윤리학은 다음과 같은 초월적 통일 비전과 방법론을 신앙인들에게 제시한다. 가령 통일을 위한 성경적이며 신학적인 토대 구축으로부터 추론되는 하나님 중심적인 언약 공동체로서의 통일 공동체의 비전은 남북 분단의 파괴적 현실 속에서도 우리로 하여금 '하나님의 형상대로 지어진 우리 이웃으로서의 북한 사람들'의 존재를 항상 기억하도록 만들 것이다. 나아가 우리와 성령의 교제의 사역으로부터 추론한 바, "자기 나눔, 이웃 돌보기, 공동체를 형성하는 사랑"으로 요약되는 삼위일체적 윤리 기준들은 한국 기독교인들로 하여금 세대 간 통일에 대한 인식과 정치적·경제적 입장 차이에도 불구하고 적극적인 통일 운동에 나설 수 있는 책임적인 신앙적 삶의 구체적 모형을 제시해준다.

5.2. 통합적 세계관의 정립을 위한 기독교적 세계관의 제시[30]

기독교는 한국사회의 근대화 과정에서 일정한 영향력을 발휘했다. 또한 이런 영향력은 기독교의 대사회적 지도력을 확보해주는 기초가 되기도 했다. 그러나 현재는 남한 사회 안에서 교회의 영향력과 지도력이 점점 약해지고 있다. 이런 상황에서 교회가 남한 사회의 사회통합뿐만 아니라 남과 북을 아우르는 문화 통합의 사역에 참여하기 위해서는 교회와 사회와의 접촉점이라 할 수 있는 문화에 대해 명료한 입장과 태도를 취해야 할 것이다.

이때 가장 먼저 요청되는 것이 기독교적 문화관의 확립이다. 기독교적 문화관의 확립은 기독교적 세계관과 가치관을 전제로 한다.[31] 한국교회는 기독교적 문화관의 확립을 통해 문화적 수용력과 변혁 능력을 배양시킬 수 있다. 기독교적 문화관의 정립은 사랑과 정의에 기초한 한국사회의 문화 통합을 위한 한국 기독교의 시대적 과제다. 여기서 우리가 기억해야 할 것은 기독교적 세계관이 기본적으로 성서의 이야기를 통해 제공된다는 것이다.

1) 세계의 존재 근원에 대한 성서적 세계관

성서는 먼저 창조 이야기를 통해 우리 자신의 존재와 본성에 대한 질문에 답을 준다. 나아가 창조 이야기는 인간뿐만이 아닌 세상 만물의 창조와 그 의미에 대해서도 말해준다. 성서는 하나님의 창조의 선함을 확인해준다("하나님이 지으신 그 모든 것을 보시니 보시기에 심히 좋았더라", 창 1:31). 성서는 하나님이 물질계를 창조하셨으며 또 그것을 보시고 좋아하셨다는 사실을 증거한다. 이것은 이 세상의 근본적인 가능성과 소망을 예시해준다.

성서적 세계관이 제시하는 존재의 초월성에 대한 관심은 사람이나 자연을 대상화·수단화하려는 경향을 경계하고, 그것들의 근원적 가치를 담보한다는 데 의미가 있다. 이 점에 있어서는 마틴 루터 킹 목사나

테레사 수녀 같은 이들이 좋은 모범을 제공하고 있다. 동시에 초월성이 담보하는 세상적인 모든 것들의 상대화, 즉 이 세상의 어떤 것도 절대화될 수 없다는 함의는 포스트모더니즘이 지향하는 억압적 권위로부터의 해방보다 더욱 근본적인 해방을 위한 노력도 가능하게 한다. 또한 소비를 통해 자신의 존재를 확인하려는 소비문화의 허위성도 성서의 세계관이 제공하는 초월성의 회복에 의해 극복될 수 있다. 동시에 물질에 대한 초월성의 회복이 이 세상성에 대한 포기를 의미하는 것이 아니라는 사실도 '창조의 선함'에 관한 세계관으로 확증된다.

2) 우리는 누구인가에 관한 성서적 세계관

성서의 창조 이야기는 하나님의 관심과 섭리의 대상이 온 우주임을 증거한다. 또한 인간이 우주적인 관리를 위임받은 청지기라고 증거한다. 즉 성서는 우리가 누구인가를 묻는 두 번째 질문에도 분명한 답을 제공해준다. 창조에 대한 이런 증거를 통해 우리는 기독교 문화관의 관심 영역과 기본적 태도를 추론할 수 있다. 즉 하나님이 존재하는 모든 것을 창조하셨기 때문에 이 세상의 어떤 것도 그의 주권적 질서 밖에 존재할 수 없다. 모든 창조는 하나님의 거룩한 덮개(sacred canopy) 아래 놓여 있다. 그 덮개는 매우 넓어서 모든 사회적 삶과 정치·경제·가정, 우리와 자연의 관계성을 포괄한다. 그러므로 문화는 하나님의 거룩하신 주권과 질서 안에 있다고 할 수 있다. 따라서 성과 속을 이분법적으로 구별하는 것은 불가능하다. 신앙과 문화는 결코 분리되지 않는다. 따라서 문화에 대한 신앙적 삶의 중요성을 새삼 강조해야 한다. 결론적으로 인간은 우주적인 청지기라는 것이다. 이런 '우주적 청지기'로서의 성서적 세계관은 인간의 가능성과 책임성을 '우주적' 범위에서 확증하는 동시에, 그 한계를 '청지기'라는 역할로 분명히 하고 있다.

3) 세상의 모순에 관한 성서적 세계관

성서는 '선악과'로 상징되는 타락 사건을 통해 하나님 없이, 그리고 하나님같이 되고자 하는 인간의 자기중심성이 타락과 그로 인한 죄의 핵심에 자리한다는 사실을 증거함으로써 세 번째 질문에도 대답한다. 이런 성서적 세계관을 통해 우리는 하나님이 보시기에 좋았던 세상 역시 이제는 하나님 중심적이 아닌 인간의 '육신의 정욕'과 '안목의 정욕'과 '이생의 자랑'(요일 2:16)을 추구하기 위한 도구로 왜곡된 현실을 인식하게 된다. 즉 성서는 인간과 하나님과의 관계 왜곡이 곧 인간과 그 자신과의 소외, 인간과 이웃과의 소외, 나아가 자연과의 소외와 연계되고 있음을 밝힌다.

성서적 세계관은 인간 사회의 모순이 주체사상에서 파악되는 근본 모순인 계급적 이해관계의 왜곡 구조나, 포스트모더니즘에서 파악되는 억압의 구조보다 더 깊은 차원에 자리하고 있음을 인식하도록 만든다. 그러므로 특정한 개인이나 특정 집단과 구조만을 모순의 원인으로 대상화하고 악마화하려는 환원주의적 유혹에 우리가 빠지지 않도록 도와준다. 동시에 인간 자신의 개인적이며 관계적인 죄성도 담보하는 성서적 세계관은 기존의 질서(status-quo) 안에 비판 없이 안주하는 일도 용납하지 않는다.

4) 세상의 모순을 극복하는 과제와 과정에 관한 성서적 세계관

그러나 성서는 인간과 세상이 죄에 빠져 있을 때조차도 하나님의 은혜가 지속되고 있음을 증거한다. 하나님이 노아, 아브라함, 모세, 선지자들과 맺으신 언약은 인간의 죄에도 불구하고 그분이 인간뿐 아니라 동물을 포함한 이 세상 전체의 구원을 원하시며, 동시에 하나님과 인간의 언약의 영역은 삶, 즉 문화의 모든 측면에 이르고 있음을 확증한다. 이런 창조 세계의 통전적 회복은 예수 그리스도의 사역에서 그 절정에 이른다.

이런 성서적 세계관은 남과 북의 세계관의 차이에서 발생하는 문화의 차이를 그대로 인정하면서도, 그것을 상대화함으로써 새로운 차원의 문화 통합을 지향하는 데 도움을 줄 수 있다. 즉 성서적 세계관을 통해 남과 북의 이질적 문화의 만남과 대화가 가능하다는 것이다. 이런 대화와 만남은 남과 북의 세계관과 문화의 상대화를 통해 가능해진다. 자신의 세계관과 문화를 상대화할 수 있는 것은 '은혜'를 올바로 인식했을 때 가능하다. 서로에게서 티를 찾아내려고 애쓰는 태도는 자신의 문화만을 옳은 것으로 절대화하고, 상대방의 문화는 열등하며 그릇된 것으로 판단하는 율법적인 태도에서 비롯된 것으로서, 은혜와는 상반되는 삶의 태도다. 지금 우리에게 필요한 것은 60여 년 동안의 단절로 인해 이질화된 남과 북의 세계관과 문화가 모두 완전한 것이 아니며, 그렇지만 그 안에 나름대로의 가능성이 있다는 태도일 것이다. 더욱 나은 문화로의 통합을 위해서는 각각의 문화 안에 내재한 긍정적인 요소를 지향하고, 부정적인 요소는 배제하려는 의도적인 작업이 필요하다.

5.3. 새로운 세대 섬김을 위한 교회의 노력

과연 교회는 이제 곧 주류가 될 새로운 세대를 어떻게 이해해야 할 것인가? 기성세대와 상당한 간격이 있는 젊은 세대를 그대로 방치할 것인가? 교회가 새로운 세대를 이해하기 위해서는 먼저 다음 세대를 '문제 세대' 또는 '무책임하고 방탕한 세대'로 여기는 배타적이고도 방어적인 자세를 극복해야 한다. 사실상 20대 이하의 연령층은 우리 사회의 미래 주역이자, 통일 시대를 열어갈 가능성이 있는 세대다. 따라서 우리의 과제는 그들의 삶의 정황을 정확히 이해하고, 그들과 소통이 가능한 새로운 방식으로 기독교적 가치관을 전달하는 것이다. 이를 위해서는 근본적으로 그들을 교회의 섬김과 교육의 대상으로 여겨야 한다.

다음 세대를 섬기기 위해 교회는 다음과 같은 방향 전환을 시도해야 한다. 가장 먼저 노력해야 할 것은 더욱 겸손한 자세로 섬기는 교회가 되어야 한다는 것이다. 젊은 세대가 기성종교에 대해 비판하고 경멸하는 이유들을 들어보면 기존의 교회가 수용해야 할 점이 없지 않다. 교회는 젊은 세대의 비판적인 의견을 경청해야 하며, 그들과 함께 공감하고 행동하려는 자세가 필요하다.

둘째는 몸과 영혼, 세상과 교회와 같은 이원론적 도식을 극복하는 온전한 성경적 영성을 보급하고, 그에 따른 구체적인 영성 훈련의 방안이 제시되어야 하며, 이를 중심으로 전 교회에 (문화적) 삶의 갱신이 있어야 한다. 육과 영혼을 분리하는 이분법적 풍조를, 하나님이 원하시는 좀더 통전적이고 성경적인 영성으로 변혁시킨다는 것은 하나님 사랑과 이웃 사랑이 성령의 체험을 통해 우리의 삶 속에서 하나로 통합됨을 뜻한다.

셋째, 개혁교회는 항상 개혁되어야 한다(*ecclesia reformata semper reformanda*)라는 지표를 교회가 지속적으로 실천해야 한다. 다음 세대는 변화를 원하지 기존의 구태의연하고 비합리적이고 비현실적인 주장에 동의하지 않는다. 그러므로 갱신을 추구할 때는 젊은 세대의 갱신의 방향과 접촉점을 가지려고 노력해야 한다. 그러나 교회가 다음 세대의 입장을 일방적으로 편들거나 수용하려는 입장도 바람직하지 않다. 교회가 항상 복음을 보수하되, 그것을 현실에 맞게 새롭게 해석하고 적용하는 모습을 보여주는 것이 가장 합당하고 효과적이다.

무엇보다 교회는 젊은 세대를 포함한 다양한 세대들 사이의 통일 논의에 앞장서야 한다. 또 당파적인 이익에 치우쳐 정치공학적으로 세대 간의 분열을 부추기려는 유혹을 극복하고 성숙한 시민사회 형성에 적극적으로 참여해야 한다. 이를 위해 교회는 매우 신앙적인 동시에 공동선을 추구하는 공공적 자세와 태도를 유지해야 할 것이다. 곧 기성세대와 새로운 세대가 함께 공감하고 소통할 수 있는 '우리의 이야기'를 나누는 신뢰 공동체 형성을 위한 성경적이면서 공공적인 토대를 제공하고, 통일에 대한 미래지향적인 비전을 제시하는 것이 교회의 시대적 역할이다.

주

1) 경제정의실천연합 산하 갈등해소센터가 발표한 '2013 한국인의 공공갈등의식조사'에 따르면, 한국사회의 집단 간 갈등이 가장 심각한 영역은 '진보와 보수 세력 간 갈등'이었으며, 뒤이어 '빈부 갈등'과 '정규직과 비정규직의 문제', '노사 간 대립'이 뒤를 잇고 있다.
2) 함인희, "세대갈등의 현주소와 세대 통합의 전망", 「한국정책학회 기획세미나」 1호, 2013, 50-51쪽.
3) 김문조, "한국 세대담론의 심화를 위한 소고", 『한국사회학회 사회학 대회 논문집』, 2004,

47-48쪽.
4) 함인희, 같은 책, 56쪽.
5) 『KBS 2013 통일의식조사 자료집』.
6) 『KBS 2013 통일의식조사 자료집』, 82쪽.
7) 현대경제연구원의 19일 통일의식 여론조사 결과에 따르면 일반 국민의 78%가 '통일이 필요하다'라고 대답했다. 20대 66.8%, 30대 74.9%, 40대 84.6%, 50대 이상 84.2%로 젊은 층일수록 통일에 대한 필요성을 덜 느꼈다(「조선일보」, http://biz.chosun.com/site/data/html_dir/2013/11/20/2013112000399.html). 서울대 평화통일연구원의 '2013 통일의식조사'에 따르면, 통일이 필요하다고 생각하는 20대는 40.4%에 불과했다. 20대는 통일이 필요 없다고 생각하기보다는, 통일의 필요성에 대해 유보적인 입장을 보였다는 것이 특징이다.
8) 이주형, "국민통일의식 추세변화(1999-2013)", 『KBS 2013 통일의식조사 자료집』, 83쪽.
9) 변종헌, "20대 통일의식과 대학 통일교육의 과제", 「통일정책연구」 21-1집, 2012, 16ˉ쪽.
10) 나종석, "민주주의, 민족주의, 그리고 한반도에서의 국민국가의 미래", 「사회와 철학」 제22집, 30쪽.
11) 허동현, "단일민족 신화 넘어서기가 필요하다", 「철학과 현실」 91집, 2011, 51쪽.
12) 변종헌, 같은 책, 168쪽.
13) 명지대의 윤종빈 교수는 20대의 보수화가 기존 정당에 대한 불신으로부터 비롯되었다고 말한다. 30대 중후반 대학 시절 민주화 운동에 동참했던 세대라면, 20대는 다르다는 것이다(「중앙선데이」, http://sunday.joins.com/article/view.asp?aid=28415).
14) 2013년 4월, 인터넷 신문 「데일리안」에서 20대를 대상으로 온라인 조사를 한 다음, 조사를 담당했던 '알 앤 서치'의 김미현 소장은 다음과 같이 이야기했다. "끊임없는 북한의 위협, 특히 연평도 사태와 천안함 폭침은 20대로 하여금 보수 진보라는 이념의 잣대 아니면 같은 민족이라는 동질감으로 북한을 이해하기보다 우리의 안보를 가장 위협하는 나라로 인식하게 했다. 20대의 안보관을 신보수주의 또는 반북 이데올로기로 설명하기보다는, 잊을 만하면 터지는 북한의 위협이 20대로 하여금 안보를 이념의 잣대가 아닌 실용주의에 근거해서 이해하도록 만드는, 자발적 안보 보수화 현상을 가져온 것이 아닌가 한다"(「평화방송」, http://www.pbc.co.kr/CMS/news/view_body.php?cid=451280&path=201305).
15) 「동아일보」, http://news.donga.com/3/all/20130401/54105734/1.
16) 정태일, "20대의 탈정치화에 대한 비판적 논의", 「한국동북아논총」 제50집, 2009, 333쪽.
17) 「국민일보」, http://news.kukinews.com/article/view.asp?page=1&gCode=kmi&arcid=0007598053&cp=nv.
18) 박가분은 20대의 정치적 주체성의 상실을 우려하면서, 20대의 정치적 주체성이 가능해지는 계기가 바로 사회를 가로지르는 적대와 모순들을 '다른 어떤 곳'의 일이 아닌 '여기 이곳'으로 받아들이는 것에 의해 발생한다고 말한다. 그는 우리 사회의 계급적 현실을 자신의 문제가 아

닌 '다른 어떤 곳'의 일로, 즉 정당의 현실이나 시민단체의 현실 또는 제도의 현실로 전가하는 경향이 있다고 분석한다(박가분, "20대 정치적 주체성의 재구성: '전위'의 이념과 자발적 대중운동", 「문화과학」 66집, 2011, 63쪽).

19) 정태일, 같은 책, 346쪽.
20) 이 부분은 필자의 졸고, "통합적인 통일을 준비하는 그리스도인들의 과제", 『통합적인 통일과 그리스도인들의 과제』, 장로회신학대학교출판부, 1999, 308-312쪽을 수정, 보완한 것이다.
21) Moltmann, *The Life of Spirit* (Fortress Press, 1992), p.171.
22) Ibid., pp.299-300.
23) Ibid., p.172.
24) Leonardo Boff, *Trinity and Society* (Maryknoll, New York: Orbis Books, 1988), p.148.
25) Ibid., pp.149-150.
26) Ibid., pp.400-401.
27) D. Migliore, *Faith Seeking Understanding* (Grand Rapids, Michigan: Wm.B. Eerdmans Publishing Co., 1991), p. 63.
28) Ibid., p.64.
29) 궁극적으로는 창조주 하나님을 주인으로 하는 모든 세상이(물론 자연까지 포함해서) 우리 이웃이 될 수 있을 것이다. 그러므로 삼위일체 하나님에 대한 우리의 진일보한 통전적 신앙은 우리 삶의 책임의 영역을 전우주적으로 확장시킨다.
30) 이 부분은 필자의 졸고, "사람의 통일을 위한 교회의 역할: 남북한 문화통합의 과제를 중심으로", 『통합적인 통일과 그리스도인들의 과제 II』, 예영커뮤니케이션, 2003, 222-227쪽을 수정, 보완한 것이다.
31) David J. Hesselgrave, *Communicating Christ Cross Culturally: An Introduction to Missionary Communication* (Zondervan Publishing House: Grand Rapids Michigan, 1991), p.103.

참고문헌

Boff, Leonardo, *Trinity and Society*, New York: Orbis Books, 1988.

Hesselgrave, David J., *Communicating Christ Cross Culturally: An Introduction to Missionary Communication*, Grand Rapids Michigan: Zondervan Publishing House, 1991.

Migliore, D., *Faith Seeking Understanding*, Grand Rapids, Michigan: Wm. B. Eerdmans Publishing Co., 1991.

Moltmann, *The Life of Spirit*, Minneapolis: Fortress Press, 1992.

김문조, "한국 세대담론의 심화를 위한 소고", 『한국사회학회 사회학 대회 논문집』, 2004.
나종석, "민주주의, 민족주의, 그리고 한반도에서의 국민국가의 미래", 「사회와 철학」 제22집, 2011.
박가분, "20대 정치적 주체성의 재구성: '전위'의 이념과 자발적 대중운동", 「문화과학」 66집, 2011.
변종헌, "20대 통일의식과 대학 통일교육의 과제", 「통일정책연구」 21-1집, 2012.
이주형, "국민통일의식 추세변화(1999-2013)", 『KBS 2013 통일의식조사 자료집』, 2013.
임성빈, "통합적인 통일을 준비하는 그리스도인들의 과제", 『통합적인 통일과 그리스도인들의 과제』, 장로회신학대학교출판부, 1999.
_____, "사람의 통일을 위한 교회의 역할: 남북한 문화통합의 과제를 중심으로", 『통합적인 통일과 그리스도인들의 과제 II』, 예영커뮤니케이션, 2003.
정태일, "20대의 탈정치화에 대한 비판적 논의", 「한국동북아논총」 제50집, 2009.
함인희, "세대갈등의 현주소와 세대 통합의 전망", 「한국정책학회 기획세미나」 1호, 2013.
허동현, "단일민족 신화 넘어서기가 필요하다", 「철학과 현실」 91집, 2011.
「국민일보」, http://news.kukinews.com/article/view.asp?page=1&gCode=kmi&arcid=0007598053&cp=nv.
「동아일보」, http://news.donga.com/3/all/20130401/54105734/1.
「조선일보」, http://biz.chosun.com/site/data/html_dir/2013/11/20/2013112000399.html.
「중앙선데이」, http://sunday.joins.com/article/view.asp?aid=28415.
「평화방송」, http://www.pbc.co.kr/CMS/news/view_body.php?cid=451280&path=201305.

오준근

경희대학교 법학전문대학원 교수, 한국지방자치법학회 회장
Konstanz University School of Law 법학 박사
대표적 저서로 『행정절차법』이 있다.

9장 지방분권과 통일에 대한 기독교적 성찰

오준근

1. 들어가며

2014년 6월 4일은 대한민국에서 지방선거가 실시된 날이다. 지방선거는 지방자치단체의 장과 지방의회의 의원을 뽑는 선거다. 이 선거를 통해 서울시부터 제주도까지 16개 광역자치단체와 서울시 종로구부터 경상북도 울릉군까지 227개 기초자치단체에 지방정부가 구성된다.

대한민국의 지방자치는 1961년 중단되었다가 1992년에 다시 시작되었으므로 본격적인 지방자치가 실시된 지는 이제 21년이 된다. 지방자치의 성과에 대한 긍정적인 평가가 많지만, 지방자치단체장과 지방의회 의원들의 부패, 경쟁적인 지역 축제 등 각종 전시 행정의 부작용, 호화 청사와 지역 경전철의 건설 등으로 인한 재정 적자의 심화 등 각종 부작용과 우려에 대한 문제점을 지적하는 목소리도 많다.

대한민국의 지방자치는 애당초 지방자치제도가 도입되어야 한다는 당위성 때문에 노태우 정부 임기 말년에 대통령의 직접선거 방식의 헌법 개정 형식으로 급작스럽게 시작되었고, 지역의 인물이 그 지역의 특성을 대변하여 지방 정치 일선에 나서기보다는 전국을 기반으로 한 정당에서 중앙 정치의 연장선상에서 공천을 준 인물이 지방정치를 담당하는 일이 많았다는 점 등, 현시점에서도 안정적이라기보다 과도기의 양상을 보이고 있다. 2014년의 지방선거를 앞두고 정당들이 "공천을 하지 않겠다"고 선언한 것 자체가 지방자치가 중앙 정치에 의해 왜곡된 점이 있고, 정상적인 발전이 필요하다는 점을 스스로 인정하는 것이라 할 수 있다.

"지방자치가 정상적인 궤도에 올라서 발전할 경우 국민을 기반으로 하는 소통의 민주주의의 정착을 더욱 촉진할 수 있음은 물론 통일에도 기여할 수 있다"라는 명제는 독일의 경험에서 입증되었다고 할 수 있다.

이 글은 독일의 통일과 지방분권의 관계를 개관하고, 우리나라의 지방자치의 현실과 문제점을 지적한 후, 통일에 대비한 지방분권의 방향을 제시하는 순서를 택하고자 한다. 독일의 통일 과정에서, 그리고 통일 이후 독일의 건설 및 사회통합 과정에서 연방국가와 지방자치단체 형태를 결합한 독일 지방분권이 매우 중요한 긍정적 요인으로 작용했다는 사실에 대해서는 공감대가 형성되어 있다. 또한 메르켈 총리 같은 구동독 출신의 정치인이 통일 독일 연방정부의 수장이 될 수 있었던 정치 현실이 독일의 통합에 더욱 긍정적으로 작용한 것은 분명하다. 그러나 이런 요인을 체계적으로 정리한 문헌을 찾아보기가 어렵다.

필자는 1985년부터 1990년까지 독일에서 행정법을 공부한 까닭에 독일의 통일 과정을 현장에서 직접 지켜볼 수 있었다. 그래서 통일 이후 독일의 사회통합 과정에 대해 문헌과 현장 경험 등을 통해 추적했다. 또한 이 글은 필자의 경험과 참고한 각종 문헌을 근거로 작성되었다.

2. 분단과 분권과 나눔의 현실적·기독교적 의미

2.1. 분단의 문제점과 통일의 필요성

분단이라 함은 '나라와 민족이 나뉘어 갈라짐'을 의미한다. 본래 하나의 나라와 민족으로 구성되어 있었는데 불합리적인 이유로 나뉘어 갈라진 상황을 '분단'이라 일컫는다. 분단은 갈등을 수반하며, 갈등은 전쟁을 동반하는 경우가 많다. 분단으로 인한 민족 간의 갈등과 전쟁의 고통을 가장 적나라하게 기록한 최초의 문서는 구약성경의 열왕기라 할 수 있다. 솔로몬 왕 사후 북이스라엘 왕국과 남유다 왕국으로 분단된 이스라엘은 본래 하나의 민족이고 하나의 나라였다. 하지만 그들은 남과 북으로 분단된 후 오랜 기간 동안 갈등과 전쟁으로 고통을 겪어야 했다.

대한민국은 현재 분단 상황에 놓여 있다. 1950년부터 1953년까지 민족 내부의 전쟁을 치렀으며, 지금까지도 남과 북이 이념적·군사적 갈등을 겪고 있다. 현재의 휴전 상황은 6·25전쟁의 연장선상인 것이다.

분단은 남과 북의 갈등만이 아니라 대한민국 내부에서도 북한과의 관계 설정에 따라 남남 갈등의 문제를 일으키기도 한다. 2013년 하반기에 치열한 법률적 공방의 대상이 되었던 통합진보당의 정당 해산 청구를 둘러싼 논쟁은 남북 간의 갈등이 남남 갈등으로 연장된 대표적인 사례다.

이런 남남 갈등은 대한민국의 기독교 안에서도 찾아볼 수 있다. 이문식의 "하나님 나라와 한반도 평화"(이 책 73-93쪽을 보라)에 따르면 "한국교회는 한국전쟁을 전후하여 반공·친미 의식을 깊이 내재화시키고 그 정서를 지난 50년간 유지해온 독특한 역사적 경험을 지니고 있다." 바로 이 점이 갈등의 요소로 작용했다. 즉 "문민정부 이후의 민주화 시대에 새로운 대안적 정치 세력으로 등장한 이른바 민주화 세대로부터, 한국교회는 반(反)민주적이고 반인권적이며 분단 고착을 지향하는 냉전적 사고를 가진 수구 보수 집단 심지어 반통일 세력으로 백안시되는 상황에 몰려 있다."

앞에서 본 바와 같이 분단의 문제점은 '갈등'이며 '반(反)평화'다.

조동준은 "평화협정 논의의 역사적 전개와 분열된 한국사회"(이 책 95-128쪽을 보라)에서 정전 상태인 현재의 남북 관계를 평화 상태로 바꾸기 위한 평화협정의 논의 상황을 구체적으로 정리하고 있다. 그런데 이 글에서 잘 정리하고 있는 것처럼 평화협정을 둘러싼 논쟁은 정파 상호 간과 기독교 교단 상호 간에 남남 갈등, 즉 분단의 갈등 상황이 초래한 반(反)평화의 대표적 현장이 되고 있다.

기독교 정신의 핵심은 '사랑과 평화'다. 통일에 대한 기독교적 성찰이 필요한 이유는 남북 간의 갈등 및 여기서 비롯된 남남 간의 갈등을 성경에서 제시하는 이웃 사랑의 정신으로 극복하여 하나님의 공의가 강같이 흐르는 나라를 건설하며, 이를 통해 하나님의 축복이 가득한 평화로운 나라를 이룩해 나가기 위함이다.

2.2. 분단과 구별되는 분권과 나눔

'분권'은 권력 및 권한을 나눔을 의미한다. 자유민주주의적 법치국가가 '권력분립'의 이념에 따라 입법권은 국회, 집행권은 행정부, 사법권은 법원에 귀속시킨 헌법을 공통적으로 채택하고 있는 이유는 권력을 국민의 최대 행복을 위해 사용하기 위해서이며, 종래 절대왕정이 보여주었던 "절대적 권력은 절대적으로 부패한다"라는 명제에 대한 반작용이기도 하다.

한편 '분권'은 이와 같이 국가 전체의 차원에서 입법·행정·사법의 '수평적'인 권력 및 권한의 나눔만을 의미하지 않는다. 자유민주주의적 법치국가에서 '분권'은 중앙정부와 지방자치단체 간의 '수직적' 권력의 나눔을 아울러 요구한다. 수직적 권력의 나눔은 지방자치단체가 주민의 직접선거를 통해 지방정부를 구성하는 것과, 중앙정부의 권한과 재정이 지방정부로 이양되는 것으로 이루어진다. 이처럼 수직적으로 권력을 나누는 이유는 각각의 지방에 속하는 고유한 자치 사무를 스스로의 책임에 따라 자치적으로 처리하는 장을 열어주기 위함이다. 각 지방마다 고유한 지역적·경제적·문화적 특성이 있으므로 이들이 가지는 다원적 특성을 반영하고, 가장 가까운 거리에 이들 스스로의 자치 기구를 설치하여 주민 모두의 공감대를 최대한 집약하여 제반 현안을 스스로 해결할 수 있도록 하자는 데 본질적 의의가 있다(허영, 『헌법학원론』, 144쪽).

중앙정부의 일방적 통치 구조만을 가지고 있는 순수한 의미의 중앙집권적 국가의 경우 전국에 대해 통일적으로 모든 행정사무의 집행이 이루어지며, 이에 따라 각 지방의 행정은 타율적·수동적이 될 수밖에 없다. 즉 각 지방의 구체적 사정을 고려하지 않고 전국의 통일적 이익에 근거를 둔 정책의 획일적 집행이 강요된다. 반면에 중앙과 지방 간의 수직적 분권이 이루어지면 중앙정부는 외교·국방과 같은 국가 전체적 현안을, 지방정부는 각 지방의 고유한 현안을 처리할 수 있도록 그 권한을 나누게 된다.

지방분권의 정신은 기독교 정신인 "네 이웃을 네 몸같이 사랑하라"라는 정신과 연결되어 있다. 내가 중심에 서서 이웃에 대해 내 입장을 강요하는 것이 아니라, 이웃이 스스로의 입장에서 자신의 일을 처리해 나가는 것을 사랑의 눈으로 지켜보면서 필요한 도움을 아끼지 않는 정신이 이웃 사랑의 정신이다. 이를 대한민국 차원에서 보자면 각 지방이 자신의 고유한 지리·문화·정서·경제적 특성 등을 고려하여 스스로의 현안을 처리할 수 있도록 길을 열어주고, 각 지방이 주민 최대 다수의 최대 행복을 추구해나갈 수 있도록 사랑의 눈으로 바라보고 필요한 도움을 아끼지 아니함이 지방자치제도의 핵심인 것이다.

이런 의미의 지방분권은 '나눔'이며, '분단'이나 '분열'과는 근본적으로 구별되는 개념이다. 사랑에 입각한 '존중'과 지원을 통한 '조화'가 핵심을 구성해야 하는 제도이기 때문이다.

물론 앞과 같은 의미의 지방분권은 지방자치제도가 헌법과 법률에 입각하여 '정상 궤도'에 올랐을 때에 가능한 명제다. 대한민국이 민주공화국이며, 민주화와 경제발전을 동시에 이룩한 위대한 나라임을 전 세계에 천명하고 있는 현시점에서, 지방자치도 정상 궤도에 올려놓을 역량이 우리에게 있음을 믿는다.

2.3. 통일과 분권

남과 북이 분단되어 각기 다른 정부를 구성한 지 벌써 60년 이상의 시간이 흘렀다. 남북이 서로 다른 정치·경제·사회·문화의 이질적 체계 속에 살고 있는데, 어느 한쪽의 체계를 획일적으로 강요받게 된다면 통일을 받아들이기가 쉽지 않을 것이다. 만일 통일 대한민국의 과정을 획일적인 정책과 집행 수단으로 가속화하고자 할 경우 더 큰 어려움에 직면할 수 있다. 정치나 행정의 시스템을 통합하는 것은 용이할지 몰라도 사람과 정서의 통합까지를 생각할 경우 일방적인 통합 시스템의 강요는 순응보다는 반발을 불러일으킬 수 있고, 새로운 갈등을 증폭시킬 수 있기 때문이다.

예수께서 가르쳐주신 '네 이웃을 네 몸같이 사랑하는 정신'을 통일 대한민국에 구현하려면, 북한 지역에 획일적인 체계를 일방적으로 강요하기보다는 북한의 각 지방의 특성에 맞게 그들의 고유한 정서를 구현할 수 있는 지방자치단체를 스스로 구성할 수 있도록 길을 열어주고, 주민 스스로가 각 지방의 현안을 그들 모두의 최대 행복을 달성한다는 관점에서 해결하게 하는 것이 바람직하다. 물론 하나 된 대한민국 전체가 조화롭게 발전할 수 있도록 중앙정부와 지방자치단체 간의 상호 협력 시스템이 갖추어져야 함도 물론이다.

이를 위해 대한민국에서는 현재의 중앙과 지방 간의 분권 체계를 정상 궤도에 올려놓는 한편, 통일을 대비하여 남북한 모두에 공통되는 지방분권의 시스템을 연구하고 국민 모두의 공감대를 형성하며 차분히 준비·발전시켜 나가야 한다.

3. 독일의 지방분권과 통일

앞에서는 "중앙과 지방 간의 조화로운 분권이 통일을 쉽게 받아들이도록 하며, 통일 후의 사회통합을 오히려 가속화할 수 있다"라는 명제를 언급했다. 이 점에서 독일의 통일은 앞의 명제를 입증하는 가장 중요한 증거로 활용될 수 있다고 생각한다. 이 단락에서는 독일의 지방분권의 체계를 요약해서 설명하고, 분권이 어떻게 통일에 기여했으며, 통일 후의 사회통합에 긍정적 요소로 작용했는가를 언급하고자 한다.

3.1. 독일의 지방분권 체계

독일의 지방분권은 2단계로 설정되어 있다.

첫째, 연방국가 체계다. 독일연방공화국은 구서독에서 유래한 9개 주, 구동독에서 유래한 5개 주와 연방의 수도인 베를린 특별시 등 15개의 주로 구성되어 있다.

둘째, 지방자치단체의 체계다. 연방의 각 주 안에 주민의 직접선거로 구성된 지방자치단체를 설치하여 지방자치를 실시하고 있다. 이에 관한 사항을 요약해서 제시하면 다음과 같다.

1) 연방국가(Bundesstaat) 체계

독일기본법[2] 제20조는 "독일연방공화국은 민주적이며, 사회적인 연방국가"(ein demokratischer und sozialer Bundesstaat)라고 선언하고 있다.

독일의 각 주는 독자적인 입법권, 사법권 및 행정권을 가진다. 국민의 기본적 삶과 관련된 통치권의 행사는 연방정부가 아니라 주 정부에 위임되어 있다(제30조). 각 주는 주 정부를 구성함에 있어 독일 기본법에 부합하는 민주적이며 사회적인 공화국 체제를 갖추어야 한다.

연방정부는 주 차원에서도 기본법에 부합하는 헌정 질서와 국민의 기본적 인권이 보장되도록 해야 한다(제28조). 연방정부는 외교·국방 등 독일을 대외적으로 대표하는 일과, 모든 연방에 공통되는 일을 한다. 연방의회는 헌법이 규정한 한정적 사항에 한해 입법권을 행사하며, 다른 모든 사항은 각 주 의회의 자율적 입법권에 맡겨져 있다(제70조). 다만 연방법률에 위반되는 각 주의 법률은 효력이 없다. 독일 기본법 제31조가 "연방법률은 주 법률을 깨뜨린다"라고 규정하고 있기 때문이다. 독일 연방정부는 헌법 수호 기능을 통해 주 정부가 독일 기본법이 규정하는 민주적이며 사회적인 기본 질서와 연방의 통일적 체계를 수호하도록 유도한다. 이와 같은 차원에서 각 주가 독일연방공화국의 이념에 배치되는 작용을 할 경우에 연방정부는 연방상원의 의결을 얻어 '연방 강제'(Bundeszwang)를 할 수 있다.

다시 말해 각 주는 하나의 '공화국'으로서 주민의 삶에 관한 모든 사무를 자치적으로 통치한다. 연방정부는 독일 전체를 대표하며, 각 주가 독일 연방의 기본법의 정신에 부합하는 하나 된 독일을 조화롭게 구성할 수 있도록 통치한다.

2) 지방자치 체계

각 주에는 기초지방자치단체(Kreis und Gemeinde)로서의 시·군·구가 설치된다. 각각의 기초지방자치단체에는 주민의 대표 기관인 지방의회가 설치되어야 하며, 이들 지방의회의 의원은 반드시 주민의 직접선거로 선출되어야 한다(제28조). 지역적인 현안은 각 지방자치단체가 스스로의 책임에 따라 다룰 수 있도록 체계가 보장되어 있어야 한다. 이와 같은 헌법 규정에 따라 각 지방자치단체는 조직, 인사, 재정, 지역개발 계획 등을 각자의 고유 권한으로 행사한다.

각 주의 의회는 주 전체 차원의 입법권을 행사하며, 각 지방자치단체의 의회는 기본법과 주 법률이 규정하는 범위 안에서 자치 사무에 관한 입법권을 행사한다. 사법권과 경찰권, 교육체계 등은 주 정부의 역할에 속하며, 각 지방자치단체는 지역 고유의 현안에 관한 행정사무를 담당한다.

3) 독일의 지방분권 체계 요약

독일의 지방분권 체계는 다음과 같이 3단계다.

제1단계는 기초자치단체의 자치 단계다. 대략 인구 2만 명부터 10만 명의 범위를 단위로 한 기초지방자치단체는 주민 스스로 자치의회와 자치정부를 구성하여 지역 고유의 도시계획, 건축, 경제활동, 복지행정 등 민생과 직결된 행정사무를 수행한다. 이들 기초자치단체는 각각 인사·조직·재정·계획 등 자치행정에 필요한 자치권을 부여받는다.

제2단계는 주 정부의 자치 단계다. 주 정부는 하나의 국가와 유사한 지위를 부여받는다. 각각의 주 정부는 입법·행정·사법권을 가진다. '내치'와 관련된 모든 사항을 주 정부가 관장한다. 가령 모든 주 정부는 독자적인 교육체계를 형성한다. 각 주에 독특한 산업체계를 형성하며, 환경 보존을 위해 각각 다른 정책을 펼친다. 예를 들어보자. 자동차 산업이 발달한 바덴·뷔르템베르크 주(벤츠)와 바이에른 주(BMW)의 경우

고속도로가 실제로 속도 무제한이다. 슈트트가르트나 뮌헨을 출발하여 달리다가 헤센 주에 들어가면 속도가 100킬로미터로 제한된다. 이런 식으로 각 주는 자신에게 맞도록 각각 다른 입법 체계와 내용을 형성한다. 각각의 주 정부는 지배하는 정당도 다르다. 구동독의 5개 주의 경우 지금도 공산당이 존재하며, 주 의회에 공산당 의석을 배출한다. 바덴·뷔르템베르크 주의 경우에는 기독교 민주당(CDU), 바이에른 주는 기독교 사회당(CSU), 노르트라인베스트팔렌 주는 사회민주당(SPD)이 전통적인 강세를 보이고 있고, 이에 따라 친기업적 경제 입법 또는 친노동조합적 경제 입법을 각각 펼치면서 정책 경쟁을 벌인다.

제3단계는 연방정부의 통치 단계다. 연방정부는 독일을 대표한다. 곧 외교와 국방 및 유럽 관계와 국제 관계에서 독일의 이익을 대변한다. 아울러 각 주에 공통적 적용이 필요한 사항은 연방입법으로 결정한다. 독일 전체에 적용되는 헌법, 민법, 형법, 각종 소송법 등 기본적인 법률의 체계는 연방이 수립한다. 연방 전체를 위한 도시계획의 체계는 건설법전(Baugesetzbuch)에, 사회보장의 체계는 사회법전(Sozialgesetzbuch)에 수록되어 있다. 연방정부의 통일적 입법이 필요한 사항은 독일 기본법에 명시되어 있다. 앞에서 언급한 것처럼 각 주의 입법은 연방입법을 위반할 수 없다. 독일연방공화국의 헌정 질서에 위배되는 입법 및 정책을 펼쳐서는 안 된다. 만일 이런 일이 발생할 경우 연방 강제가 행사될 수 있다. 이와 같은 방법으로 연방정부는 각 주 정부와 조화로운 수직적인 권력 나눔을 할 수 있다.

3.2. 통일 과정에서 지방분권의 역할

독일은 역사적으로 오랜 분권의 전통을 가지고 있는 나라다. 역사적으로 현재의 지역에 독일이라는 하나의 단일국가가 형성된 것은 1871년이었다. 비록 1871년 독일제국이 성립되기는 했지만, 각 지역의 독립성 및 독자적 특성은 독일이라는 국가 체계 안에서 지속적으로 유지되었다. 다만 제1차 세계대전 패망 후 수립된 바이마르 공화국과, 그 후 나치정권에 의해 세워진 제3제국은 강력한 중앙집권적 통치 시스템을 구축했다. 제2차 세계대전의 패망으로 제3제국이 해체된 후에 독일은 미국·영국·프랑스·소련의 4개 국가에 의해 분할 점령되었다. 4년간의 군정 통치 이후 1949년 미·영·불 3개국이 점령하던 지역에는 독일연방공화국(Bundesrepublik Deutschland, BRD)이, 러시아가 점령하던 지역에는 독일민주공화국(Deutsche Demokratische Republik, DDR)이 각각 수립되면서 분단되었다.

1945년 전쟁에 패망한 후부터 1990년까지 독일은 45년 동안 분단국가 상태로 있었다. 이 기간 동안 서독의 경우는 철저한 분권국가인 연방국가로 재탄생되었다. 서독을 탄생시켰던 미국·영국·프랑스 3국은 서독의 중앙정부의 권한은 최소한으로, 연방을 구성하는 각 주 정부의 권한은 최대한으로 설정함으로써 '강력한 독일'이 재탄생되는 것을 경계했다. 주 차원에 있어서도 기초자치단체가 반드시 설치되어야 하고, 각각의 기초자치단체에는 의회가 구성되어야 함을 헌법에 명시하여 철저한 '아래로의 분권'이 이루어지도록 서독을 설계했다. 이에 따라 서독에서는 각각의 지방자치단체가 스스로의 현안을, 각 주 정부는 주 차원의 현안을 스스로 해결하는 분권이 처음부터 자리 잡았다.

이와 같은 분권은 정치 현실에도 그대로 반영되었다. 각 지방자치단체에서 의원으로 또는 단체장으로 자신의 능력을 입증한 인물이 주 의회 및 주 정부에 진출하고, 각 주 정부의 수장으로 능력을 입증한 인물이 연방의 수장이 되는 정치체제가 확립되었다. 이 때문에 지방정부 및 주 정부는 연방정부를 구성하기 위한 기초적 산실의 역할을 지속적으로 담당했다.

서독의 경우 유태인 학살을 자행했던 제3제국에 대한 반성의 차원에서 국민의 기본적 인권의 제약에 대해서는 최대한 자제하는 헌법 및 법질서를 영위했다. 이 점은 동서독 간의 민간 교류에 그대로 반영되었다. 연방 차원에서 1970년까지 보수 정권인 기독교 민주당(CDU)이 정권을 잡았고 또 동독과는 냉전 상황을 유지했지만, 서독의 국민이 동독 국민과 통신 및 통행함에 대해서는 아무런 제약도 가하지 않았다. 반면에 동독의 공산당 정권은 동독 국민의 통신 및 통행을 막았으며, 특히 동베를린 거주 국민들의 통행을 막기 위해 베를린 장벽을 설치했다. 동독 정부는 서독 국민의 동독 입국에 대해 비자, 즉 '입국 허가'의 방법으로 선별적으로 입국을 허가했다. 동독에 대해 적대적 입장을 표현한 사람의 입국을 불허한다는 입장이었지만, 결과적으로는 허가 수수료인 비자 비용을 받고 대부분의 서독 국민의 입국을 허용하는 방식이 되었다. 이런 상황에서 연방정부나 주 정부는 민간 차원의 통행 및 통신에 대해 아무런 규제를 하지 않는 철저한 방관자적인 입장을 취하기는 했지만, 동독 국경을 통과하여 서베를린에 이르는 모든 철도, 도로 및 항공로와 방송, 통신 설비를 유지·보수하고, 그에 소요되는 비용을 지불하는 등 필요한 모든 조치를 취했다. 동독에 이산가족이 있는 국민들은 성탄절과 부활절 등 명절 때마다 동독에 선물을 보냈으며, 특히 교회들은 구동독의 교회 및 기독교인들과 자매결연을 맺고 인도적 지원을 했다.

서독의 각 주 정부가 행한 적극적 역할은 구소련 지방에서 이주한 이주민과 동독을 탈출한 이주민에 대한 정착 지원이었다. 분권국가인 서독의 특성상 이주민의 정착은 주 정부의 역할이었다. 이주민이 특정 주를 희망하면 그곳으로 보내지고, 각 주는 이주민이 희망하는 지방자치단체에 정착할 수 있도록 지원했다. 저렴한 사회적 임대주택의 배정, 직업교육의 알선 및 직업교육 과정에서의 임금과 생활비의 지급, 의료보호 등 기초 생활 지원 대상자의 지원 단계부터 직업교육과 취업에 따른 정착 단계에 이르기까지 각 주 정부의 특성과 여건에 따른 지원을 했다. 1989년 헝가리가 오스트리아와의 경계에 있던 장벽을 제거하자 동독인들이 동시에 13,000명 이상 대거 탈출하는 사태가 발생했지만, 서독의 각 주 정부가 이들을 아무런 충격 없이 흡수할 수 있었던 것도 위와 같은 준비가 되어 있었기 때문이다.

1990년 3월 동독에서 최초로 자유총선거가 실시되었을 때, 서독의 정당들은 동독의 각 지방에 기독교민주당, 사회민주당, 자유당 등 서독의 정당의 지구당을 세우거나 명목뿐이었던 종래의 정당 조직을 재건하여 선거에 참여했다. 이 과정에서 서독의 각 주 정당을 구성하던 정치 세력이 동독의 선거에 적극 참여했고 그 결과 급조된 동독의 기독교민주당이 공산당을 물리치고 정권을 교체할 수 있었다. 이와 같은 결과가 가능했던 것은 서독의 주 차원의 정당들이 경쟁적으로 자신의 지역과 연관이 있는 지역을 선택하고 이들을 각각 분담하여 후보자 선정 및 선거운동에 동참했기 때문이다.

선거에서 승리한 동독의 기독교민주당 정부는 곧바로 서독의 기독교민주당 정부와 통일 협상을 시작했다. 동독은 1949년 이전의 5개 주를 복원했다. 독일 통일의 방식은 동독의 5개 주가 독일연방공화국에 가입하는 방식을 취하기로 합의했다. 이는 동독의 5개 주가 각각 주 정부를 세우고 또 각 주 영역의 민생을 책임지는 방식이었으므로 동독의 지방적 특성을 그대로 유지할 수 있는 장점이 있었고, 특히 동독의 정치적 엘리트들이 각 주 의회와 지방자치단체의 의회에 입후보하여 자신의 정치적 경력을 이어갈 수 있었다. 동독의 경우 국민들은 자신의 거주 지역의 특성을 통일 이후에도 유지해나갈 수 있는 한편, 자유와 민주주의를 누릴 수 있는 체제를 얻게 되었다는 점에서 통일을 특별한 거부감 없이 받아들일 수 있었다.

물론 서독 정부가 준 경제적 선물, 특히 1/20의 가치밖에 없던 동독의 화폐를 서독의 화폐와 1:1로 교환하고, 서독의 사회보장제도를 확장하는 등의 매력 있는 조치가 중요한 요소로 작용했음은 부인할 수 없다.

표면적으로 볼 때 독일의 통일은 '흡수통일'이라 할 수 있다. 왜냐하면 구동독의 5개 주가 각각 독일연방공화국에 가입하며, 이들이 독일연방공화국의 헌법과 이에 기초한 법질서가 적용되는 것을 받아들이는 방식으로 통일이 되었기 때문이다.

그러나 자세히 보면 '흡수통일'이라고 해서 일방적·부정적으로 보는 것은 문제가 있다. 독일은 철저히 분권화된 연방국가다. 구동독의 5개 주는 각자 자신만의 '국가'를 형성할 수 있다. 각 주는 각각의 민생을 위한 입법·행정·사법권을 갖는다. 각 주 안에 기초지방자치단체가 설치되며, 이들도 각각 지방정부와 지방의회를 갖는다. 따라서 동독의

5개 주가 공산당을 포함해서 모든 정당이 정치 세력으로 활동할 수 있는 분권화된 정치체제를 보유할 수 있게 되었다. 이들 5개 주가 '독일'이라는 '우산'밑에 들어왔다. 이것이 현재 독일의 통일이다. 이런 점에서 한 나라가 다른 나라를 총체적으로 '흡수'하는 진정한 의미의 '흡수통일'은 아니었다. 분권의 요소를 삭제하고 독일의 통일을 바라볼 경우 많은 오해가 가능하다. 이 점은 불식되어야 한다. 다시 한 번 강조하지만 분권화된 연방공화국인 독일이 있었기에 구동독의 5개 주가 독일의 통일을 쌍수를 들고 환영할 수 있었다. 만약 중앙집권화된 획일적 시스템을 동독에 강요하는 형태의 '흡수'통일이었다면 과연 구동독 국민들이 그렇게 쉽게 통일을 받아들이고 환영할 수 있었을까?

3.3. 통일 후 지방분권의 역할

독일이 통일된 후, 구동독의 주 정부는 구서독의 주 정부와 연대를 형성한 가운데 구서독 주 정부의 도움을 받아 체제를 구축해나갔다. 예컨대 구서독의 바덴·뷔르템베르크 주의 경우 구동독의 튀링엔 주와 연대를 형성했다. 주 정부는 행정공무원부터 법관에 이르기까지 각 분야의 공무원 중 지원자를 뽑아 구동독 지역에 파견했다. 그 결과 구동독 지역의 입법·사법·행정의 모든 분야에서 매우 신속한 체제의 안정이 이루어졌다. 구동독 주 정부는 구서독에 위치한 기업들의 투자를 유인하기 위해 구서독 행정기관의 도움을 받아 부지의 무상 임대, 조세 지원 등의 정책을 시행했고, 구서독의 주 정부는 연대가 형성된 구동독의 도로, 철도 등 사회간접자본의 정비를 위한 재정 지원을 함으로써 구동독이 안정된 투자 유치를 할 수 있도록 도왔다. 그 결과 구동독은 구서독에 속한 기업의 양질의 투자처가 되었고, 이들의 투자가 이어지자 과거 구동독을 탈출했던 이주민들이 다시 복귀하기 시작했다.

통일 후 20년이 경과하면서, 과거 구동독에서 비밀경찰 등의 업무를 수행하며 구서독으로 탈출하는 국민에 대해 살해 명령을 하는 등의 행동을 했던 핵심 정치인들은 정치 일선에서 퇴출되었지만, 핵심 그룹이 아닌 정치적 엘리트들은 분권화된 구동독의 각 주와 지방자치단체에서 정치적 활동을 계속했다. 이에 따라 메르켈 총리와 같은 구동독의 정치적 엘리트 출신이 연방정부의 수장이 될 수 있었다. 이런 결과는 구동독 출신 국민들이 구서독 출신과 비교해서 열등 국민이라는 인식을 불식시켰으며, 이에 따라 독일 사회는 정치적으로뿐만 아니라 사회적·정서적으로도 빠르게 통합되어가고 있다.

독일 통일 후 지난 23년을 돌아보면, 통일에 따른 경제적 부담으로 인한 어려움과 사회적·정서적 갈등 등 다양한 어려움이 있었음은 부인할 수 없다. 그러나 내란이나 조직적인 테러 등을 겪지 않고 무난한 통합의 길을 걸었으며, 현재 유럽의 재정 위기 상황에도 불구하고 독일이 유럽에서 가장 안정된 국가로 자리 잡고 있는 것은 통일 과정에서 동독 사회 재건을 위한 적절하고 바람직한 투자가 이루어졌기 때문이라 할 수 있다. 그 중요한 동인 중 하나는 중앙집권 국가에서 요구되는 일사불란한 체계의 강요가 아니라, 분권화된 국가의 자율성과 중앙정부와 다른 주 정부의 적절한 지원과 조화였다는 점을 다시 한 번 강조하고 싶다.

4. 대한민국의 지방분권의 현황과 과제

얼마 전 독일에서 SFB 580 프로젝트를 수행하는 학자들이 한국을 방문했을 때 다음과 같은 질문을 받은 적이 있다.

"한국의 입장에서 볼 때 기초단체의 자치행정과 연방주의와 직접 연관된 분권적 의사 결정 구조를 중시하는 방향으로 행정제도를 재편하는 것이 현실적이라고 보입니까? 남한의 현행 헌법안 또는 법안이 기초단체의 자치행정과 관련하여 어느 정도까지 분권화된 의사 결정 구조 구축을 위한 시발점이 될 수 있다고 보십니까?"

필자는 "이 질문에 대해 답하려면 한국의 분권 및 지방자치에 대한 몇 가지 사전 설명이 있어야 할 것 같다"라고 전제한 후, 다음과 같이 답변했다. 여기서는 당시 답변한 내용을 직접 전재한다.

4.1. 한국의 분권의 역사

한국의 경우 역사적으로 볼 때 기원전부터 백제와 고구려가 해체되는 668년까지는 3개 국가로 나뉘어 있었다. 영남 지방(경상도)을 지배했던 신라, 호남 지방(전라도와 충청도)을 지배했던 백제, 북한 지방을 지배했던 고구려의 지역 분할 전통은 현재에도 남아 있다. 668년부터 918년까지는 신라의 남조와 발해의 북조가 있는 남북 분단 시대였고, 그 이후 고려와 조선으로 이어지면서 일본에 의해 역사가 단절되는 1910년까지는 단일국가의 형태를 유지했다. 그러나 고려와 조선의 경우에도 경상도·전라도·충청도·경기도·강원도·황해도·평안도·함경도·제주도의 9개 도는 각자의 전통과 문화를 유지해왔다.

1948년 남한과 북한은 분단된 상태로 각각 정부를 구성했는데, 대한민국의 경우 지방자치는 제헌 헌법부터 그 틀을 유지해왔다. 다만 1961년부터 1992년까지의 군사정권 기간 동안 지방자치를 중단시켰다가 1992년부터 지방자치를 다시 시작했다. 그러나 현재의 지방자치는 새로 만들어진 것이 아니라 종래의 행정구역과 전통에 깊은 뿌리를 두고 있다.

4.2. 대한민국의 지방자치의 현황

1) 헌법과 법률에 의한 지방자치제도

대한민국 헌법은 '지방자치단체의 설치'에 관한 기본적인 근거 규정만을 두고 있다(제117, 118조). 연방국가를 예정하지 않고 있고, 지방자치단체에 어떤 권한을 분배할 것인가를 모두 국회가 제정하는 법률에 위임하고 있다.

지방자치의 근거는 법률인 '지방자치법'이다. 현행 지방자치법은 지방자치의 구조를 독일의 'Staat'에 해당하는 광역자치단체(특별시·광역시·도)와, 'Gemeinde'에 해당하지만 규모는 보다 큰 기초자치단체(시·군·구)의 이중 구조로 설정하고 있다.

지방자치의 지배 구조는 대한민국 정부의 경우와 같이 설계되어 있으며 광역·기초자치단체가 동일하다. 모든 지방자치단체는 단체장을 주민의 직접선거로 선출한다. 모든 지방자치단체에는 지방의회가 구성되어 있다. 단체장과 지방의회가 서로 견제와 균형을 유지할 수 있도록 설계되어 있다.

지방자치법상 주민의 직접민주주의적 정치참여를 위한 방식이 모두 도입되어 있다. 주민은 자치법규를 발안할 수 있다. 지방자치단체의 중요 현안에 대해서는 주민투표가 실시된다. 주민은 지방자치단체의 행정에 대한 감사를 청구할 수 있다. 선출한 지방자치단체장을 불신임할 경우 주민 소환이 가능하다.

위와 같은 점을 종합하면 분권적 의사 결정 모델은 적어도 제도상으로는 구축되어 있다고 할 수 있다.

2) 지방분권의 현실

대한민국의 지방분권은 1992년부터 현재까지 21년의 역사를 가지고 있다. 4년의 임기로 자치단체장이 선거되므로 지금까지 6번의 선거를 치렀다. 대한민국의 지방분권은 역사가 짧으며 현재도 '진행 중'이다.

국가와 지방자치단체 간의 권한 분배는 '지방분권특별법'이 제정·시행되면서 ① 지속적인 중앙행정 권한의 지방 이양, ② 지방재정의 확충, ③ 지방자치단체의 자치 역량의 강화, ④ 중앙정부와 지방자치단체 및 지방자치단체 상호 간의 협력 강화 등 네 가지 분야에서 지속적인 제도 개선이 이루어지고 있다.

수도권에 집중되어 있던 중앙행정기관과 각종 공공기관의 지방 이전을 통한 실질적인 분산 정책도 시행되었다. 2013년부터 2014년까지 전체 중앙행정기관의 절반 정도인 36개 행정기관과 16개 국책 연구기관이 세종특별자치시로, 한국전력공사 등 148개 공공기관이 전국에 골고루 건설 중인 혁신도시로 강제 이주된다. 공공기관의 이전은 인구의 분산과 전국의 균형 발전에 상당히 기여할 것으로 기대된다.

4.3. 대한민국 지방자치의 과제

대한민국의 지방자치는 역동적인 변화와 지속적인 실험이 이루어지는 무대라고 할 수 있다.

현재 대한민국 국회는 지방자치의 모델을 연방제로 바꾸는 것은 계획하고 있지 않다. 국회는 2013년 '지방분권특별법'을 '지방분권 및 지방행정체제개편에 관한 특별법'으로 전면 개정했다. 이 법률은 현행 이중구조인 지방자치제도를 궁극적으로는 인구 100만 정도를 기준으로 하는 '시'가 중심이 되는 단일 구조의 지방자치체제로 개편하는 것을 장기 추진 방향으로 설정하고 있다. 이렇게 되면 독일의 'Staat'에 해당하는 '도'가 해체되고, 특별시나 광역시에 있는 '구'도 자치권을 상실한다.

대한민국의 지방자치 현실은 연방국가에 준하는 강력한 광역자치단체를 기반으로 하는 자치 구조가 아니다. 광역자치단체와 기초자치단체가 각각 설치되어 있고, 중앙정부의 권한이 그 지역적 범위에 따라 광역자치단체와 기초자치단체에 분배되어 있다. 광역자치단체와 기초자치단체는 서로 각자의 사무를 담당할 뿐이지 상하 관계가 아니다. 현재 창원시와 진해시 및 마산시가 통합된 것처럼 기초자치단체의 규모를 확대하는 작업이 지속되고 있다. 이런 작업이 전국적으로 진행된 후 한 개 도에 4개 정도의 기초자치단체만 남게 되면 '도'를 해체한다는 구상 속에 이 작업이 진행되고 있으므로, 연방국가의 모델과는 전혀 반대 방향이라 할 수 있다. 다만 이와 같이 행정구역 개편이 진행된다고 해서 분권화가 되지 않는다고 단정할 수는 없다.

대한민국의 지방자치는 지방자치단체장을 주민이 직접 선출하고, 지방의회가 구성되어 있어 자치입법권을 행사하며, 주민발안·주민소환·주민투표 등 직접민주주의 요소를 도입하는 등, 제도적으로는 충분히 분권화되어 있다.

2014년 현재는 복지 권한 및 복지 예산의 분배 문제를 중심으로, 중앙행정 권한의 지방 이양과 예산의 배분 문제를 놓고서 중앙정부와 지방정부 간의 갈등 양상을 보이고 있고, 정치적 이념을 달리하는 지방자치단체 상호 간의 갈등으로 번지고 있기도 하다. 권한 분배, 예산 분배, 자치 역량 강화, 갈등 해소 및 협력 강화 등 네 가지 과제는 대한민국의 지방자치가 지속적으로 풀어야 할 과제라 할 수 있다.

4.4. 지방분권과 통일

작금의 대한민국의 지방분권의 현실과 진행 방향은 독일의 분권형 통일 모델과 궤도를 완전히 달리한다고 할 수 있다. 앞서 언급한 것처럼, 서독의 경우 연방국가 형태를 유지하고 있었으며 1945년 분단 당시의 연방과 각 주의 체계를 개편하지 않았다. 1990년 통일 당시, 동독에 대해 1945년 시점으로 행정구역을 되돌린 5개 주의 주 정부를 구성한 후, 각각의 주 정부가 서독의 주 정부와 함께 통일된 연방정부를 구성한다는 모델은 동독의 정치인과 주민 모두가 통일을 쉽게 받아들일 수 있게 하는 매우 중요한 요소였다.

하지만 대한민국의 지방분권은 1945년 당시의 상황과 상당한 거리가 있고, 현재 진행되고 있는 방식이 가속화될 경우 1945년의 체제에서 더욱 멀어지게 된다. 통일될 경우 북한의 현실에 맞는 자치 체제를 갖추도록 하고, 그 기반 위에서 국가의 통합을 이루도록 함이 바람직한데, 현재로서는 남북한 모두에 통할 수 있는 모델의 구축은 전혀 염두에 두지 않고 있다. 남북한이 통일되었을 때 북한의 자치 구조를 어떤 모델로 할 것인가를 염두에 두고서 종합적인 논의를 해야 하는데, 이와 같은 논의의 장이 구성되어 있지 않은 것이다.

5. 맺음말: 분권과 통일에 대한 기독교적 성찰

기독교 신앙의 핵심은 하나님 사랑과 이웃 사랑의 두 가지로 압축될 수 있다. 기독교인이 통일 운동을 하는 이유는 하나님의 사랑을 전파하는 기본적인 사명과 함께 '이웃 사랑을 실천'하기 위함이다.

대한민국의 통일을 지배 영역을 확장한다거나 동아시아의 강자로 우뚝 선다거나 하는 식으로 과거 제국주의 시대의 패권적 이념을 앞세워서 추진할 경우, 주변 국가들의 견제로 인해 통일을 하기도 어려울 뿐더러, 통일 이후에도 남북 예멘의 경우처럼 내란과 조직적 테러 등으로 인한 후유증이 증폭되고 결국 재분단에 이르는 일이 발생할 수 있다는 점은 한반도평화연구원의 통일에 대한 기독교적 성찰 과정에서 여러 차례 지적된 바 있다. 이런 점에서 대한민국의 통일은 이웃 사랑의 실천, 특히 북한 주민들이 자유와 민주, 인간으로서의 기본적 인권과 그 창의성을 회복하도록 도와야겠다는 기독교 정신에서 비롯되는 것이 가장 바람직하다.

이웃 사랑을 실천하려면 공간적으로 가장 가까운 곳에서 그들의 정서와 문화 및 지역적 특성을 돌볼 수 있어야 한다. 이런 점에서 분권형 체제 구축이 매우 긴요하다.

앞으로의 지방선거는 획일적인 중앙 정당의 하향식 공천에 의한 입후보자의 지명 등 획일적 중앙정당의 대리전이 아닌, 지방의 자율과 책임에 의한 선거가 되도록 해야 한다는 점에 대해 새누리당과 민주당이 공감대를 형성하고 있다. 다만 '공천을 하지 않겠다'라는 발언이 얼마나 어떤 범위에서 실제적으로 실천될 수 있는지, 각 지방자치단체에서 얼마나 지역적 현안에 이웃 사랑의 정신으로 무장한 일꾼들이 입후보하여 각 지역의 문화와 정서에 맞는 분권화된 정치를 담당할 것인지 하는 숙제가 남아 있다.

대한민국이 진정한 선진국으로 도약하려면 전국의 균형적 발전이 이룩되는 한편, 각 지역마다 고유한 특성에 맞는 진정한 의미의 민주화가 이룩되어야 한다. 각 지방이 대한민국의 큰 틀 안에서 자유와 창의성을 가지고 경쟁하며, 각 주민의 정서와 문화에 부합하도록 정치를 하고, 국가는 이들의 조화로운 발전을 이끌어내야 한다.

특히 통일로 가는 길목에서 각 지방이 자체적인 역량을 갖고 북한 주민들을 도울 수 있도록 하고, 특히 새터민의 정착을 잘 지원하는 가운데 통일의 터전을 일굴 수 있어야 한다. 더 나아가 통일이 될 경우 북한 지역에 각 지역의 이해관계를 잘 조율하고 대변할 수 있는 지방정부가 수립될 수 있도록 시스템을 준비해나가야 한다.

분권은 통일을 앞당기고 또 장차 통일 대한민국의 통합을 촉진할 수 있다. 이는 모순되어 보이지만, 독일의 경험에서 충분히 입증된 명제다. 이웃 사랑은 이웃의 자율과 창의가 충분히 발현되도록 도움으로써 결국 그들이 행복하도록 돕는 것이다. 이웃에게 나의 기준에 따른 강요를 하는 것은 이웃 사랑이라 할 수 없다. 분권 체계 구축을 통일의 요소로 놓고, 이를 기독교 정신과 연결시키는 것은 바로 이런 점 때문이라 할 수 있다.

주

1) 독일 헌법은 기본법(Grundgesetz)이라는 명칭으로 제정되어 있다. 통일 이전에 서독 정부를 형성할 때, 통일될 때까지 잠정적으로 적용되는 헌법이라는 의미에서 기본법이라는 명칭을 붙였지만, 통일 이후에도 이 명칭은 계속 사용되고 있다.

참고문헌

Gern, Alfons, *Deutsches Kommunalrecht*, 3. Aufl., Nomos, Baden-Baden, 2003.
Jarass, Hans D./Pieroth Bodo, *GG Grundgesetz für die Bundesrepublik Deutschland*, 10. Aufl., C. H. Beck, München, 2009.
Meyer, Hubert, *Kommunalrecht Landesrecht Mecklenburg-Vorpommern*, 2. Aufl., Nomos, Baden-Baden, 2002.
Mutius, Albert von, *Kommunalrecht*, C. H. Beck, München, 1996
Nierhaus, Michael, *Kommunalrecht für Brandenburg*, Nomos, Baden-Baden, 2003.
Schmidt, Thorsten Ingo, *Kommunalrecht*, Mohr Siebeck, Tübingen, 2011.
Schmidt-Aßmann, Ebehard/Röhl, Hans Christian, *Kommunalrecht*, in: *Besonderes Verwaltungsrecht*, 13. Aufl., De Gruyter Recht, Berlin, 2005.
김상겸·정윤선, "한반도 통일헌법 구상", 「한독사회과학논총」 제22권 제1호, 한독사회과학회, 2012.
김철수, 『독일통일의 정치와 헌법』, 박영사, 2004.
송석윤, "1870/71년 독일통일과 연방제헌법", 「법사학연구」 제41권, 한국법사학회, 2010.
심익섭 외, 『독일연방공화국 60년: 1949-2009 분단국가에서 민주통일국가로』, 오름, 2009.
오준근, 『독일자치법제연구 I: 체제와 기관편』, 한국법제연구원, 1991.
오준근·정준현·김동건, "지방자치활성화를 위한 법과 제도의 개선방향", 「지방자치법연구」 제14권 제2호, 한국지방자치법학회, 2014.
유은정, "미국의 연방주의와 지방자치제도: 우리나라 지방자치 및 지방분권이행 과정에의 시사점", 「공법학연구」, 제11권 제3호, 한국비교공법학회, 2010.
이기우, "지방분권적 국가권력구조와 연방제도", 「공법연구」 제37권 제1호, 한국공법학회, 2008.
이승우, "남북통일에 대비한 헌법개정의 필요성과 방향", 「공법연구」 제39권 제2호, 한국공법학회, 2010.
정용길, "독일 통일과정에서의 동서독관계와 남북관계에의 시사점", 「저스티스」 제134호, 한국법학원, 2013.

최완규, "남북한 통일방안의 수렴가능성 연구: 연합제와 낮은 단계의 연방제", 「북한연구학보」 제6권 제1호, 북한연구학회, 2002.

최진, "남북의 통일방안으로서 국가연합과 연방국가", 「비교법학」 제4권, 전주대학교 비교법학연구, 2004.

하철영, "독일통일에 있어서 법질서 통합에 관한 고찰", 「통일논집」 제24권 제1호, 동의대학교 통일문제연구소, 1996.

한반도평화연구원 총서 10
통일에 대한 기독교적 성찰
증오와 배제의 논리를 넘어 포용과 화합의 마당으로

Copyright ⓒ 한반도평화연구원 2014

1쇄발행_ 2014년 10월 17일
2쇄발행_ 2016년 1월 18일

지은이_ 고재길·김지철·심혜영·오준근·윤덕룡
　　　　이문식·이해완·임성빈·전우택·조동준
펴낸이_ 김요한
펴낸곳_ 새물결플러스
편　집_ 왕희광·정인철·최율리·박규준·노재현
　　　　최정호·최경환·한바울·유진·권지성·신준호
디자인_ 이혜린·서린나·송미현
마케팅_ 이승용
총　무_ 김명화·최혜영
영　상_ 최정호

홈페이지　www.hwpbooks.com
이 메 일　hwpbooks@hwpbooks.com
출판등록　2008년 8월 21일 제2008-24호
주　소　(우) 07214 서울특별시 영등포구 양평로 11, 5층(당산동5가)
전화 02) 2652-3161
팩스 02) 2652-3191

ISBN 978-89-94752-82-2　03230

책값은 뒤표지에 있습니다.

이 책은 저작권법에 따라 보호받는 저작물이므로 저작권자와 출판사의 동의 없이
이 책의 전부 또는 일부 내용을 복제하거나 다른 용도로 사용할 수 없습니다.

이 도서의 국립중앙도서관 출판시도서목록(CIP)은 서지정보유통지원시스템 홈페이지
(http://seoji.nl.go.kr)와 국가자료공동목록시스템(http://www.nl.go.kr/kolisnet)에서
이용하실 수 있습니다(CIP제어번호: CIP2014025429).